WIZARD

Once in Golconda

アメリカ市場創世記

1920～1938年大恐慌時代のウォール街

A True Drama of Wall Street
1920-1938

by John Brooks

ジョン・ブルックス［著］
長尾慎太郎［監修］　山下恵美子［訳］

Pan Rolling

Once in Golconda : A True Drama of Wall Street 1920-1938
by John Brooks

監修者まえがき

本書はジョン・ブルックスによる〝Once in Golconda : A True Drama of Wall Street 1920-1938〟の邦訳である。私個人としては、自分が以前に勤務していた金融機関の関係者が随所に出てきたこともあり、大変興味深く読んだ。本書の内容については、広瀬隆雄さんの「推薦者の言葉」に詳しく紹介されているので、ぜひご一読いただきたい。

ところで、本書がほかのウィザードブックと異なるのは、これが技術解説書ではなく物語（ただし事実に基づく）であることで、したがって、本文はストーリーテリングの古典的なプロットにのっとって書かれている。つまり、冒頭で爆破事件のアクションシーンで読者を引きつけ、次に手早く登場人物の紹介が行われる。そして、その後も経済危機や、知的に不誠実な学者の妄言に踊らされた権力者の介入といった困難が襲いかかり、事態はさらに混迷の度を深めていく。だが、中段で突如としてヒーローが現れ次々と敵を倒す。そうして問題は解決の方向に進むかに見えたが、完全だと思われた救済者は実は弱点を抱えており、その先にはどんでん返しが待ち受けている。こうして深く傷ついた主人公は、自分がなすべきことをついに悟ると、痛みを乗り越えて変革を成し遂げ新しい世界を開く。この面白い物語の欠点は、ヒロインが出てこないことと読者が主人公に共感を持ちにくいことだが、著者は多くの脇役に人間的な魅力を与えることでそれを補完している。

さて、ではこの物語の主人公はだれだろうか？　それはリチャード・ホイットニーでも、モルガンでもニューヨーク証券取引所でもなく、「ウォール街」そのものである。ウォール街は、ニューヨーク証券取引所の位置づけを、少数の既得権者によるギルド的組織から広く一般に開放された公的な組織へと変えることで大恐慌後の危機を乗り切った。本書のタイトルになっているオリジナルのゴルコンダ王国は滅んだが、マンハッタンにある現代のゴルコンダは今日でも繁栄の道を歩んでおり、いまだ衰える気配を見せていない。

翻訳にあたっては以下の方々に心から感謝の意を表したい。翻訳者の山下恵美子氏は分かりやすい翻訳を、そして阿部達郎氏は丁寧な編集・校正を行っていただいた。また本書が発行される機会を得たのはパンローリング社社長の後藤康徳氏のおかげである。

二〇一五年五月

長尾慎太郎

推薦者の言葉

金融関係者必読の教養書

本書は、私がニューヨークの投資銀行に勤めていたとき、アメリカ人の上司から「必ず読んでおくように」と薦められた本のひとつである。

本書は一九二〇年のJPモルガン本店爆破テロ事件から始まり、一九二〇年代の強気相場、一九二九年の「暗黒の木曜日」と、それに続く大恐慌、フランクリン・D・ルーズベルト大統領のニューディール政策、そして一九三八年のリチャード・ホイットニー元ニューヨーク証券取引所社長の横領有罪判決までの歴史をカバーしている。

この期間は、マネーセンターとしてニューヨークが世界に君臨することを決定付けた重要な時期と重なっている。

そこではJPモルガンとクーン・ローブの競争、相場師ジェシー・リバモアの活躍、最初のニューヨーク連銀総裁でズッシリとした存在感を持っていたベンジャミン・ストロングの人柄について、一九二〇年代の株式ブームで大衆がウォール街へ向かう様子などが描かれている。

とりわけ一九二九年夏にニューヨーク市場が天井を打ってから、崩落へと向かう過程は、まるで脱線事故の様子をスローモーションの映画で観るような臨場感があり、しかもその描写は美しく、そして哀しい。

私は一九二九年の大暴落に関するたくさんの本を読んだが、その場に居合わせたかのような迫力で大暴落を追体験できるという点において、本書の右に出るものはない。

著者、ジョン・ブルックスは、無味乾燥になりやすい金融界の出来事を、登場人物のキャラクターを的確に読者に伝え、しかも興味深いエピソードを引用することで、生き生きと再現している。

フランクリン・D・ルーズベルト大統領が取り巻きの専門家たちの意見を無視して、本能的に正しい政策を察知し、独断と偏見で次々に「あっ」と驚くことを実行してしまうあたりの記述は、コミカルですらある。

そこには、「大恐慌からどう抜け出すか?」という具体的な方法論が、ルーズベルト大統領の取った行動を通じて描かれている。

ルーズベルト大統領は社会保障制度を初めて導入することで、それまで考えられていた「政府の果たすべき役割」の概念を根本から覆した。さらに証券を発行する際のルールを定めた一九三三年証券法、そして流通市場でのルールを定めた一九三四年証券取引所法などを通じて、今日の資本市場を律するルール作りを行った。

初代の証券取引委員会の委員長にジョン・F・ケネディの実父で、仕手筋師として勇名を馳せていたジョセフ・P・ケネディ・シニアを抜擢し、証券関係者を震え上がらせたエピソードも収録されている。
このように本書には、金融関係者なら常識として知っておくべき史実の多くがぎっしりと収まっているのである。

二〇一五年五月

マーケット・ハック（Market Hack）編集長兼コンテクスチュアル・インベストメンツLLC・マネージング・ディレクター
広瀬隆雄

目次

序文

「今や廃墟と化したゴルコンダは、かつてはそこを通過した者はだれでも金持ちになれるという言い伝えのあるインド南東部の町だった」。富者は勢力を失い、美しい建物は廃れ、その輝ける栄光は消え、二度と復興することはなかった。

想像を絶する富といった伝説的な話の結末は大体こんなものだ。一時的には栄えるが、その栄華はいつまでも続くわけではない。しかし、一つだけ例外がある。それがウォール街だ。ウォール街とは、厳密に言えばマンハッタン南部の小さなくぼ地を指すが、それは東京、ロンドンのように金融市場を指す言葉としても使われる。

ゴルコンダとは違って、ウォール街は死から復活することができる。好景気のあとには不況が訪れるが、草は車道には生えない。それは人間の精神のたまものだ。人間の知恵、ダイナミズム、想像力、そして、時として、不信の自発的停止のたまものである。世代ごとに訪れる狂騒の時代には、だれもがお金を稼ぎ、金持ちにならなければ罪であるかのようにみなされる。そんなとき、投資家たちは先代が苦痛とともに学んだ重要な教訓を忘れている。彼らは、今回だけは違う、と絶対的な確信を持って言う。

ビジネス作家のなかでも指折りの一人であるジョン・ブルックスが、史上最もよく知られた金融市場のドラマの一つである一九二九年の世界大恐慌とその後遺症の雰囲気を完璧に伝えているのが本書だ。現代の読者にとっても身近に感じられる話題が満載だ。

一九二〇年代の好景気は、シリコンバレーの対極にあるデトロイトを拠点とする新しい産業の成長によるものだ。これによって、ビジネスヒーローが生まれた。彼らは投資銀行のトップから政府高官へと上り詰めた。最も成功した投資は一部の大会社への投資で、これによって新たな経済パラダイムの台頭が期待された。

一九二七年の終わりにクーリッジ大統領が言ったように、アメリカは「新たな繁栄の時代に入ろうとしていた」。投機が社会的地位を得、ウォール街の住人たちは、だれもが興味を持つテーマのインサイダーになることで大成功を収めた。すべてが崩壊する直前、アメリカにやって来たあるイギリス人ジャーナリストはこれを鋭く分析している。「アメリカ人の株式市場に対する考え方が何かを証明するとしたら、それは彼らが奇跡を信じていることだ。つまり、十分努力をすれば、素晴らしいことを起こすことができるということを彼らは信じているのである」。そして一九二九年、株式市場の大暴落が発生する。翌年、株価は若干回復したものの、そのあとおよそ二五年間再び目にすることのない水準にまで下落した。

ブルックスの話の中心的人物はリチャード・H・ホイットニーである。彼はウォール街の支配者層のトップとしてその輝かしいキャリアをスタートさせ、最終的にはシンシン刑務所に投獄された。彼の話は繰り返される金融サイクルの極端な特徴を表すものだ――ブル相場はヒーローを生みだし、過ちを覆い隠す見事な方法を持つが、そのあと奈落に転じる。ヒーローというものはルールは自分たちにはけっして適用されないと思っている。特に普通の人々から隔離された狭いコミュニティーで生きて仕事をしているときはなおさらだ。誘惑に駆られるのはそんなときだ。

リチャード・ホイットニーは最初から罪人だったわけではない。銀行強盗を働くことなどは、この気高く気難しがり屋の男をゾッとさせるだけで、そんなことは彼の脳裏をかすめることすらなかった。しかし、彼はルールを少しずつ曲げていった。株式市場が上昇すればすべてうまくいくと信じて。うまくいかなければ、さらにルールを曲げた。彼の悪事が発覚しても、彼の友人はそんなことがあるものかと事実を認めようとはしなかった。

J・P・モルガンのあるトップは、「リチャード・ホイットニーが泥棒だなんてあるはずがない。彼はひどい窮地に陥っただけだ」と言った。

私が初めて本書を読んだのは一九七〇年代のことだ。当時、不況が長く続き、ダウは一〇〇〇ドルをなかなか突破できず、ウォール街は債券の引き受け場所と化していた。当時、この本はスコット・フィッツジェラルドの小説に出てくる登場人物たちがぞろぞろ出てくるおとぎ話のように思えた。一九二〇年の爆弾の爆発、スタッツ・モーターカー・オブ・アメリカの売り崩しという驚くべき話など、ブルックスの話は今でも私の脳裏に強く焼き付けられている。

これらの話は遠い昔からの所産ではあるが、ゴルコンダのようにいつ再び起こってもおかしくない話だと私は思っている。

一九九九年に読み直したが、こういったことが再び起こるのかどうか。私には分からない。

リチャード・ランバート（フィナンシャル・タイムズ紙）

今や廃墟と化したゴルコンダは、かつてはそこを通過した者はだれでも金持ちになるという言い伝えのあるインド南東部の町だった。似たような伝説が第一次大戦と第二次大戦をはさんだ時期、ウォール街にもあった。

第1章　序章――爆破事件

一

　一九二〇年九月一六日、木曜日。トリニティー教会の正午を知らせる鐘が鳴り終わった数秒後、マンハッタンのダウンダウンの心地よい秋の空気（天気は快晴、気温は二〇・六度、市場は若干上昇）は衝撃的な大爆発によって引き裂かれた。ウォール通りとブロード通りの交差点から数メートル東の地点、ちょうどJ・P・モルガンの大理石の建物と建造されたばかりの米国貨幣検質所の鉄格子のゲートの中間地点が爆破地点だった。つまり、地理的にも比喩的にもアメリカの金融の中心、つまり世界の金融のど真ん中で大爆発が起こったのである。爆発によって生じた緑色がかった大きな煙雲は辺り一帯を数分間にわたって暗黒に包み、通りから一二階の高さにある日よけには火が付き、近辺の窓という窓はほとんど割れ、八〇〇メートル離れた場所の窓さえ割れた。爆弾の金属片のような鉄の小塊が広範にわたって無数に飛び散った。のちの調べによると、それは割れた上げ下げ窓の重りの破片ではないかということだった。ウォール街二三番地の交差点の南東の角にあるモルガンのビルの厳格な正面玄関もあばたのようになり、そのビルの北側の窓はことごとく吹き飛ばされ、ガラスの破片が下の銀行フロアにいた人々に雨のように降り注いだ。建物自体は要塞のように造られていたため、内部の被害はほとんどない鉄格子は湾曲していた。ウォール街の北側の財務省の隣にあった米国貨幣検質所の重い鉄格子は湾曲していた。建物自体は要塞のように造られていたため、内部の被害はほとんどなかった。まるで地響きのような大爆発ではあったが、爆破地点から数ブロックも離れていないトリニティー教会が無傷だったのは奇跡としか言いようがない。この教会は横にアレクサンダー・ハミルトンが眠る有名な古い墓地のある教会で、ウォール街教会とも呼ばれている。トリニティー教会のゴシック・リバイバル様式の尖塔が倒壊すれば、モルガンの建物の崩壊に匹敵するほどの衝撃を与えていたことだろう。

ウォール通りとブロード通りの交差点の南西の角近くのブロード通りに面したNYSE（ニューヨーク証券取引所）では、何百人というブローカーやトレーダーがトレーディングフロアの大きな窓から降ってくるガラスの破片を避けるために、トレーディングフロアの中央に集まった。しかし、頭上には大きなガラスのドームがあった。このガラスのドームが崩れ落ちてきたらみんな一緒にあの世行きだ。かといって、窓側は危ない。どちらに逃げるべきか、にっちもさっちもいかない状態だった。しかし、幸いなことにガラスのドームが落ちてくることはなかった。北西の角にあったバンカーズ・トラスト銀行では割れたガラスが強風にあおられて木の葉のように舞っていた。一つの鉄の小塊がうなりを上げながら、銀行の頭取であるシュワード・プロッサーのオフィスの窓を突き破って飛んできた。あと数インチのところで彼の首は吹き飛ぶところだった。

プロッサーは本当にラッキーだった。この爆発で三〇人がほぼ即死、三〇〇人以上がケガをし、そのうちの一〇人はのちに死亡した。しかし、死亡者のなかには金融界の王も将軍もいなかった。死亡した者にはプロッサーの幸運と同じくらいの呪いがかけられていたように思えた。ウォール街一有名で、ウォール街の権力の象徴であったＪ・Ｐ・モルガンは、その日はイギリスの別荘で休暇中だった。爆発が起こったとき、ビルのなかにいた彼の五人のパートナーはモルガンの息子のジュニアスを除いてみな難を逃れた。モルガンの息子は軽い切り傷を負った。即死した三〇人のなかには、証券会社の役員や銀行の役員は含まれておらず、ブローカーが一人含まれていただけだった。死亡者のほとんどは、早いランチを取ろうと一二時の一～二分前にビルを出た案内係や下級の者、速記者、事務員、簿記係、メッセンジャー（使い走り）、荷物運搬係だった。そのなかには女性が三人、一〇代の事務員やメッセンジャーが四人、二五歳の若い銀行員が一人、六八歳の定年退職したビジネスマンが含まれていた。この混乱のなかで失われた証券は取るに足らず、二～三〇〇〇万ドルに及ぶ物的損害は、ビルの所有者やその保険会社によって補償された。爆発の意図が何であれ、ウォール街のパワーは無傷のままだった。

二

一九二〇年のウォール街は世界の金融の中心になってまだ六年ほどしかたっていなかった。その勝利は想像し得る最も不面目な形で勝ち得たものだった。ウォール街は戦うこともせずに、無気力で苦しみにあえいでいるときに勝利を手に入れたのである。第一次大戦前の一〇〇年間は、ロンドンのシティーが世界の銀行の中心であり、世界の金融関係の意思決定はすべてシティーが行っていた。アメリカの大会社への融資の全部もしくは一部は、通常ロンドンからあるいはロンドンを経由してヨーロッパ大陸から行われ、ウォール街は国内では重要な地位にあったが、国際的な事柄に関しては、アメリカ企業と大西洋資本との単なるブローカーにすぎなかった。そして、一九一四年八月、第一次世界大戦が始まって最初の数週間がたったとき、イギリスはポンドに対する金の支払いを一時停止して金融界を震撼させた。時は金本位制の全盛期で、これはポーカーゲームに例えれば、最も恐れられ、尊敬され、信頼されていたプレーヤーがゲームを突然やめると宣言し、マーカーの清算を拒む行為に相当する。それに続いて大蔵省はイギリス連邦外のすべての投資を禁じることを決定した。タイムズが言うように、これは「国際金融センターとして長年君臨してきたイギリスが、それを一時的に放棄した」ことを意味し、「これまで行ってきた国際ビジネスの大部分を……アメリカに譲渡すること」は避けられない事態となった。タイムズは、アメリカには「その能力がある」ことを厳かに認めた。

　そうは言っても、アメリカがその重責を担うのに力不足であることは否めなかった。アメリカの金融界に対するイギリスの影響力は絶大で、ロンドンの突然の任務放棄はウォール街にとっては身がすくむような恐怖であり、まるでフィラデルフィアかデトロイトで戦争が勃発したかのようだった。第一次世界大戦が始まったその日、NYSEでは株価は吐き気をもよおすほどに暴落し、翌日、取引所はその長い歴史上一〇日以上連続して閉鎖したことがなかったのに、九カ月近くも取引を中止した。そのうえ、ニューヨークの金融業界はほとんどパニック状態に陥った。アメリカの事業家たちは国際取引で三〇億ドル以上にも及ぶ純債務を抱えていた。債権者のほとんどは交戦国であるヨーロッパの国々だった。債権者たちはお金の返済を要求しただけでなく、戦時中の昔ながらの伝統にのっとって、金での返済を迫った。恐れをなしたアメリカの預金者たちはお金を引きだすために銀行に殺到し、事態を悪化させた。戦争が始まって最初の二週間で、ニューヨークの銀行からは巨額のお金が引き出され、一九〇七年の金融恐慌を彷彿させるほど危険な状態に陥った。その年の秋、金は米国財務省からドンドン流出した。そのほとんどはカナダにあるイギリスの口座へと流れた。その額たるや恐ろしいほどだった。国内ビジネスはショック状態に陥り、ドイツの駆逐艦に見張られて対外貿易もままならず、ウォール街はほとんどゴーストタウンと化した。銀行は破産寸前、証券取引所やブローカーのオフィスは閉鎖。一握りの「不法ブローカー」たちが取引所に反抗して、ニュー通りの屋外で非合法の株式市場を非公式に開いていた。そこで彼らは数少ない銘柄をパニック価格で売買していた。これが金融界の新しいチャンピオンの姿だった。

しかし、アメリカは破産したり落胆している場合ではない、戦争に資金と物資を供給するのはアメリカの役目であるという雰囲気に押され、ウォール街は急速に新しい役割に馴染んでいった。そして、一九一四年一一月、金の流出は次第に収まり、一二月には止まり、一九一五年一月には逆流が始まった。その年の四月には証券取引所は通常営業に戻った。アメリカの同盟国への貸出金は増え続け、何十億ドルにも達しようとしていた。アメリカからの輸出は主として戦争物資だったが、大量の食料、家畜のえさ、綿花も含まれ、拡大し始めていた。それは一九一七年まで商業史上例を見ないほどの勢いで増え続けた。それと同時に、ヨーロッパの国々は金を保管目的でニューヨークに送り始めた。武器の支払いのためには送らないときでも彼らは金をニューヨークに送った。一九一五年初期にアメリカに少しずつ送られ始めた金の流れは一年かそこらで勢いを増し、一九一六年の三月だけでアメリカは前年の金の総輸入量に匹敵する量の金を輸入した。世界中が一晩でお金を一つの銀行から引き上げ、別の銀行へと移し替える。しかも、それは一時的ではなかった。なぜなら、一九二五年にイギリスが金の支払いを再開したときには時すでに遅く、彼らはその地位を取り戻すことはできなかったからだ。

一九二〇年にはウォール街はロンドンが昔やっていた仕事を成し遂げる力をつけていた。余力さえあった。アメリカは戦争に参加した一年半の間、主として国内で債券を売って戦争に資金を提供した。アメリカは今や三〇億ドルの債務者から三〇億ドルの債権者へと変貌していた。

アメリカ財務省は世界の金の供給の三分の一を牛耳るまでになっていた。予想どおり、戦後の不況はやってきたが、予想されていたのとは異なり、破産とパンの配給を受けるために人々が列をなした時代に比べると軽度なものだった。そして、ウォール街は思わぬ戦争の恩恵を享受していた。新しい顧客の大群が押し寄せてきたのだ。自由公債を購入して投資に対するうまみを覚えた市民たちだ。ウォール街は大満足だったが、以前のイギリスほど自信に満ちていたわけではなかった。

その自信のなさは九月一六日のあの昼の惨事に対する反応に顕著に表れていた。

三

最初の反応は当然ながら、社会的、あるいは政治的というよりも個人的なものだった。生存者たちは混乱のなか、叫び声を上げながら、死亡者や負傷者につまずきながらその場から逃げだした。しかし、ものの数分もしないうちに、また爆発するかもしれないという恐怖よりも好奇心のほうが強くなり、元の場所に舞い戻り、そこに近隣のビルから出てきた人々が合流した。それから五分もしないうちに、その辺りは一万人もの群衆でひしめきあった。彼らの足元には、負傷した人々が、応急処置どころか、自分を守るために必死でもがいていた。大けがを負った集金人の少年は、カサビアンカ（フランス海軍の軍人）のように愚かしいほど責任感が強かった。職務を全うして死にたいと思った彼は、持っている証券の包みを委ねるためにだれかに必死に嘆願していた。ウォール街三六番地のシュルテのタバコ屋の店員は、フランスの軍隊にいたときの習慣で、鉄のヘルメットの代わりにフェルト帽をピシャリと叩いた。証券取引所の理事長は落ち着きながらも速やかに、立っていた場所からフロアを見下ろせる演壇に歩いていき（取引所のフロアでは走るのはご法度）、爆発から1分以内にその日の取引は中止することを告げる鐘を鳴らした。爆発地点から一五〇メートルほど離れたブロード通りの屋外で営業していたニューヨーク・カーブ・エクスチェンジ（AMEX＝アメリカン証券取引所の旧名）は取引所の閉鎖を告げる鐘を鳴らす必要はなかった。なぜならその現場には群衆が殺到し、ショックを受けたり負傷したその取引所のブローカーが仕事のことなどかなぐり捨てて、身を隠す場所を巡る争いをしていたからだ。警察と近くの病院からの医師団は群衆をかき分けて倒れた被害者の元へと急いでいた。その数分後、ガバナーズ島からの連邦軍が到着し、現場への通路を確保するためにロープを張った。

最も被害の大きかったJ・P・モルガンのビルの広々とした内部は、割れたガラスやひっくりかえされた机、紙、ぐにゃりと曲がった鋼鉄のスクリーンが散乱していた。鋼鉄のスクリーンは少し前に窓に取り付けられたもので、これによって最悪の事態が避けられたのは明らかだった。モルガンの社員の一人は死亡し、もう一人は負傷して翌日亡くなり、数十人が重傷を負った。一階の北側の窓近くのデスクに座っていたジュニアス・モルガンは爆風で吹き飛ばされ、落ちてきたガラスで軽いケガをした。マスコミは彼は手にケガをしたと報じたが、これはおそらくは一九二〇年のマスコミの特徴である婉曲表現の好例だったのではないだろうか。生き残った彼の元パートナーたちは、彼が傷を負ったのは臀部だったと証言している。いずれにせよ、彼自身はブロード通り病院で手当てを受けたあと、「ケガはしなかった」と勇ましく発表した。もう一人のモルガンの若者のウィリアム・ユーイングは体に強い衝撃を受けて気絶したが、数分後に気づいたとき、頭がゴミ箱にはまっていた。

Ｊ・Ｐ・モルガンのシニアパートナーであるヘンリー・Ｐ・デイビソンはちょうどそのとき外出して、そのビルにはいなかった。その場に居合わせたほかの四人のパートナーは全員無事だった。四人とは、デイビソンの後任で、のちにモルガンの右腕となるトーマス・Ｗ・ラモント、のちにメキシコ大使を経て大物政治家になるドワイト・Ｗ・モロー、国務に絶大な権力を持つモルガンファミリーの一員であるエリオット・ベーコン、結婚によってベーコンと親戚関係になったジョージ・ホイットニーだった。ジョージ・ホイットニーは会社の若手ホープで、ウォール街で期待される債券ブローカー、リチャード・ホイットニーの兄でもあった。四人は、ブロード通りとウォール通りのちょうど角に当たるビルの二階にあるモルガンの部屋で会議中だった。彼らが無事だったのは、その部屋の窓は西側だけにあり、北側は要塞のような壁になっていたからだ。爆発の唐突さを考えると、攻撃の間、安全な掩蔽壕のなかにうずくまる臆病な将軍のように、身を寄せ合ってうずくまったとしても非難することはできなかっただろう。

しかし、そういった行動を取ったのは、そのとき訪れていたモローの客のフランス軍の高官だけだった。爆破のこだまが遠ざかり、屋外では煙が立ちこめ、窓ガラスがあちこちでガタガタと鳴るのを聞きながら、彼はパートナーたちに、「こんなことはよく起こるのですか?」と聞いた。

その日の午後、警察と連邦軍は五〇〇人ほどのボランティアの退役軍人とともに、負傷者に応急処置を施したり、彼らを救急車に運んだり、四〇〇〇人にも膨れ上がった野次馬を整理したりと忙しく働いた。野次馬たちは夜になっても減ることはなかった。むしろアップタウンのオフィスが引けると増える一方だった。彼らはがれきを掃除したり、アークライトに照らされて運ばれていく割れた窓ガラスが板で封じられるのを見ていた。その夜、ニューヨーク金融界の主導者たちは戦いをくぐりぬけた得意満面の笑顔を見せながらも断固とした口調で言った――「明日は仕事に戻るのだ。共産主義にはけっして屈しない!」。

爆発はどこかの過激派によって仕掛けられたものであることを疑う者はいなかったが、すぐに入手できた証拠によれば、それは疑わしかった。目撃者の話は食い違ったが、一一時五五分ごろ、年老いた濃い鹿毛の馬に引かれた古い一頭立ての荷馬車――色は赤だの、黄色だの、緑色だの、目撃者によって異なった――がウォール通りを通って、貨幣検質所の前で止まったという点は一致していた。馬車のなかに小さな樽のようなものがあった、おそらくはそれにダイナマイトを入れていたのではないか、と言う人もいたが、運転手がどんな人だったか覚えている人はおらず、馬車が止まってからその運転手が何をしたかを覚えている人もいなかった。証言の一部は、蹄鉄をはいた二つの蹄を含め、バラバラになった馬の部位や、馬車の車軸やホイールハブの断片によって裏付けられた。しかし、この証言だけでは、爆発が爆弾によるものだったのか事故によるものだったのかは断定するどころか、推理することもできなかった。しかし、犠牲者の一人が死ぬ間際に「デュポン」と書かれた馬車が通りでひっくり返るのを見たと言った。彼の証言は、有名な爆弾メーカーの名前入りの馬車を見たという人々によって、確かなものではないにしろ、一応は裏付けられた。有名な爆弾メーカーは、ヘラキュレス・パウダー・カンパニー、ディットマー・パウダー・カンパニー、エトナ・エクスプローシブ・カンパニーなどいろいろだった。馬車が火薬会社のものだとすれば、爆発は火薬を解体工事現場に運ぶ途中での事故と考えるのが合理的であり、ダウンダウンでは解体工事現場はいくつかあり、そのなかには、ブロード通りとウォール通りの南西の角で行われていた取引所の拡張工事も含まれていた。しかし、残念ながら、前述のすべての会社は、その日はその地域には荷馬車は出していないと言った。さらに、デュポンのスポークスマンは、正式なマークの入った同社の貨物自動車は、その日の朝、爆薬ではなく顔料を積み込んで、ウォール街から数ブロックのところを通過したという事実を伝え、目撃者の証言が間違っていることを示唆した。

それが爆弾であることを示す証拠は、主として、近辺に降り注ぎ、多くの被害と多くの被害者をもたらした上げ下げ窓の重りの粉々になった破片だった。警察はこれらの破片を五〇〇ポンド以上も収集した。何の悪意もなく爆薬を運ぶ運搬車が、それほど多くの爆薬を積んでいたというのは理屈に合わない。それよりも、なぜその場所で爆発が起こったのか、ということだ。その場所が何かを意味しているのではないのか。問題の日、九億ドル分の金が小さな二五ポンドのバーの形で木箱に並べられて、武装警備員の監視の下、財務省のビルの古い保管庫から貨幣検質所の新しい保管庫へ運ばれていた。作業員はその金を二つのビルの間の狭い路地の間に掛けられた木の傾斜台に沿って運んでいた。爆発が起こった場所はこの路地のちょうど向かい側だった。爆発の起こった正午、運搬作業員と警備員は昼食をとるために仕事を一時中断して、格子のついた勝手口をしっかりと閉めて、ビルのなかに入ったところだった。彼らはその場にいれば間違いなく即死だっただろうが、かろうじて難を逃れ、アメリカ財務省への奇襲攻撃を防いだのである。金が失われていれば、過激な小説に見られるように世界の金融界はたちまちのうちに大混乱に陥ったかもしれない。

暴力による混乱は、急進主義者勢力が目論むまさにそのものである、と多くのアメリカ人は確信していた。それからアメリカは一年以上にわたってマッカーシー旋風のときのような共産主義の恐怖におびえた。一九二〇年当時、「爆弾」は「共産主義者」を意味し、「共産主義者」は「爆弾」を意味した。それはほとんどの場合「外国人共産主義者」を意味した。しかし、マッカーシーの時代と一つ違っていたのは、一九一九年の爆弾の多くは、実際の爆弾だったことである。その年の四月、封を開けた途端に爆発するように仕掛けられた爆弾が一八人の著名人に送られた。そのなかには反労働組合の活動歴のあるシアトル市長、米国入国管理局長官、二人の過激派リーダーに判決を言い渡した判事、米国法務長官のＡ・ミッチェル・パルマー、労働省長官のウィリアム・Ｂ・ウィルソン、そして金融界の大物であるジョン・Ｄ・ロックフェラーとＪ・Ｐ・モルガンが含まれていた（爆弾のほとんどは郵送料不足のためニューヨーク市郵便局で足止めを食らい、彼らの元には届かなかった。そのおかげで爆弾が発見された）。それから数日後、クリーブランド、フィラデルフィア、ピッツバーグ、ニューヨークなどで仕掛け爆弾や手投げ爆弾が爆発した。そして、パルマーの名の知れぬ敵——過激派の指導者になることを熱望する政治的野心と狂信に駆られたクエーカー教徒——がパルマーを狙い撃ちした。これは郵便に頼らず、彼自らが爆弾を投げ入れた。パルマーのワシントンの自宅は爆弾によって大きな被害を被ったが、爆弾を投げ入れた本人が死亡する以外、被害者はいなかった。パルマーはアメリカで最も著名な二人の刑事のウィリアム・Ｊ・フリンとフランシス・Ｐ・ガーバンを自分の部署の重要なポスト（ＦＢＩ［米連邦捜査局］のヘッドと赤狩り担当補佐）に任命して、その秋、過激派撲滅キャンペーンに乗り出した。そして一九二〇年一月二日、巧妙に計画した同時奇襲作戦によって、四〇〇〇人以上の過激派の容疑者を三三の都市で一斉に逮捕した。一般大衆は、容疑者のほとんどが証拠不足で釈放されたあとでも、パルマーに拍手喝采した。

九月一六日の夜、「連邦、国家、市当局は、あの爆発が共産主義者の暴動の前兆であるという見方で一致した」とニューヨーク・タイムズは報じた。全米中がこれに同意した。そして、たちまちのうちにシカゴ、ボストン、フィラデルフィアの金融街に非常線が張られ、各都市の警察建造物、財産貯蔵庫、著名人たちの警護体制が取られた。マディソン街のJ・P・モルガンの屋敷は、彼が不在のときでも三〇人の刑事が警護した。FBI長官のフリンはすでにワシントンから急行列車でニューヨークに到着しており、捜査官たちの指揮を執った。ワシントンからの報道によれば、パルマーとガーバンもニューヨークへと向かっていた。

翌日の九月一七日、連邦政府は、犯罪者の特定にはまだ至らないものの、犯罪に関する重大な手掛かりをつかんだと発表した。ニューヨーク郵便局は、ブロードウェーとウォールストリートから歩いて二分のシーダー通りとブロードウェーの角の郵便ポストから発見された五枚の紙を当局に引き渡した。それは荷物からはがれてバラバラの状態で、宛先は書かれていなかった。ゴム印がぞんざいに押され、不鮮明でスペルの過ちもあったが、明確なメッセージが書かれていた。

忘れるな
おまえたちはもうこれ以上は耐えられないはず
政治犯を釈放せよ
でなければ、おまえたち全員に

死が訪れるだろう

アメリカの無政府主義戦士

郵便当局は司法省に、これらの脅迫状は爆発の日の一一時三〇分の回収から一一時五八分の次の回収までの間にポストに投函されたものだと言った。脅迫状は爆発のあとではなく直前にポストに投函されたため、他人の犯行に見せかけようとした様子もなく、さらに、一九一九年の爆発のときに見つかった脅迫状とほとんど同じであることからも、それらの脅迫状は爆弾が無政府主義者の犯行であることを示す動かぬ証拠となるように思えた。しかし、一九二〇年前後のほかの出来事が示すように、公の場所での暴力行為は多くの人々の気持ちを乱し、人々は反論の余地のない事実や論理的な説明を受け入れることができなくなってしまうものだ。つまり、実際の犯罪を否定し、望む犯人像を作り上げさせてしまうということである。このケースの場合、ウォール街をはじめとする全国民は、爆弾が無政府主義者の犯行であることが証明されることを望んではいたものの、この事件がそんなに簡単にあっさりと解決されることは望んでいなかった。彼らはアメリカ人でない者による陰謀が徹底的に議論されることを望んでいたのである。

四

アーク灯が消えたのは一七日の夜明けになってからだった。ウォール街は仕事に戻る準備に取り掛かっていた。しかし、「いつものビジネス」ムードではなく、人々の心にはこの卑劣な行為に断固として抵抗するという気持ちと愛国心が満ちあふれていた。イギリス風のスタイルを標榜するモルガン社では、通りを隔てた証券取引所のきらびやかなムードとは対照的に、割れた窓ガラスは大きなテント地で覆われ、銀行フロアを見下ろす脆弱化したドームは足場で支えられ、エグゼクティブの腕や足や頭には包帯が巻かれ、事務員はタイプライターと加算器をケガをしていないほうの手で操作していた。そこはまるで静かに作業療法を受ける救急処置室のようだった。証券取引所は建物の無事がエンジニアによって確認され、通常どおりの時間に開いたが、ブローカーやトレーダーの間ではいつものジョークは聞かれず、サン紙によれば、険しい顔つきで口はきつく結ばれていた。ブローカーは顧客のパニックを和らげるために、取引所のオープンに先立って顧客たちを安心させる広報を流した。しかし、パニックは起こらなかった。取引から一時間で、ここ一カ月の最大の取引高を記録し、一〇ポイントも上昇した銘柄もあった。その日が始まり、こわばった雰囲気は残っていたものの、人々は自信を取り戻し、ある大手ブローカーは電信文を、人々を安心させる内容から、はっきりと政治色の強い七月四日を批判する内容へと変えた。「六年にもわたる戦争。何百万人という人々が死亡し、障害者となった」という電信文がこの会社の支店へと流された。

ゆがんだ心を持つ男女はこのおぞましい基盤の上に拠って立っている。彼らは急進主義を唱え、堕落した人々に訴えてきた。彼らは当然受けるべき罰を受けることなく、丁重さを持って迎えられた……彼らは身分の高い擁護者を獲得した……その当然の結果として、アメリカの金融センターの尊い生命と財産は破壊された……日々の生活のために懸命に働いてきた若い男女がこの卑劣な陰謀の犠牲になった。そして、株式市場への影響については、私は市場は以前よりも強くなると思っている。法と秩序があまねく行き渡り、ビジネスは発展し続けるだろう。

その日の午後、サン紙は「ウォール街はおおむねこの電文に示したとおりに意見が一致している」と報じた。

偶然にも、「アメリカ革命の息子（アメリカ独立革命当時の精神を継承しようとする団体）」はその日、憲法採択の一三三回目の記念祭を予定していた。そのため、「殺戮の時間」である正午、何千人という人々が、爆発でできたウォール街の舗装の浅いくぼみから数フィート離れたところにある財務省の建物前のジョージ・ワシントン像の台座に集まっていた。「アメリカ」を歌い終わったあと、人々はカンカン帽を胸にかざし、第七九師団の准将が熱弁を振るった。「昨日起こった社会に対する史上最大の暴力は、私たちが今立っているまさにこの場所で起こりました。アメリカ市民として、こんな卑劣な行為に目をつぶっていてもよいのでしょうか。私は断固ノーと言います。一〇〇〇回でもノーと言います！」

「ノー！」と群衆は大声で叫んだ。

准将は続けた。「こういったことをする人間たちは、頭をもたげるたびに殺さなければなりません。邪悪なヘビは殺さなければなりません！」

「イエス！」と群衆は大声で叫んだ。これは予定にはなかったが、群衆の一人が前に出て、みんなに国歌を歌わせた。集会が終わったとき、ワシントン像は台座に小さなかすり傷が一つ、二つできた以外は無傷だった。まるで奇跡だと言う者もいた。その日はウォール街にとって素晴らしい日だった。

五

爆発のあと、マスコミ、聖職者、政治に関心の深い人たちはその「暴動」を、「血に飢えたプロレタリアート」のウィルソン政権に対する挑戦とみなした。ニューヨーク市は犯人情報に対して一万〇五〇〇ドルの懸賞金をかけた。バーンズ・ディテクティブ・エージェンシーは、J・P・モルガンの意を受けて懸賞金を五万ドル上乗せした。日曜日の朝、トリニティー教会で予想以上に多く集まった群衆に説教をしたドクター・ウィリアム・Ｔ・マニング牧師は、その機会を利用して胸のうちを明かした。陰謀者のみならず、「調べられるべき人々がほかにもいます。自らを知識人と呼び、武力は支持しないと宣言することで自らの安全を確保する人々です」と彼は言った。群衆が険しい顔つきで頷いた。

アメリカ急進派運動のスポークスマンはその出来事を何かの気晴らしと見ていたようだ。最も力を持ち、最も恐れられていた過激派組織である世界産業労働組合（ＩＷＷ）のニューヨーク防衛委員会事務局長はすぐに声明を発表し、多くの人が死亡・負傷したことは大変遺憾であると述べた。そして、だれが何と言おうと、ＩＷＷはこれにはまったくかかわっていない、と続けた。ロシアのルースキー・ゴロスは爆発の数日後に次のように言った――「一八世紀の人々は、神がいなければ、造りだす必要があると言った。二〇世紀の今、爆弾の陰謀がなければ、造りだす必要があると人々は信じている。そして、それは今、造りだされようとしている」。

どういった政治的信念を持つ人も、爆弾事件に対処したことを特に名誉と思っている様子はなかった。地元警察と連邦警察は爆発後の数日間で多くの容疑者をでっち上げた。容疑者のほとんどは、外国人や完全なアリバイを持つ者たちだった。警察は、のちに暗殺される有名な社会主義のリーダーであるカルロ・トレスカを尋問したが、成果は得られなかった。ロシア生まれで、「トロッキーやレーニンのエージェントと言われた」アレクサンダー・Ｊ・ブライロフスキーという人物も尋問を受けた。爆発の直後、パイン通りとナッソー通りの角に立っているのを見かけたという匿名の手紙が寄せられたからだ。彼は三人の男と話をしていて、悪いことに、笑っていたらしい。しかし、ブライロフスキーは、その日、パイン通りとナッソー通りの近くにはいなかったことを証明して、釈放された。それから少しして、ブルックリンのフローレアン・ゼレンスカという男が、過激な書物を所有し、ヘラクレス・パウダーの元従業員で、九月一六日の朝一一時に赤黄色のバッグを持って家を出たというかどで逮捕された。しかし、彼が向かった先は、勤務先のテイラーショップで、バッグの中身は弁当だったことが判明した。二三日、パルマーの部下のフリンはこの事件に関する最初の一週間分の調査報告をまとめた。彼は、「ウォール街の大惨事が事故だったというのは単なるたわごとにすぎないと私たちは強く確信している」と断言した。「私たちは、近所で爆薬を積んだ荷馬車がまごついていたという類の噂や記事に惑わされることはない。あの暴動は明らかに犯罪だ」。そして、一息ついて、「政府は不眠不休でこの事件の真相を究明する」と付け加えた。

六

次の数カ月にわたって、政府は不眠不休の体制で、容疑者を次々と挙げていった。カルッソ、アバト、フェロ、ファスロ、ルイギオ、デ・フィリッポス。しかし、彼らに関しては何の証拠も見つからなかった。そうこうするうちに、いくつかの糸口が見つかった。ウォール街からほど近いニューチェンバース通りに店を構える装蹄師がバラバラになった馬の蹄鉄は自分が作ったものだと名乗り出たのだ。しかし、蹄鉄を売った男のことはほとんど何も覚えていなかった。そのあと、エリザベス通りの別の装蹄師がそれを作ったのは自分だと主張し、その馬の所有者は若くて背が低く、がっしりした胸をしたシシリア人で、ものすごく急いでいた、と言った。ある目撃者は、爆発の直前に荷馬車を見て、運転手はユダヤ人のように見え、手綱をおろして荷馬車から降り、あわただしくナッソー通りのほうに走っていき、ちょうどその時間に、財務省の裏手に消えていった、と言った。別の目撃者も現れた。彼はユダヤ人の行商人で、運転手はスコットランドなまりが強かったと言った。荷馬車を見たという人はほかにもいたが、彼らの証言は国籍も、宗教も、逃げていったときの様子もまちまちだった。その事件を鮮明に覚えていたのは、ウォール街のリーダーの一人であるサミュエル・B・ウェリントンだった。彼はウエスト・インディーズ・カンパニーの七〇代の社長で、彼の話はウォール街で受け入れられている意見を凝縮するものだった。ウェリントンが四日後に警察に語った話によれば、彼は九月一六日の一一時五八分、J・P・モルガン・アンド・カンパニーから二～三ドア東の南側にあるウォール街三七番地から出てきた。時間をはっきり覚えていたのは、歩道に差し掛かったとき、トリニティーの時計を見たからだ。そのとき、「急げ！　逃げろ！　ここから出るんだ！」という声を聞いた。辺りを見回すと、その声はウォール通りとウィリアム通りの角の近くにいた「イーストサイドの行商人」のような二人の男からのもので、彼らは第三の男に合図して警告していた。第三の男は六〇代くらいの「脂ぎった男」で、彼は貨幣検質所の前の馬車のそばにいた。三人の男がウィリアム通りのほうに走りだすと、映像が動きだした。そして、彼らは北側に向きを変えた。次の瞬間、目の前が真っ暗になってその映像は消えた。なぜなら、ウェリントンは爆発のショックで気絶したからだ。この話を裏付ける者はだれも見つからなかったが、ウォール街はさらなる警戒が必要だという啓示が、彼が映像を見た直後、無意識下に取り込まれたため、このことを認識するのには役立った。しかし、警察の犯人探しには何の役にもたたなかった。

一人の有力な容疑者として浮かび上がったのは、シシリア人でも、ユダヤ人でも、スコットランド人でも、イーストサイドの行商人でも、脂ぎった男でもなく、ウォール街に友人を持つアングロサクソン系の中産階級の専門職の男だった。彼は四二歳のエドウィン・P・フィッシャーで、シティーカレッジとニューヨーク・ロースクールを卒業し、かつて全米で九位にランクインした有名なテニスプレーヤーでもあり、ニューヨーク・メトロポリタンシングルスで三度の優勝経験を持っていた。彼はまたこれまで二度精神科病院に入ったことがあり、爆発の前にゾッとするほど正確にその事件を予言していた。爆発のおよそ二週間前、フィッシャーは早朝ウエストサイドテニスクラブに行き、次にアムステルダム通り九三番街に行き、介護士のトーマス・デレハンティーと話をしている。デレハンティーのよく知る調子でしばらくウォール街と特にJ・P・モルガン・アンド・カンパニーを激しく非難したあと、謎に満ちた口調で、「トム、秘密を教えてやろう。おれたちは一五日にウォール街を爆破するんだ」と言った。あるいは、のちにデレハンティーが証言したように、「『やつら』はウォール街を爆破する」と言ったのかもしれない。デレハンティーはどちらかははっきり覚えていなかったが、フィッシャーのことをチャーミングで紳士的で聡明だが、「ちょっと頭がおかしい」と思っていたので、フィッシャーが言ったことは特に気にはしなかった。それから一週間ほどあと、ハドソンチューブ鉄道の乗客が、テニスラケットを持ち、風貌がフィッシャーに似た男に出くわした。彼は突然前かがみになって「一六日が過ぎるまでウォール街には近づくな。やつらは六〇〇〇ポンドの爆弾でウォール街を爆破するから」と言ったという。フィッシャーが正確な日を言ったのはこのときだけで、次の週、彼は予言を繰り返した。ときには書面で予言することもあり、日時については若干ずれることもあった。九月一一日、彼はジョージ・F・ケトレッジというウォール街の友人にトロントからポストカードを送った。ポストカードには次のように書かれていた――「こんにちは。一五日の水曜日、鐘がなったらすぐにウォール街を離れたほうがいい。エド」。一三日にも似たようなポストカードをウォール街地区で働く数人に送った。そのなかには、フィッシャーが一カ月前まで働いていたブロードウェー六五番地のフランス高等弁務官所長であるレオンス・アルノーと、有名な保険マンで、バンカーズ・トラストの開業間近のプロッサー氏の元パートナーで、フィッシャーの旧友でもあるシェパード・トーマンズが含まれていた。アルノーのどのポストカードにも、九月一五日の午後、爆弾が爆発することを警告していた。

ポストカードには、不安をかき消すように、「バカげた話かもしれないけど」という文言が付け加えられていた。そして、不気味な口調で、「怒れ！　気のせいかもしれないけど」と書かれていた。デレハンティーと同様、ポストカードを受け取った者は深刻には受け取らなかった。

フィッシャーがポストカードを送ったトロントのホテルでは、「金持ちなんて死んでしまえ」とフィッシャーがつぶやく声が聞かれている。九月一四日、彼はホテルを出てナイアガラの滝へと向かった。爆発のあった一六日の夜、義理の兄のロバート・A・ポープが彼に追い付いた。彼はそのとき爆弾の警告については何も知らず、ホテルで聞かれた脅迫まがいの発言については知っていた。彼はフィッシャーは神経衰弱にかかっていると思った。翌朝、ポープは爆弾の警告があったことをフィッシャーからではなく新聞で知った。それは一面の大見出しに載っていた。彼はフィッシャーに、とにかく友だちのいるハミルトン（オンタリオ州）に帰ろう、と説得した。彼はフィッシャーをハミルトンで当局に引き渡した。どのようにして爆弾を予言したのかと聞かれたフィッシャーは、「どこからか分からないけど、メッセージが流れてきたんだ、空気中を伝わってだと思うんだけど……何か恐ろしいことが起こる。そう思ったんだ」と答えた。彼は、ウォール街は「世界中の悪の巣窟」だとも言った。おかしなことに、極めて正気なポープはためらうことなく、フィッシャーには超能力があると言った。そして、その超能力はポープが異常な精神状態にあるときに特に強く発揮されることに彼は気づいていた。

アメリカ当局が到着して身柄が引き渡されるまでの間、フィッシャーはハミルトンの刑務所に拘束された。彼は陽気で模範的な囚人だったという。二〇日の月曜日、当局は彼を列車でニューヨークに移送してさらなる尋問を行った。グランドセントラル駅は彼をひと目見ようと待機していた記者たちでごったがえしていた。彼は異様さを放っていた。衣服がなぜそんなに分厚いんだと聞かれて、彼は服を三枚着ているからと答えた。暖をとるための上着を二枚と、その下にはテニスをプレーする機会があったときのためにテニスウエアを着てきた。ターミナルを歩きながら、だれかが捨てた煙草の吸いがらを三本拾い、ポケットにしまいこんで言った――「僕は吸わないけど、取っておくんだ」（煙草はすぐに没収され、隠されたメッセージを調べるために警察の研究所に送られたが、何も発見されなかった）。彼は警察から事細かくいろいろなことを聞かれ、ベルビュー病院で検査を受けた。取り調べの結果、彼は爆弾とは無関係であることが分かった。そして、彼が正気ではないことも分かった。一〇月二日、彼はアニティービルサニタリウムに入れられ、二カ月後に退院した。彼は明らかに回復していた。フィッシャーの一件についてハマンズは最後に次のように言った――「彼と一〇分間話をしたあと、彼を陰謀に導くような共謀者はいないと思った」。しかし、彼が繰り返し発した警告が偶然にもその事件にほぼ一致していたのはなぜか、という疑問は残った。それは当時、謎だったが、分析者は説明としては到底受け入れられるものではないと言うだろう。

共謀の線が黒だろうと白だろうと、フィッシャーが正気でないのは確かだったが、非論理的な点は彼の友人であるウォール街のエリートたちとさほど変わらなかった。彼らは爆弾の事故説は否定した。それはおそらく、無政府主義者による手紙による脅迫があったからだ。しかし、それよりも、爆弾が経済的自由主義体制の完璧さを暗に問うていたためだ。フィッシャーが容疑者として否定されたのは、警察が彼を受け入れられなかったからだが、それよりも、いくら正気でないとはいえ、こんな男がそういった行為にかかわることはないと彼らが感じたからだった。彼らは、爆弾は過激派による陰謀であると考えた。なぜなら、それが彼らの先入観とぴったり一致したからだ。しかし、それよりも重要なのは、彼らに追い詰められていると感じさせることで、道義への彼らの関心を高めることができたという点だった。それから何カ月も、身分の高い経済人が公共の場に出るときは警護が付き、証券取引所ではおしゃべりが続き、ブローカーたちは、正義のためにすべてを投げ打った退役軍人のような無頓着を装いながら、昼食時には爆発の経験話に花を咲かせていた。お金のために紙を売るのがウォール街のビジネスの基本だが、これは生計を立てる単なる手段から、国家の敵への挑戦、つまり道徳的な行動へと変わった。ウォール街は今、その行動が正しいだけでなく、利益を生むと感じられる、危険で心地良いセンセーションを味わうことができる一〇年に突入しようとしていた。

七

一〇年以上にわたって、地元警察と連邦警察は史上まれに見る、長く広範にわたる調査を続けた。彼らは馬の所有者を割り出すために、大西洋沿岸の四〇〇〇以上の厩舎に足を運び、蹄鉄を特定するためにシカゴの東側の蹄鉄工もすべて回り、蹄鉄工の業界紙の編集者も訪問した。さらに、鉄の小塊の大元の手掛かりを追って、重りメーカーとディーラーもすべて回った。こうした努力にもかかわらず手掛かりはまったく得られず、ときには自白者の出現によって捜査は中断することもあった。自白者が出現するたびに、それが白と分かるまで、一時的な動揺が生まれた。自白者の一人は不満を抱く元バーンズの部下の刑事で、彼はのちに強力なアリバイを示し、自白を撤回した。おそらくは、元雇用主に対する復讐のつもりだったのだろう。爆発の首謀者として一九二四年に名乗り出た男は、爆発当時、サン・クエンティン刑務所に入っていたことが分かった。一九三〇年も終わりに近づき、ニューヨーク警察の警部は、若者は事件への新しい見方を提供してくれるかもしれないと考え、ときどき賢明で若い刑事を担当に当てることもあった。しかし、それも徒労に終わった。事件からかなりの時間がたち解決のめどがつかないまま、ウォール街はまた新たな問題を抱えていた。

本書の二〇年にわたる話のなかでも、この爆弾事件は劇的で印象に残る記念碑的事件だった。ウォール街二三番地の北側正面には今でもこのときの生々しい傷跡が手つかずのまま残っている。人目を引く一インチのでこぼこは、望遠鏡を通して見られる月のクレーターさながらだ。特にひどいのは建物の東の端から二番目の窓の敷居の真下だった。銘板など必要ではない。そんなもので説明しきれるものではない。立ち止まってそれらをながめる通行人は、訳知り顔で、ネイティブアメリカンが観光客に投げかける見下したような微笑を浮かべた。そのでこぼこがなぜ取り除かれないのかは不明だった。この事件についても、ほかの多くのことについても、J・P・モルガン・アンド・カンパニーは沈黙を守り続けた。三〇年代になると、J・P・モルガン・アンド・カンパニーがこれほど長く生き残っているとは、モルガン銀行はまるで古代の軍事作戦からのリボンをみせびらかすカビ臭いお堅い保守派のようだと言う者もいた。こうからかわれると、モルガンの男たちは、これはごく自然なことだと断固として言った。「殉死者に配慮して、それを残しているわけではない」と昔のパートナーは説明した。「これは現実的なことだ。こうした偉大なブロックをすげかえるのはいたずらに不必要なお金がかかりすぎる。しかも、それらが今でも存在するのは正しく相応しいことだ」

正しくて相応しいかどうかは分からないが、残された傷跡はウォール街に勇敢な殉死を再認識させ、偉大な出来事の舞台としての印象をより一層強くした。それは今日も変わらない。

第2章 「独裁政治」という名のティッカー

一

「ある意味、金融の世界における対立は戦争そのものよりも厳しく無情だ。戦争では、少なくとも敵と味方は識別することができるから」。一九二〇年代の株式市場について、ウォール街と関係があり洞察力の鋭いフィラデルフィアの法律家であるB・F・ウィンケルマンは一九三二年にこう書いている。つばの広い帽子や二色の靴といった、ちょっと変わったいでたちをしているため、すぐにそれと分かる新参の田舎者を除いて、ウォール街の戦士たちは部隊は異なっても、いつでもほとんど同じものを着ていた。そして、戦いは、以前に友だった者が密かに裏切って敵になったときほど、厳しく無情であることはなかった。国もウォール街も、個人が支配する時代から組織が支配する時代に移り変わろうとしていた。もちろん、J・P・モルガンやそのキーパートナーのような単独のパワフルな銀行家は資本を与えたり引き揚げたりすることで、依然として産業を発展させることも壊すこともできたし、株式市場は、W・C・デユランのような有名なブル（買い方）やジェシー・リバモアのような有名なベア（売り方）が動いているという単なる噂で大きく上下動した。しかし、ブローカーはどんどん増えていった。パワーと影響力が急激に増大したウォール街の組織で、国の金融センターとしての地位をモルガンに取って代わろうとしていたのがNYSE（ニューヨーク証券取引所）だった。

一九二〇年のNYSEは権力の座について間もなかったため、責任を果たせるほど円熟してはいなかった。後にも先にも、あれほど独断的で傲慢な雰囲気の時期はなかったのではないだろうか。公的規則の足かせが取れ、自分たちが作ったルールによって運営されていたため、ルールを自分たちに有利に自由に変えることができ、悪意のある抗争を続け、一般大衆には侮辱を表すような明らかに非常識な言葉で自分たちの立場を弁明することができた。取引所を運営していた人々は、一世代あとに大企業を経営することになる人々のように、顔の見えない人々だった。そして、強さと勇気をこの組織から引き出し、おそらくは初めての「組織人」となった人々だ。しかし、彼らは今の組織人とは大きく違っていた。彼らは初期の組織人で、タフでアグレッシブではあったが、チャーミングで、頑固で、友人を喜ばすことには腐心するが、他人には冷たく、正直言って自分勝手で、社会的責任感はあまりなく、人々に紳士と見られたいと思っていたし、自分も自分のことを紳士と思いたかった。全員がおしなべてこうだった。一九二〇年代の後半には、取引所の主要な委員会にはたたき上げの人物や知識人、西部出身の人物、それにユダヤ人までが含まれるようになるが、当時は上流社会で育った昔ながらの東部出身者たちによって占められていた。彼らはマナーを学び、スポーツをやり、そして正しい友人を作るためにニューイングランドの最高の私立学校に通った人々だ。私立学校に行くのは大学入試の準備のためではなかった。なぜなら、そのころは大学はウォール街に入るのに必要なものではなく、時間の無駄として行かない人が多かったからだ。彼らは特に聡明というわけではなかったが、抜け目のなさだけは天下一品だった。彼らは街のクラブに入りびたり、お高くとまっていた。芸術や文学、音楽、歴史、ビジネスとは関係のない世界情勢、理論経済学については まったくの無知で、今話題になっていることやスポーツ以外は何も知らなかった。彼らは恥ずかしげもなくお金のことばかりに夢中で、この事実を隠そうともしなかった。もっとお金持ちになって、高い社会的地位を手に入れることにしか興味がなかった。彼らは、政治的には保守派だった。政府にはあれをやれ、これをやれとうるさい割には、自ら進んで何かの役に立とうという気はなかった。これもまたウォール街の住人たちの一つの側面だった。とりわけ、意識的にチャーミングに振る舞おうとするときにはチャーミングに振る舞い、意図的に無礼になる以外は無礼になることもなかった。ウォール街の知識人、特に弁護士たちには軽蔑されていたが、新参者——田舎から出てきたばかりの若者や都会のスラム出身のアイルランド人——からは知識人として崇拝されていた。新参者は彼らの威厳のある振る舞いを遠くから見て称賛し、彼らにかわいがられた。カースト制度ではないが、カースト制度の民主主義バージョンともいえる身分制度のなかで、彼らはアメリカにおいて底辺層に含まれる人々だった。

ＮＹＳＥは、互いに擁護し合うも無慈悲で、うぬぼれた輩の集まる要塞だった。しかし、その要塞は難攻不落というわけではなかった。大昔のウォール街独特の対立が人間対人間の対立であったのに対して、のちの時代には企業対政府の対立になるのだが、一九二〇年の対立は人間対企業の対立だった。

その年、ＮＹＳＥに対して軽率にも挑戦をしかけた人物がいた。彼は取引所の主要会員ではなく、普通会員のアラン・Ａ・ライアンだった。彼の父は絶滅寸前の血統の最後の生き残りの末裔だった。バージニア奥地に住む貧しいスコットランド系アイルランド人の両親は彼（アランの父）にトーマス・フォーチュンという予言的な名前を授けた。バルチモアの服地屋の店員として社会生活をスタートした彼は、ブローカーの事務員になるためにニューヨークにやって来た。一八八〇年代半ば、起業家を目指し、のちに有名な王朝の創設者となるウィリアム・Ｃ・ホイットニーと出会う。ライアンは彼の弟子になり、のちにパートナーになった。ホイットニーはのちにライアンのことを、アメリカの金融界で「最も器用で温厚で物静かな人物」と言った。トーマス・フォーチュン・ライアンとホイットニーは、鉄道馬車を皮切りに、ニューヨーク市の公共交通機関の買収・統合に乗り出し、一九〇四年にホイットニーが亡くなるころには、「株式の水増し」や「フランチャイズの買収」といった、一九〇八年に大陪審が「不正で、おそらくは犯罪」とみなしたが、すぐには起訴されることがない戦術によって、インターバーロウ・ラピッド・トランジットを買収し、市の全システムを支配し、歴史家のマシュー・ジョセフソンがのちに「熱狂した金融界の歴史のなかで最も速く巨額の富を手にした二人」と呼んだ人物になっていた。一八八六年にはほとんど一文無しだったライアンは、一九〇五年には、彼の代理人による試算では五〇〇〇万ドルの富を持つ人物になっていた。温厚で物静かだったライアンの声は、マスコミに聞き取れないくらい小さかった。彼が生涯のうちでマスコミの前で話をしたのはわずか二回で、その二回とも簡単な公式声明だった。それでも彼はマスコミの間では「チャンスをつかむ達人」と称賛された。のちに彼は、銀行業、タバコ、鉄道、生命保険、ダイアモンド、原油、ゴム、石炭、コークス、鉛、電気、タイプライターにまでビジネスを拡張し、財産を一億ドル以上に増やし、一九二四年には、全米で一〇番目に多い個人所得税（七九万一八五一ドル）を納税し、民主党とカトリック教会に多額の寄付をした。また、五番街に個人教会と彼の胸像を展示するアートギャラリーを持つ大邸宅を建てた。彼の胸像の三つはロダンによるものだった。

二

この神話的な資本主義者で野心家でもあったライアンの息子（アラン）は父のライアンとはまったく違った人物だった。彼は虚弱体質で、罪の意識が強く、マスコミに対しては冗舌だった。しかし、意志の強さと独立心と金融操作能力は父親譲りだった。父親と違って、彼は数々の私立学校とジョージタウン大学でしっかりとした教育を受けた。さらに、父のライアンは彼に複雑な金融を教え、一九一五年、アランが三五歳のとき、取引所の会員権を彼に譲った。三年後、彼は父と同じくらい素晴らしいメンターであるチャールズ・M・シュワブに出会う。USスティールの初代社長で、のちにベスレヘム・スティールの社長にもなった人物だ。「トーマス・F・ライアンと私は長年にわたる友人だった」とシュワブはのちに知り合いにこう話している。「トーマスがビジネスを引退するとき、彼は息子のアランを私のところに連れてきたんだ。アランは彼の将来のホープだと言ってね。それ以来、私は彼の面倒を見てきた」。シュワブの指導の下、彼は父の無尽蔵のお金を初期投資して会社を設立した。そして、アランと彼の会社のアラン・A・ライアン・アンド・カンパニーはウォール街で一大勢力を成すまでになった。彼はパワフルで賢明なブル（買い手）として知られるようになった。経済の将来については楽観的で、特に微妙で残忍な空売り筋をスクイーズさせる技に長けていた。空売り筋は株券を借りて、その証券の返還日よりも前に安い価格で買い戻して、ローンの支払いに当てたり、利益を手にしたりする悲観論者だ。取引高がそれまでの年を上回り、それ以降、何年にもわたってこの取引高を上回る年はなかった一九一九年の巨大なブル相場で、彼は買いまくった。彼が買っているとささやかれるだけで、株価は上がった。ある日、銀行家と車でアップタウンに行く道すがら、ついに三〇〇〇万ドルになった、とふと漏らした。彼は原油、繊維、化学、キャンディー、工具などさまざまな分野で事業展開していたが、彼の最大の投資先は、有名なべアキャットのメーカーであるスタッツ・モーター・カー・カンパニー・オブ・アメリカだった。彼はすでにこの会社の経営権を取得し、一九一六年には社長に就任した。

一九二〇年の初め、四〇歳を目前にしたアランは、目立つがけっしてこれ見よがしではない口ひげをはやし、物悲しく鋭い眼光を放つ目をした若干堅苦しい男になっていた。彼は妻子とマレーヒルの豪邸に住み、競馬好きは別として、保守的な投資家としての人生を送っていると言われていた。彼のスタッツ・モーター社は、当時数百社というカーメイカーがひしめきあう厳しい競争のなかにあって、極めて好調だった。ベアキャットのようなレーシングカーモデルのほかにも、値段が高く、ボンネットが長くラインがクラッシックカーに似た、静かな権力者のような顔つきをしたファミリーカーも製造した。「道路上のマイスター」という広告文句は当時かなりはやった。余談だが、ベアキャットは流線型の低い車体だったため、モデルによっては、ドライバーは寝そべったような格好でハンドルを握ることを余儀なくされた。当時は、クーンスキンのコートやヒップフラスクと同じくらい、燃えるような若者の象徴としてもてはやされた。アランは一九二〇年のスタッツの営業利益はおよそ五〇〇万ドルと試算した。全体的には彼の人生は傷一つない輝かしい成功に彩られているように見えた。ただ一つの汚点は、父親との長きにわたる確執だった。一九一七年一〇月、トーマス・フォーチュン・ライアンはアランの母親である最初の妻の死からわずか二週間足らずで再婚した。ウォール街とアップタウンのサロンでは、父親との不仲はこれが原因だと噂された。父親も息子も噂話を肯定も否定もしなかった。一九二〇年初期に分かっていたことは、二人は口も利かない仲だったということだけである。

その年の一月、スタッツの工場検査のためのインディアナポリスへの出張旅行で、アランはインフルエンザにかかり、二週間入院した。彼は呼吸器系の持病を持っていた。彼が若いとき、父は彼が結核だと思ってデンバーのサナトリウムに入れたこともある。一時期は回復は望めないとあきらめたこともあった。最近では彼の健康を気遣って、友人たちがビジネスから引退するようにアランに何度も勧めた。少なくとも株式投資というあわただしいビジネスからは引退したほうがよいと言った。病気も友人たちの懇願も彼をより一層のハードワーカーへと駆り立てるだけだった。ニューヨークに戻ると、インフルエンザの影響で今度は肺炎にかかった。そんな二月のこと、アランはビジネス仲間からすぐに対応すべきことがあると言われた。スタッツの株価はその年の初めはおよそ一〇〇ドルだったのが、一月の間上昇し続け、二月二日には一二〇ドルから一気に一三四ドルへと上昇した。このとき彼が聞かされたのは、株価はもう十分に上昇したと考えた投機家が組織的な空売りを行っている、ということだった。ベアレイド（売り崩し）だ。あとで分かったことだが、この奇襲攻撃を仕掛けた者のなかには証券取引所の主要メンバーが何人かいた。彼らは取引所の支配集団にとって部外者であるアランにとっては、けっして友だちとは呼べないような連中で、彼らはアランのことをフロアや取引所のランチョンクラブでよくからかっていた。彼らは、スタッツに大打撃を与えて利益を得、アランを金持ちから引きずり下ろそうとしていたのかもしれない。あるいは逆に、彼らの操作は彼ら自身に代価を強いるものに終わるかもしれない。いずれにしても、アランに敵意を持つ連中は、アランからすべてを奪い、戦いの間もあとも、アランを冷笑し続けるだろう。それが彼らのやり方だった。

売り崩しは、アランがその経験から戦い方を心得ているものだった。マレーヒルの病床から起き上がった彼は、最初は看護婦に付き添われて、戦うためにウォール街に乗り込んだ。彼の目的は売られているスタッツの株を全部買い占めることだった。株価は徐々に上昇した。それは空売り筋の首をじわじわと絞めつけることになる。なぜなら、空売り筋は最終的には株を買い戻さなければならないからだ。株を全部買い占めるには大金が必要だった。のちに分かったことだが、アランはそのために人や銀行から大金を借りた。彼が彼自身と家族の所有物を担保に入れたことは明らかだ。「私たちは毛皮の担保では一五〇〇万ドル以上は貸さなかった」と、チェース・ナショナル銀行の頭取――そのころには頭取職は退いていたが――はウォール街で記者をしていたクラレンス・バロンに一九二一年に話している。

最初、アランは不利な状況に追い込まれた。空売りのプレシャーは非常に強く、彼の努力にかかわらず、三月初旬にはスタッツの株価は一〇〇ドル近くまで下落した。しかし、それから流れが大きく変わった。三月二四日の午前中には株価は二四五ドルに上昇し、その日は二八二ドルにまで上昇、そして一週間後には三九一ドルまで急上昇した。株価が急上昇している間、アランと彼の会社と家族を除いて、ほかの株主は全員が売って利食いした。株主が売るたびにアランが買った。一方、価格の上昇に伴い売買される株数も動きも活発になり、空売り筋たちの売りを促した。アランは彼らが売る株も買った。その月の終わりには、スタッツの株主はアランだけになり、空売り筋たちは初めてアランから株券を借りなければならなくなった。勝利を確信したアランは、彼らに株券を喜んで貸し、そして買った。三月三一日、株価が三九一ドルになったとき、彼の勝利はほぼ確実になった。空売り筋は彼の力を見くびっていたのだ。今や彼らは征服され、残された選択肢は彼に借りた株を彼の言い値で買い戻すことだけだった。これによって彼らは大きな損失を被った。あるいは、破産して、刑務所用語で言うところの契約不履行に陥った。このころにはさらに気分が良くなっていたアランは、スタッツの株をほぼ全部買い占めていた。

この状況を踏まえると、三月三一日の出来事は本当に異様に思えた。その数日は株を貸すのは彼だけだったので、彼は空売り筋のほとんどを知り得る立場にあった。彼らのほとんどは、彼同様、取引所の会員であり、その何人かは、彼とは違って主要委員会のメンバーであることも分かってきた。三月三一日の朝、彼は取引所の業務委員会に呼び出され、スタッツの株価の乱高下を説明するように言われた。尋問者のなかには彼の知っている空売り筋が含まれていたため、質問をそっくりそのまま返したい気分だった。しかし、彼はそうはせずに、スタッツの株が不足しているのは彼と彼の家族が今やそのすべてを所有しているからだと説明した。さらに、事務手続きの不手際によって、実際の数よりも多くの株式を貸したからだとも言った。それから彼は空売り筋との和解条件を挙げた。空売り筋の何人かは目の前に座っていることは外交上まだ言わないでおいた。そして、彼らが契約を履行するのに必要な株を一株七五〇ドルで売る、と彼は言った。

その場にいた空売り筋がこの提案に青ざめたのも当然だ。なぜなら、それは一株当たり三五〇ドルから六五〇ドルの損失になることを意味したからだ。何百株も空売りした者もいた。アランにとってこれは当然の権利であり、空売り筋のジレンマは自らが招いたものにほかならなかった。さらに、株を買い占めた者は価格を無限につり上げられるので、有限の価格は理論的には格安ということになる。売り崩しが成功すると、会社とその株主は崩壊するのが当然の結果であるように、買い占めはブルによる逆襲の成功の当然の結果である。当時の取引所のルールはどちらの結末も許容しなかったので、敗者は慈悲を求めるしかない。一九〇一年の有名なノーザンパシフィック鉄道の買収事件のように、それまでの買い占めは時として社会に大打撃を与えたが、政府が介入することはなく、常に空売り筋が勝利者の言い値を払って終結した。金融戦争の残酷さを緩和するようなジュネーブ条約はまだなかった。しかし、このケースの場合、征服された者は慈悲を求めない態度を示してきた。その日の昼すぎ、今では法律委員会によって強化されている業務委員会は、まるでアランに非があるかのように、再びアランを呼びつけて厳しく問いただした。今回はスタッツをトレーディングリストから外すとか何とか言って、攻撃的な態度を示してきた。それはスタッツから取引市場を奪うことになるためスタッツにとって大打撃になると思ったアランは、そういったことをすれば決済価格は七五〇ドルではなく、一〇〇〇ドルにすると毅然と答えた。こうしたやり取りのあと、話し合いは決裂し、取引所の二つの委員会は結果を最高権威の管理委員長に報告した。その話し合いが終了して取引所でのその日の取引が終了するまでの三〇分間の間に大きな進展があった。ワナにはまった空売り筋である取引所の会員は、アランが彼らを追い詰めていることはよく分かっていた。しかし、依然として彼から株を借りて空売りすることでさらに追い詰められていた。管理委員会はスタッツの株の取引を無期限に停止することを全会一致で決定したことをすぐに発表したため、自殺行為とも思える行動を取った彼らは胸をなでおろした。こうした行為に制裁を加える取引所のルールはなく、前例もないことをある記者によって気づかされた取引所のスポークスマンは、「取引所は何だってできるんだ」と意気揚々と言った。

三

取引市場を奪われたうえ、巨額の借り入れをしていたアランは不利な状況に追い込まれた。しかし、彼には秘策があった。彼が貸し付けた株は彼から要求があれば返還しなければならなかった。今や実質的にアランが唯一のオーナーとなったスタッツ・モーター・カー社は依然としてベアキャットをはじめとする車を製造して利益を上げていた。数日間、アランは自分の考えを胸に秘め、法的な助言をまとめたり戦略を練ったりしていた。ウォール街はスタッツの話題でもちきりだった。ウォール街の関心は一般大衆の知らない空売り筋がだれなのかに集まった。アランの父親は彼との口論を解決するためにスタッツの崩壊を望んでいる一人であると面白おかしく言う人もいた。悪いのはシュワブだと言う人もいた。しかし、こうした中傷は、アランがシュワブの会社のベスレヘム・スティールの取締役に選任された数日後には消えた（シュワブはのちに、彼とアランの間にはわだかまりがあったと言っている。それはシュワブがディナーパーティーの席でスタッツについて侮蔑的な言葉を発し、それをある女性がアランに伝えたことが原因だった。しかし、シュワブはスタッツを空売りするどころか、空売りに対抗するための資金としてアランに一〇〇万ドルものお金を貸した）。すべては経済界の大物によって繰り広げられたくだらない五万ドルの賭けの結果だという者もいた。アランが株の借主の名前を明かし、私的取引についての守秘義務を破ることはないと確信していた取引所のスポークスマンは、そのなかで最も荒唐無稽な話を事実として広めた。取引所の人々は、空売り筋のほとんどはカンカキーやピアリアのような辺境の地の貧しい投資家だったと真顔で言った。しかし、株式市場の存在を戦後二年たってからようやく知ったような田舎のおばさんたちが空売りのような高度な操作に関与しているなどというバカげた主張は、みんなをたいそう驚かせたものの、それについてコメントしようという者はだれもいなかった。

四月五日、取引所は法律委員会を通じてアランの取引を無効とすることを発表した。委員会は、「取引所は、契約者がスタッツ・モーターの株を取得できないため、スタッツ・モーターの株を受け渡しできなくても、それは契約違反とはみなさないこととする」と宣言し、取引所の業務が依って立つ原則を否定して、もしアランが不服なら、コモンロー上の訴訟を起こしてもよいと述べて、この驚くべき命令を締めくくった（こうした訴訟は敗訴する運命にあることを強調するために、ある取引所の会員は、取引所の一一二八年にわたる歴史のなかで、裁判によって覆された判決は二件しかないと言ってマスコミの注目を引いた）。提示された様式というわけではないが、この挑戦を受けて立つことを決意したアランは翌日、理事会に彼の最後通達を送った。傲慢には傲慢をもって挑むべきだとアランは思った。平静を装って、あるいはおそらくは戦略的に、取引所の前日の行動は一切無視し、取引は有効であるとして、価格交渉は空売り筋全員と個別的に交渉するという手間を省くために、取引所が取引所の会員である空売り筋に代わって彼と交渉を行うこと、スタッツの株をすみやかに再上場させること、という条件を提示した。取引所からの回答はなかった。

取引所の出した案はアランにとっては破産を意味し、アランの出した案は取引所にとっては面子をつぶされることになるため、交渉は難航した。そこで弁護士の出番となった。小説家、ジョン・ドス・パソスの父親の会社で、取引所関連の法律の第一人者であるドス・パソス・ブラザーズは法廷意見として、アランの契約はおそらくは法的強制力がない、と言った。空売り筋の代表として保護委員会が任命された。保護委員会は依頼人がだれなのかについての言及は避けた。そして、顧問弁護士としてオリンピアン・チャールズ・エバンズ・ヒューズを雇った。彼は四年前、僅差で大統領選に敗れた人物だった。アランはオリンピアン・チャールズ・エバンズ・ヒューズに比べると知名度の低い弁護士事務所のスタンチフィールド・アンド・レビーを雇った。四月九日、「われわれは株式を受け渡す契約は……無効であることを主張する」と保護委員会議長のチャールズ・A・モーズは言った。それから三日後にアランは、戦争の引句をモーズよりも少しばかり誇張して、「この裁判がひと夏かかったとしても、われわれは最後までこの線で戦うつもりだ」「戦いはまだ始まってもいない」と素早く切り返した。このころには、この戦いは金融サークルの間ではエンターテインメントになっていた。人々はブローカーのオフィスのニューステイッカーに群がり、アランや敵対相手の最新のコメントに関心を示し、歓声を上げたり、拍手喝采したり、やじを飛ばしたりした。スタッツ事件はまさにドラマそのものだった。隣の株式ブローカーが改革者でもヒーローでもないのと同じように、彼もまた改革者でもヒーローでもない。しかし、彼はその役割を演じていた。国家の最もパワフルな金融機関に単独で立ち向かうヒーローになりきっていた。

四月一三日、アランは攻撃を開始した。昼少しすぎに、取引所の秘書官を訪問し、取引所会員の脱会を申し出た。それには長い説明文が添えられていた。「あなたがたが自分自身に対する責任しか負わないかぎり、そしてあなたがたがすぐに実行される自分たちのルールと規制を作ることができるかぎり……個人的な金融利害が危機にさらされている人にあなたがたの審議や判断や意思決定に参加させるかぎり……わたしは自尊心を持って会員で居続けることはできない」。彼の脱会は誠実な行動であっただけでなく、戦略でもあった。なぜなら、脱会によって取引所のルールに縛られることはなくなり、彼の考えによれば、ウォール街の慣習にも縛られることはなくなるからだ。その日の夜、彼はワールド紙の記者に、彼からスタッツの株を借りて空売りしているために足をすくわれた取引所の九人の会員の名前をそれとなくほのめかした。その九人はウォール街の外部ではあまりよく知られていなかったが、取引所内では確固たる地位を築いている人物で、その多くはアランの審理にかかわった委員会のメンバーだった。彼らがこのこれ見よがしな行為に対するショックから立ち直ると、翌日、そのリストは名前入りでワールド紙に載った。彼らあるいは彼らの会社はスタッツの株を空売りしたことをきっぱりと否定し、もし空売りしたとすれば、おそらくそれは顧客に代わって行ったのだろう、と言った。たとえ彼ら自身のためではなく顧客のために空売りしたとしても、彼らが契約に対する責任を免れることはないため、これはお笑いの種でしかなかった。

体制側はこの点を見落としていただけでなく、その日はほかの二つの点でもつまずいた。アランが名前を暴露したに違いないと思って憤った人々は、州政府や連邦政府が取引所を規制する可能性について検討するため、立法について話し始めた。オブサーバーの一人は、これは「取引所の友だちの多くが是が非でも避けたいと思っていること」であるとやんわりと言った。名前のリストが載ったワールド紙の同じ号には、トーマス・フォーチュン・ライアンについての謎めいた話も少しだけ載った。スタッツ事件についての新聞の議論ではそれまでなぜだかトーマスの名前が出てくることはなかった。それまで無言を通してきたアランの父親だったが、ワールド紙は情報源を明かすことなく、アランの父親は「息子の闘志を称賛し、財産の限りを尽くして彼を支援するだろう」と書いた。もしこれが本当なら、つまり、骨肉の争いが消え去り、父親の無数のトリックと底知れぬ財産を息子が自由に使えるようになれば、それは取引所と足元が突然ぐらついた取引所の大物たちが身ぶるいする新たな理由になる。

取引所には緊張感が広がった。そして、二日後、取引所はその行為に対する苦心の末の言い訳を発表した。スタッツの株取引の一時停止については、買い占めによる市場変動によって生じる損失から一般大衆を守るためにやったことであると取引所は説明した。「この行為は……空売り筋の便益をはかるためにやったことだというのは……事実ではない」と彼らは主張した。空売り筋が借りた株の契約については、彼らの以前の態度を撤回し、取引所は当案件とは無関係だという新たな態度を示してきた。つまり、契約については「当事者同士の話し合いによって決まるものである」としたのである。この声明は自画自賛の言葉で締めくくられた――「取引所の管理委員会のメンバーは、スタッツ・モーター株の件に関して取られたすべての行為は、取引所と一般大衆の最善の利益を守るという責務を感じて取られたものであると固く信じている」。

アランには貸した株を取り立ててワナを作動させるという仕事が残っていた。もしすぐに取り戻せなければ――そうなる確率は高いが――、スタッツの株はずっと以前に彼に売り戻されていたため、取引所のルールによれば、彼には「買い戻す」権利がある。つまり、空売りしたいと思っているバカ者がまだいて、彼から株を借りた人に代わって彼の言い値で株を買い、そのコストを株を借りた不幸な人に押し付けるといったあり得ないようなことが起こらないようにするためだ。マーケットゲームの世界では、これは空売りしたあと買い占められることによって発生する。もちろん、買い占め者の契約が無効でないかぎりの話だが。これに関しては保護委員会は四月二〇日、同委員会は交渉された決済価格について公平な調停を受け入れる準備があると発表することで、これを事実上受け入れた（このころには、保護委員会はそれがスタッツの五五〇〇株を空売りした取引所の五八の会員企業の代表であることを認めていた。大きな数ではなかったが、保護委員会がこれを認めたことは重要なことだった）。双方が受容できる調停委員会が設置された。そのメンバーのほとんどは当然ながらアランが株を買い占めるために巨額のお金を借り入れていた銀行の代表だったが、一般に知られることを嫌い、すぐに辞任したり、煮え切らない態度を取ったりでにっちもさっちもいかない状態に陥った。調停委員会の結果が出ないなか、アランは「買い戻し」を延期したが、だらだらと何日も過ぎるうちに、彼のいらだちは次第に募り、ついに彼は最終期日を設定した。四月二四日の午前一〇時きっかりに、すべての株を「買い戻す」と彼は言い放った。「私は辛抱強く何日も待った」と彼は言った。彼はどの市場でこの取引を行うことにしたのか。彼はなぜブロード通りの場外取引所でそれを行うことにしたのか。そして、価格はどうなるのか。彼は何も語らなかった。二三日、保護委員会は交渉による解決を死に物狂いで試みたものの、それは徒労に終わった。

四月二四日は土曜日だった。当時、ウォール街では土曜日は半ドンで、この慣習は第二次世界大戦が終わったあとも長く続いた。運命の日の朝、ブロード通りにはアランが空売り筋にとどめの一撃を食らわすのを一目見ようと、ブローカーや金融ファンが殺到した。空売り筋が取引所の上層層と密接なつながりがあることも、この大虐殺をさらに興味深いものにした。通りの上階のオフィスの窓にいつものように座り、下のブローカーからハンドシグナルで注文が来るのを待っていた事務員は驚きのあまり高座から落ちそうになった。一方、近くの法律事務所にこっそり隠れていた保護委員会は降伏を考え始めていた。そのグループの非公式のリーダーだったブローカーのジョン・W・プレンティス大佐は、アランを非難する時間はとっくに過ぎた、破産したくなければ一〇時になる前に彼と折り合いをつけたほうがよいのではないかと集まった空売り筋に言った。わずかの間不穏な空気が流れたあと、アランの弁護士が勝利した。五八人の空売り筋の代理として全権限を委員会に与えるという申し立てが通った。そして、だれかの提案で、紙片が回され、空売り筋はそれに適切と思う和解金額を書いた。提示された数字の平均が取られ、議長のモーズは委員会はこの金額で行くと発表した。代表団はブロードウェー一一一番地のアラン・A・ライアン・アンド・カンパニーへと向かった。到着したのは九時四〇分だった。受付係は何食わぬ顔で、「だれかにお会いになりたいのですか?」と聞いた。代表団は、はい、と言った。アランの元に通された彼らは、空売り筋全員の代表として、一株五五〇ドルを提示した。アランはためらうことなくその提示金額を受け入れ、即座に買い戻し注文をキャンセルした。一〇時二分前、アランのオフィスから出てきたプレンティス大佐は、「スタッツの件は解決した。決済価格は五五〇ドルだ」と記者たちに言った。

見物が見られなくてがっかりしたブロード通りのファンたち以外はみんなハッピーだった。彼が以前言っていた七五〇ドルや一〇〇〇ドルには及ばなかったものの、アランが空売り筋に対しても、取引所に対しても大きな勝利を収めたことは一目瞭然だった。この取引による彼の利益は控えめに見積もっても一〇〇万ドルから一五〇万ドルだった。しかも彼は依然としてスタッツの実質的に唯一のオーナーだった。彼はプレンティス大佐について「困難な立場にあって、思慮深くて優れた判断力を持ち、そして常に礼儀正しい」という言葉を残し、バージニア州ホットスプリングスへと発った。アランが得た額と同額を失った空売り筋は彼を非難することは避けた。彼らの代表であるモーズは、「スタッツの論争は終わった……私たちは決着した」と述べただけだった。

四

しかし、だれもがハッピーというわけではなく、論争は終わってはいなかった。アランの銀行に対する負債は秋以前に期限が来るが、その額は彼が買い占めを行うことで得た利益の何倍もあったのだ。彼はスタッツの株の一部を売って資金を調達する以外になかった。しかし、その株は取引所で上場停止になっていたため、すぐに売ることはできなかった。経済状況が悪化すれば、ますます売れなくなる。この一件が解決してすぐに、彼は昔のメンターであるシュワブに、書類上では一億ドルの資産があると意気揚々として言った。彼の父親の資産に匹敵するくらいの資産だ。おそらくアランはシュワブが『パラブル・オブ・ザ・タレンツ』に出てくる親方のように、「良き忠実な下僕よ、よくやった」と言ってくれることを期待していたのだろう。もしそうなら、彼は落胆したはずだ。なぜならシュワブは疑いの目で、アランはスタッツの株を一株一〇〇〇ドルと評価しているようだが、本当にそんな価値はあるのか、と言ったからだ。アランは答えに窮した。

それに取引所は黙って屈辱を受ける気などなく、彼と決着がついたとは思っていなかった。五月の間中、取引所が彼と彼の事件を「調査している」という噂が流れていた。あるときアランは、たとえ取引所の会員にならないことで何百万ドルの損失になったとしても、取引所の会員に再びなる気はないと、クラレンス・バロンに言った。これによって彼の取引所に対する恨みは晴れていないことがはっきりした。さらに彼は予言するように、取引所はワシントンの後見の下に置かれることになるだろうと付け加えた。この言葉は当時は異端視された。その一つの理由として、取引所が彼の会員権を売ることをしぶっていたということが挙げられる。会員権を売ればアランには一〇万ドルものお金がころがりこむ。そして六月の初め、取引所は突然、四月のアランの脱会は結局は受理されなかったと発表した。それから数日後、彼らが六月になってこれを発表した理由が明らかになった。管理委員会はアランを、取引の公正な原理に背馳する行為によって有罪にするという決議を採択したのである。スタッツの株価を「自分勝手にでっち上げ」、「当事者から度を超えた不当な金銭を取り立てた」というのである。これは非公開審議にかけられ、アランには弁解の余地が与えられた。取引所は彼を取引所から除名するために退会を却下したのだった。

アランは取引所が決済価格について突然意見を一変させたことを指摘してこれを退けた。取引所は以前は決済価格に関してははっきりと関知しないと言っていたのに、今や度を超え不当だと言うのである。彼はこれをまったくの「滑稽」として、計画された審理と、彼を裁く人々の動機を徹底的に攻撃した。「あなたがた委員会の過去と現在の行動に月桂冠を乗せる手伝いをさせ、私をスケープゴートに祭り上げようとする、この不公平で秘密裏の裁判への招待を、私は謹んで辞退する」とアランは言った。「この〝有罪〟判決は私に正式に署名させ、即刻処刑に処すことを目的とするものだ……取引所が我が国の商業構造の要であることを私ほどよく分かっている者はいない。取引所の理想と伝統を私ほど尊敬している者はいない……しかし、この偉大な組織は……地に落ち、その権力者が私的な目的と個人的な復讐のために雇われていることを私ほど嘆き悲しむ者はいない。これほど悲しい光景はない」。裁判は被告不在のまま予定どおりに始まった。五時間にわたる審議のあと、管理委員会はアランの有罪を認定し、全会一致で彼の除名を決定した。翌朝、取引所のギャラリーから見物客がいなくなったあと、演壇から判決が言い渡された。フロアは無言でそれを認めた。アランは、「これは私には関係のないことだ。特に気にはしない」と言ってオフィスをあとにした。伝えられたところによると、彼はジャマイカの競馬場に行ったということだ。

しかし、彼が無視できない別の問題が発生した。夏の間中、銀行が彼に貸し付け金の返済を迫ってきたのだ。一方、スタッツ以外に彼が大金を投資している会社――ストルムバーグ・キャブレター、コンティネンタル・キャンディー、シカゴ・ニューマティック・ツール、ヘイデン・ケミカル――の株価が暴落して彼は大きな損失を被った。これは彼の敵であるベアが再び彼に牙を向け始めたことを示唆していた。これらの銘柄の一つは新株を発行したまさにその日、突然崩壊した。これからすると、ベアが彼に攻撃を仕掛けていることは明らかだった。時を同じくして、国家経済が崩壊し、彼の問題はさらに悪化した。価格の暴騰に対して消費者はストライキに突入し、「オールオーバークラブ」や「オールドクローズデイズ」を結成した。金融はひっ迫し、大手銀行のいくつかは支払い不能に陥った。世界貿易は戦時中の停滞に逆戻りした。アランにとって最も深刻だったのは、株式市場全体が急落し始め、その年の終わりには上場銘柄は四月時点での価値の三分の二にまで下がったことだった。金融の神様はアランの敵に味方しているように思えた。

八月、アランは、取引所の会員だったスタッツの空売り筋の名前を挙げ、取引所の理事長と管理委員会に対して一〇〇万ドルの名誉棄損を訴えた（取引所はすぐさま、告訴された会員はその「裁判」には出席していなかったと答えた。これによって、暗黙のうちに、そしておそらくはうかつにも、彼らはスタッツに個人的に興味があったことを認めたわけである）。こんなことは資金調達という深刻な問題に比べると、彼の名声を傷つけるささいな復讐にすぎなかった。しかし、損失した一〇〇万ドルを取り戻すにはほど遠いが、取引所の会員権の売却で彼に支払われるべき代価をアランはまだ回収できていなかった。取引所は七月に彼の会員権を九万八〇〇〇ドルで売り、一一月になってもそのお金を規則によってまだ彼に支払っていなかった。

一方、銀行からは返却を迫られていた。ウォール街では彼が近々破産するのではないかという噂が流れ始めた。ユナイテッド・シガー・ストアのジョージ・J・ウィーランは一一月にクラレンス・バロンに、「アラン・ライアンはすっかり文なしさ」と言った。バロンの別の情報提供者であるボストンのブローカーは、アランは一四〇〇万ドルの負債を負っているが、支払うことはできないだろうと言い、「アランは三〇日間彼らの支配下にあった。彼は今や彼らの言いなりだ」と付け加えた。

こうした状況にあって、アランが父親に頼らなければ――といっても、彼は父親には頼らないだろうが――債権者が父親に返却を迫るだろう。一一月、チェースやギャランティー・トラストをはじめとするアランがお金を借りている銀行の代表は、彼の長年の友人であり仕事仲間でもあるウィーランを通じて彼の父親に対して間接的なアプローチを試みようとした。しかし、ウィーランからは快い返事は得られなかった。「あなたがたはアラン・A・ライアンに彼が父親と口も利かない関係であることを知っていてお金を貸したんだ。父親はまったく関係ない」とウィーランは銀行家に言った。「どうしてトーマス・F・ライアンに返還請求できるのか」。父親のライアンがギャランティー・トラストの最大の株主であることで状況は複雑になり、銀行のボスは最終決着を迫られた。その年の初めにアランの父はギャランティー・トラストが息子に近づくことに反対しないことで、否定的な意味で、彼はこの件に加担したことになる。おそらく彼はそれで十分だと思ったのだろう。彼の父親が息子を救うために彼に資金を回したのか、あるいは以前にそうしたことがあるのかどうかは分からない。

取引所におけるアランの敵は、彼をついに支配下においたことを知った。あとは傍観して、すべてを銀行に任せておけばよい。一一月の終わり、銀行はアランの事件を「担当する」委員会を結成したことを発表した。銀行は、アランは依然として数百万ドルの黒字で、お金はすべて取り戻すことができると確信している、と慎重に言ったが、実際には彼らは彼は支払えないだろうと思っていた。アランの信用は失墜し、名前以外はすべて失った。これまで二〇カ月にわたって戦ってきたが、最後の抵抗も絶望的だった。彼の味方はシュワブだけで、シュワブは弟子を褒め称えた。アランは通貨監督官で、ニューヨークの銀行、特に彼らの借金政策についての老練の批評家でもあったジョン・シェルトン・ウィリアムズを味方に引き込もうと試みたが失敗に終わった（銀行はこれについては驚きを隠せない様子で、アランが自分たちに好意を持っていたのは自分たちが彼のためにいろいろとやってあげたからだと主張した。「人間がこれほど卑怯になれるとは驚きだ」とチェースの頭取は言った。銀行の融資部門は、ビジネスというよりも一種の社会奉仕のようなものだと頭取は言いたかったのだ）。アランは弁護士にサミュエル・アンターマイアーを雇った。一九一二年にプジョー委員会（金融・通貨委員会内の小委員会）の弁護士を務めたサミュエルは、銀行と彼らの「マネートラスト」に対抗する国民的シンボルになった人物だ。政治上の友人を得るために、そして信用を取り戻すために、アランは民主党全国委員会への四万ドルの献金をかき集めた。しかし、すべては無に帰した。一九二二年七月二一日、アランは三二四三万五四七七ドルの破産申請をした。手元に残された資産はわずか六四万三五三三ドルだった。唯一誇れることといえば、それがアメリカ史上最大の破産の一つだったことである。しかし、あとで計算してみると本当の額はもう少し少なかった。

まるで爆破された家のように、彼の破産申請は哀れみとショックを伴って、崩壊した私生活の全貌を無関心なあるいは物見高い一般大衆の目に突然さらすことになった。彼の負債の内訳は、子供の洋服代としてベスト・アンド・カンパニーに対する一五七・七五ドル、宝石代としてブラック・スター・アンド・フォレストに対する三二六〇・二五ドル、授業料としてバックリー・スクールに対する六〇・三六ドル、食料雑貨代としてチャールズ・アンド・カンパニーに対する七六八・六八ドル、書籍文房具代としてE・P・バットン・アンド・カンパニーに対する一三四・〇八ドル、モントーク・クラブ・オブ・ブルックリンの会費として一三・七五ドル、観劇チケット代としてプラザホテルに対する二〇七・八〇ドル。さらに、デラウェア一派であるT・コールマン・デュポンに対する借金六万六〇〇〇ドル、シュワブに対する借金三〇万ドル（一〇〇万ドルに対する残りの借金）、父親の元パートナーの息子であるハリー・ペイン・ホイットニーに対する借金一〇〇万ドルを少し超える額、チェース・ナショナル銀行からの借入金およそ三五〇万ドル、ギャランティー・トラストからの借入金八六六万ドル。銀行が何を心配していたのかは今や明らかだった。

実際には、アランの財務状況は倒産書類が示すほど絶望的なものではなかった。彼が保有し借入金の担保として差し出していた一三万五〇〇〇株のスタッツ株の価値はゼロとされたが、これらの株は競売で売ることができる。彼が破産を免れる唯一の望みは、株が高く売れることだった。ギャランティー・トラストの弁護士であるアラン・ワードウェルは、スタッツの株が一株五〇ドルで売れれば、スタッツ株とそのほかの株券を合わせると借金は支払うことができるだろうと、株式を売却する数日前に言った。のちに彼は株価を六〇ドル以上に修正した。いずれにしても、大混乱が始まる前の一九二〇年初期の株価である一〇〇ドルで売れさえすれば、アランが借金をすべて返済できることは間違いない。しかし残念ながら、これは夢に終わった。一九二一年にはスタッツの場外取引所での株価は五〇ドルから一〇〇ドルだったが、アランの破産やそのほかの失敗で株価は下落し、七月半ばには五ドルになった。一三万五〇〇〇株を一〇〇ドル、六〇ドル、五〇ドルで買おうという者は愚かな億万長者くらいのものだろう。

競売は八月二日、ビージー通りにある取引所の競売場で行われた。スタッツの株はギャランティー・トラストの副頭取が一株二〇ドルで買った。翌日、入札はシュワブの代理で行われたことが発表された。したがって、シュワブがスタッツの社長に就任した。こうして銀行は融資金の一部を回収し、アランの破産は確定された。空売り筋は彼にリベンジし、取引所は最高主権者となった。一〇年後、これと同じくらい断固として取引所に挑戦した者は、一人の人間ではなく、圧倒的多数の人々の支援を受けた連邦政府だった。

五

シュワブは鉄業界では大物だったが、自動車業界ではあまりうまくいかなかった。スタッツの車はスピードテストで新記録を次々と塗り替えたが、ほとんど毎年赤字だった。スタッツは一九二〇年代の自動車産業の好景気を共有することはできなかった（バケットシートのオープンカーであるベアキャットは一九二〇年以降製造中止となり、今や中古車しかない）。一九三二年、スタッツはグローサリーワゴンの製造会社になった。シュワブが亡くなる一年前でアランの死の二年前の一九三八年に、スタッツは倒産した。

競売のとき、アランが立ち直ることができるかどうか聞かれたシュワブは、「私はそう思っている。彼はきっと立ち直る」と答えた。しかし、何度か復活を試みたものの、アランが復活することはなかった。ウォール街で再び戦いたいという彼の望みは彼の父親にかかっていたが、父親は金融界の略奪者の残党の一人であっただけでなく、寄付金の額から考えると、最も気前のいい男の一人でもあった。一九二八年一一月に彼が亡くなったあと開封された遺言状では、財産はアラン・ライアンの息子たちを含む生存者に遺贈すると記されてあった。アランに関する記述は二カ所しかなかった。ほかの二人の生存者が買ったあと、彼のアートコレクションから好きな物を買う権利を与えるというところと、「白い真珠のカフスボタンは息子のアラン・A・ライアンに遺贈する」というところの二カ所だった。

第3章　貴族社会

一

場面は変わって、一九二一年の秋、国の経済状況は六〇日で一八〇度転換した。戦後不況が突然終わり、にわかに景気づいてきたのだ。お馴染みの経済指標は軒並み上昇し始めた。FRB（連邦準備制度理事会）は不況からの復活をほほ笑みをもって奨励した。FRBは一九二一年から公定歩合を戦後のピーク時の七％から徐々に下げ、一九二四年には三％まで下げた。公定歩合は銀行や個人融資業者の金利に影響を与えるため、大企業から住宅ローンで家を買う人まで、借り入れがしやすいのかどうかを決定するもので、マネーマーケットにおけるこうした劇的な金融緩和は、危険な行為、投機、後先を考えない浪費を拡大させた。戦後間もなく花とも雑草ともつかぬ経済的自由主義が台頭し、一九二一年の霜によっていったんは挫折したものの、この一〇年で今や手が付けられないほどの規模にまで成長しようとしていた。一方、財務省は、産業界の大物で、五一もの企業で独裁者として君臨していたが退き、一九二一年に長官になったアンドリュー・メロンのリーダーシップの下、法人税の減税プログラムに乗り出し、自信と企業からの収益を増大させていた。

ビジネスは南北戦争後の鉄道拡大の時代以来の規模で、国の財政を担っていた。新たな牽引役は自動車業界だった。一九二一年から一九二三年にかけて、乗用車の工場直販の年間売り上げは一五〇万台を下回る水準から三六〇万台を上回る水準にまで上昇し、アメリカの道路を走る車の数は一〇五〇万台から一五一〇万台に増加した。一九二〇代の終わりには、後者の数字は二七〇〇万台になり、自動車業界は全製造業賃金の一〇分の一を占め、全製造品価値の一〇分の一を超えるまでに成長した。株式市場にとって、一九二〇年代の自動車株は、一九五〇年代のエレクトロニクス株に匹敵するものだった。そのころには、株式市場は大ブームを迎えようとしていた。ゼネラルモーターズ、フィッシャー・ボディー、デュポン、イエロー・キャブはブームの四大騎士と呼ばれ、ウォール街では、市場は「ゼネラルモーターズの産物」と言うジョークがはやった。

（もちろん、だれもが繁栄していたわけではない。戦時中、大規模な輸出ができなかった農業従事者はテクノロジーについていけず、過剰生産によって自殺に追い込まれる人が後を絶たなかった。当時、実質的に政府の援助はなく、彼らは苦境に陥っていた。一九二〇年から一九二一年にかけて、農産物の平均価格は半分になり、一九二七年になってもわずかに上昇しただけだった。一九一九年から一九二一年にかけて農業従事者一人当たりの純利益は六二％も減少した。アメリカの農業史において前例のないほど破滅的な純利益の減少によって、住宅ローンは支払えなくなり、彼らを抱える地方銀行は破綻した。一九二三年から一九二九年までの素晴らしい「繁栄」の時代、アメリカの銀行は一日二件というペースで倒産していった。一九二〇年代の労働者のほぼ三分の一は年間所得は二〇〇〇ドル以下で、その五分の一は一〇〇〇ドルを下回った。しかし、貧困対策はなく、国の農作物保護政策さえなかった）

こうして、一九二三年八月二日にウォーレン・ハーディング大統領が亡くなるずっと前から、すでにカルビン・クーリッジ時代のブームは始まっていた。一九二〇年代の狂騒への布石はすでに敷かれていたわけである。一九二〇年一月から施行された禁酒法はすでに効果はなく（アルコール依存症によるアメリカの死亡率は一九二〇年には過去最低値を記録したが、いつの間にか昔の水準に戻っていた）、潜り酒場が国中にできていた。『バビット』（実業家バビットは町の因習に反逆するが、結局はそれに従うという物語。ビジネスマンというアメリカ人の典型が揶揄と愛情をもって描かれている）が出版され、主人公バビットのプロトタイプのような人間が商工会議所に蔓延した。国民の「移民排斥」の声を受けて施行された新しい移民法によって、移民に対する黄金の扉は閉ざされた。民間企業に政府が介入することを阻止することを決めた国にあって、ウォール街は今やワシントンとライバル関係にあった。優れた政治家が集う時代の首都への憧憬のように、今ではウォール街のマナーやモラル、重要人物、社会的階級が一般大衆を魅了した。

二

「ジャック」と呼ばれたJ・P・モルガン・ジュニアは白い口ひげをはやし、黒い眉のやさしい目をしたイギリス紳士を思わせる男で、彼はウォール街の権力のシンボルだった。彼の会社は爆弾の爆破であばたのようになったビルのなかにあった。それは指導者の砦だった。しかし、内政においてはかつてほどの力はなかった。一九一三年、ジャックの父親であるピアポント・モルガンが亡くなったのと同じ年、連邦準備法の可決によって、モルガン社の国家の中央銀行としての事実上の地位は終わりを迎え、その成長を自らの利益で賄える巨大企業の台頭によって、モルガン社は企業に対する財政力を失い始めた。その一方で、戦争とそれによるヨーロッパの荒廃によってモルガン社は国際取引においてかつてないほどの重要さを帯びてきた。さらに、当時新たな大企業として登場したゼネラルモーターズのデュポンとの共同管理権を一九二〇年に取得し、かつての宗主は国内ではまだ健在であることを示した。一九二〇年代、モルガン社がウォール街に及ぼした影響は金銭力だけではなかった。モルガンはやり方を決定する者、つまり上告裁判所のようなものであり、ウォール街の善悪の判断をする者でもあった。

ウォール街の質はモルガンその人と彼が選んだパートナーによって確立された。モルガンとそのパートナーはウォール街そのものだった。彼自身もパートナーの一人であり、一八八九年にハーバード大学を卒業して三年もたっていなかったが、父親の死によって何百万ドルも相続し、モルガン社の経営に携わった。彼は生まれながらにして上流階級の人間だったが、威厳や責任感を伴わずして偉そうに振る舞うようなところはなかった。少なくとも彼の考えによると、選民意識は、一九世紀末のアメリカのプロテスタント主義の名誉欲の強い清教徒の持つ信仰であり、階級意識の強い、独りよがりな代物にすぎなかった。彼は父親同様、社内での離婚（パートナーとの決裂や従業員の解雇ではなく、純粋なる離婚）を許さなかった。商業上の信用の基本はお金や財産ではなく人格だ、と父親のピアポント・モルガンは、一九一二年にプジョー委員会が設立される前、常々言っていた。これは彼のビジネス哲学と宗教哲学から来ていた。ピアポント・モルガンが事業資産として優れた才気よりも人格を重視していたのは明らかだった。彼の息子のジャックも父親とほぼ同じ考えだった。彼の好きな格言は、「仕事をせよ。正直であれ。約束は守れ。助けられるときには助けよ。公平であれ」だった。父親のように、彼はシーザーと神に違った釈明をするという考えには反対だった。かつて彼は感傷的に次のように言ったことがある――人を信用せずにお金を得るよりも、人を信用しすぎて損をしたほうがよい。しかし、彼のパートナーであるトーマス・W・ラモントは、父親のモルガンの「機敏さと鋭い思考能力」は「息子にしっかりと受け継がれている。しかし、息子のほうがおそらくは慎重な判断を下すようだ」と言った。上品に育てられ目立つことを嫌ったが、息子のモルガンは勇気があり力も強かった。一九一五年、二丁のリボルバーとダイナマイトを持った暗殺者がグレンコーブの彼の自宅に押し入ったとき、彼は格闘して打ち負かしたというエピソードもある。金持ちの好事家というよりもプロフェッショナルな企業家という雰囲気の強かった彼だったが、銀行に対しては優雅で貴族的で素人的態度を見せた。あるいは、そういうふりをしていただけかもしれない。彼と彼のパートナーはけっして取引所には足を運ばず、株式取引は外部のブローカーに委託することを好んだ（ブローカーは必要とされており、称賛に値する者もいたが、彼らのような種類の人間ではなかった）。彼の関心は常に様式と銀行の内容に向いていた。上院委員会の弁護士が彼の供述書の重要な部分を復唱し、修正したければ修正するように言ったとき、彼はただ一言、「吃音があることを供述書から外してもらえれば結構だ。私はこういった尋問には慣れていないもので」と言った。

モルガンとその会社は、お金やお金に関することを軽視しているのではないかと思えるときもあった。彼らは自分たちのことを単に金儲けをする人というよりは、金融界の政治家だと思っていた（彼らは指導者でもあったし、金儲けをする人でもあった）。その政治手腕によって彼らが連邦政府の一員になるという気配を少しでも感じさせたなら、それは彼らにとって許せない失敗だった。なぜなら、政府はジェファーソンやアダム・スミスと彼らの仕事を崇拝しているという偏見が彼らにはあったからである。ハロルド・ニコルソンが、第一次世界大戦が始まったとき、モルガンの会社は「民間企業ではなくなり、政府の一部門になった」と書いたとき、モルガンは彼に提出された原稿に手書きで、「私にはあなたにこれを修正させる権利はないが、それではまるで私たちが政府に従属する部門に成り下がったようではないか」と書いた。

銀行家を「下層階級の人間」とみなしていたニコルソンは、モルガンへの賛辞のつもりで書いたのだが、モルガンの傲慢な自尊心まで計算に入れていなかったのだ。人は利己的な巨人を危険を覚悟でほめるものだ。モルガンのパートナーたちが強くプレッシャーをかけたため、その不愉快な下りは変更された。

モルガンのパートナーたちはアメリカ金融界の最も排他的で影響力を持つ「クラブ」の会員だった。ウォール街二三番地の二階にあるプライベートオフィスには暖炉や使い古した肘掛け椅子や長椅子があり、ゆったりとしてまるでクラブのようだった。歴史家が言うように、南北戦争によってウォール街の紳士的伝統はなくなってしまったが、モルガン家はまだその雰囲気を強く維持していた。パートナーたちはJ・P・モルガンの延長であり、装飾品でもあった。彼同様、彼らは浮世離れした（本当にそうなのか影響されたのかはともかくとして）雰囲気を持ち、共和党員だった。このことからすれば、彼らのほとんどはイギリス崇拝者だった（「私たちの会社は一瞬たりとも中立であったことはない。中立になどなれるはずがない」と第一次大戦中、ラモントは言っている）ことは明らかだ。彼らは全員が先祖の代からアメリカにいるプロテスタントだった。彼らは豊富な知識を持った昔ながらのヤンキートレーダーで、当然ながら、ほかの家系やほかの信仰を持った人々は受け入れなかった。彼らの指導者と会社に対する彼らの忠誠心は非常に強く、その感傷性は時には吐き気を催すほどで、不遜な人にとって、その偏狭さはお笑い種でもあった（一九一二年、モルガン家の行動は正当化できるかどうかとプジョー委員会で聞かれたモルガンの主要パートナーはきわめて真面目に、「なぜモルガン家がそれをやったのかは知りませんが、モルガン家がそれをやったのなら、それは正当化できることです」と答えた。一世代後の別のモルガンの主要パートナーはこの言葉に全面的に同意し、公然と引用した)。第一次世界大戦の少し前までは、モルガンのパートナーシップはほかの資格要件を満たしていれば、大学卒でなくても門戸が開かれていた。つまり、たたき上げの人間のアメリカンドリームが高く評価されたわけである。彼らは社会的にもイデオロギー的にも同種の人間だったが、社会的背景や考えが同じという以上に、もっと基本的な部分が似ていた。つまり、パートナーたちはおそらくはみな人付き合いが良いと同時に、体型も似ていた。彼らは全般的に背が高く、スリムで、ハンサムで、色白だった。髪の毛は豊富で、白くなるのが早かった。二〇世紀の変わり目のころ、ウォール街では、天使が人間の娘を妻にめとるとするならば、それはモルガンのパートナーだ、と多少の皮肉を込めてささやかれた。犬や馬の珍しい品種のように、彼らには一種独特の雰囲気があり、その雰囲気は彼らが心に抱く役割を果たすのに必要だった。成功した商人やその継承者が自動的にリーダーになる社会にあって、彼らは成功した商人の継承者ではなく、社会を賢く統治する運命にある人間であると思われたかった。彼らは自分たち自身でアメリカ貴族を創造しようとしていたのである。

ペンシルベニアですきを売っていて、大卒ではないが父親モルガンの最後の右腕にまで上り詰め、一九二二年に亡くなる直前まで活動的だった男の息子であるヘンリー・P・デービソンはモルガンのオーラを集約したような男で、アメリカ赤十字軍事会議の議長だったとき、モルガンのやり方を示してみせたエピソードが残されている。デトロイトの集会で、民衆に赤十字ファンドに寄付するように勧めていたとき、彼は乱暴な声で、「モルガンの会社が赤十字のために集めた何億ドルというお金で何をしているのかをわれわれは知りたい！」と突然叫んだ。周囲は静かになった。デービソンはその沈黙が熟すまで数秒待った。そして、「あなたがたは、これが公平な質問だと思いますか？」と聞いた。そして彼は話の意図を明らかにした。「よろしい。では、申し上げよう。モルガンの会社とこのファンドとの関係は、このファンドがモルガンのパートナーからの一人当たり一〇〇万ドルの寄付で成り立っているということです。一ペニーたりともモルガン社が預かっている資金からの拠出はありません」。この情報は――以前は伏せられており、あるいはうまく管理されていたとでもいうべきか――功を奏し、拍手喝采とともに寄付金が集まった。成功と公正の両方を兼ね備えているのがモルガンのパートナーであり、粗野な人間なら「利用する」とでも呼びたくなるような要素が入っていたかもしれないが、その根底にはアメリカのプロテスタント主義があった。デービソンのパートナーであるトーマス・W・ラモントは、このエピソードについて彼が感銘を受けたことは、デービソンが「狡猾さをみじんも感じさせなかった」ことだとのちに書いている。

ラモントは一九二〇年代のモルガンの中心的パートナーで、デービソンの死後はモルガンのスポークスマンになった。「モルガン氏がラモント氏に話し、ラモントが人々に話す」という構図だ。だれにも劣らずハンサムで育ちの良いラモントは「素晴らしい行いの見本」と呼ばれることもあった。ニューヨーク州クラベラックの貧しいメソジスト派牧師の息子だったラモントは、その時代の実力者の多くと同じように牧師館で育ち、トランプもダンスも、歩道をあるくことさえ罪だと教わって育った。ハーバード大学を卒業後、富を求めてニューヨークにやってきた。そして、一九一一年、四〇歳でモルガンのパートナーになった。一九二〇年代、彼はモルガンの会社の「ブレーン」と目され、モルガンのスポークスマンを務めるかたわら、中国、日本、メキシコ、エジプトなどのローン業務と金融アドバイスを提供する外交使節としての仕事もこなした。しかし、彼の巨大な個人的影響に比べると、公的な仕事など大したことではなかった。彼はフーバー大統領時代、ホワイトハウスと強いパイプを持っていた。フェルディナンド・ランドバーグは、一九二〇年代の間、ラモントはだれよりも「その持てる力を発揮し……有無を言わせぬ最終的決定権を持っていた」と書いている。彼は金持ちになった。しかし、けっしてケチな金持ちではなかった。彼はハーバード大学とエクセター大学の最大の寄付者の一人だった。「素晴らしい行いの見本」と崇められた企業家人生において悔いの残る点があるとするならば、彼が密かになりたいと思っていた作家になれなかったことである。彼は新聞記者からスタートし、常に大勢の文学仲間に囲まれ、文学雑誌の守護天使で、短期間だがニューヨークの新聞イブニング・ポストのオーナーでもあった。彼の性格の欠点を挙げるとするならば、ほとんどのモルガン派の欠点とも言える、利己的で感情的なところだろうか。パートナーのデービソンの伝記のなかで、彼はピアポント・モルガンの人生について彼らの問題を知りもしないで書いた著者を痛烈に批判し、「モルガン氏は新聞や雑誌のライターに会う約束をしたことは一度もない」と意気揚々と言った。偉大な銀行家の冷静な論理とはとても思えなかった。ここでピアポント・モルガンの性格をはっきりさせておこう。一九一一年、モルガンの会社のパートナーになった初日、ラモントは、貧しい三〇〇〇人の預金者を抱えるニューヨークのある銀行が倒産の危機にあることを知ったモルガンが、「どうにかして貧しい者を救う手立てが必要だ」と言って、すぐに預金者のお金は全部無条件に保証することを申し出たことを聞いた。ラモントがこの話を持ち出したのは、「どんなにお金がかかっても貧しい人々を救おうというモルガンのたぐいまれな心意気」を伝えるためだった。

とにかく、モルガン家はすべての預金を保証し、その結果二〇万ドルの損をした。しかし、感情に流されることがなく平等主義とはほど遠いピアポント・モルガンは本当に、「どうにかして貧しい者を救う手立てが必要だ」と言ったのだろうか。ピアポント・モルガンの熱狂的ファンである社会史家のフレデリック・ルイス・アレンは、彼がそんなことを言ったとは信じられなかった。ほかの研究家も、その言葉はチンギス・ハンの口から出てくるような言葉だと言った。シェークスピアの悲劇『アントニーとクレオパトラ』に出てくるマーク・アントニーは、「貧しい者が泣いたとき、シーザーも泣いた」と、相棒の葬儀の弔辞で述べたが、弔問客はこの雄弁家の言葉を真に受けることはなかった。

一九二〇年代のどことなく謎めいた一種独特なクラブのメンバーにドワイト・W・モローがいた。将来、モルガンのパートナーになる彼は若かりしころ、富というものを極端に嫌っていた。彼は金持ちになる悪夢を見て、叫び声で目を覚ますことが往々にしてあった。若い弁護士の彼は妻に、ニューヨークの法廷の平凡な暮らしは自分には向かない、一〇万ドル貯めたら退職して歴史を教えるつもりだと言った。しかし、一九一四年、四〇歳を前に彼は弁護士を辞めてモルガンのパートナーになり、金持ちになった。そして、一九二五年、悪夢は現実のものになる。彼はもっと良い環境を求めて、ウォール街を逃げ出したくてたまらなくなった。最終的にはウォール街を脱して、メキシコ大使、大学のクラスメート、カル・クーリッジの影のメンター、そして一九三一年に亡くなる一年前にはニュージャージーの上院議員になった。しかし、心が安らぐことは片時もなかった。

モルガンの立派な態度と高潔さ——あればの話だが——を称えたハロルド・ニコルソンによるモローの伝記とニコルソンがのちに出版した日記との違いは驚くべきものだった。「プロテウスのように変幻自在な人物。狂気を感じた……、あるいは非人間的で異常とでも言うべきか、……彼のなかには犯罪者と聖人の心が同居していた」。ニコルソンは、人畜無害な本（彼はのちにこう言ってこの本を軽蔑している）を書いているちょうどそのころ、日記にモローのことをこう書いている。モローのことを世間によく知られた尊敬すべき人物と型どおりの言葉で語り、ニコルソンを悩ませていたピッツバーグの愚かなクラブ女性のことを、ニコルソンは日記で次のように書いている――「私が彼女たちに言いたかったことは、『そんなのはすべてまったくのナンセンスだ。ドワイト・モローは酒の飲みすぎで死んだ、抜け目がなく自分勝手な小さな成り上がり者だった』ってことだったんだ」。

これは彼が書いた内容のない本同様、ウソだったのかもしれないが、それが彼女たちに言いたかったことだというのは本当で、おそらくは彼は本のなかでもこれを書きたかったのだろう。ニコルソンはモルガンのパートナーはけっして清廉潔白なんかではなく、偽善者だと言いたかったのである。一般大衆もこう思っていたし、なかでもウォール街は特にそう思っていた。モローは本当にプロテウスのような男で、ウォール街二三番地の貴族を彷彿とさせる優雅な紳士の見掛けとは裏腹に、信じられないくらい堕落し、言動も矛盾するという別の一面も持っていた。彼らは正直者だったのだろうか、それとも尊大なだけのバカ者だったのだろうか。きっと私たちと同じように、両方を兼ね備えていたのだろう。無邪気さが社会的地位の高い人の道楽になり得るように、偽りの無邪気さは彼らの武器になる。ニューヨークのクラベラックの牧師館で育ったラモントは二〇年前、ピアポント・モルガンが銀行の貧しい預金者に強い関心を抱いていたと確かに聞いた。同じように、モローが富を嫌い、軽蔑していたことを疑う理由もない。それがモルガンの会社の精神であり、おそらくは鈍くて懐疑的なウォール街をとりこにしたモラルの基幹をなすものだったのだろう。これらの疑問に対する答えはモルガン家の全盛期には見つからなかったが、今でも分からないままだ。

三

クーン・ローブ商会は、J・P・モルガン・アンド・カンパニーとは通りを一つ隔てたところにあったが、モルガン財閥とは冷ややかな関係にあるウォール街第二の企業だった。設立はJ・P・モルガン・アンド・カンパニーより四年早く、J&Wセリグマン、リーマンブラザーズ、ゴールドマンサックスといったドイツ系ユダヤ人の企業とともに、南北戦争の後、アメリカで初めての投資銀行の一つとなった。そして、新興のモルガン財閥がリストに加わってから、クーン・ローブ商会とモルガン財閥は熾烈な競争を繰り広げることになる。一九〇一年のノーザンパシフィック鉄道の買収を巡ってのモルガンおよびジェームズ・J・ヒルとクーン・ローブおよびE・H・ハリソンの攻防は大きな話題となった。それ以降、二社は武装したまま停戦に入ったが、時には同盟を結び、新たな侵入者を排除することもあった。やがて二社は暗黙の了承の下、なわばりを二分し、製造業と公益事業の融資はモルガン財閥の領域、鉄道はクーン・ローブ商会の領域となった。一九二〇年代の初期、クーン・ローブ商会はモルガン財閥と同程度かそれより大きな事業を展開していたが、社会的名声と影響力ではモルガン財閥には及ばなかった。クーン・ローブ商会は、ウォール街二三番地の男たちが体現して利用した移民排斥主義、アメリカ人気質、プロテスタント主義という目に見えないが避けがたいものと戦う態勢が整っていなかったのである。

　しかし、クーン・ローブ商会には自分たちのほうがモルガン財閥よりも優れているという絶対的な誇りがあった。裁判官のハロルド・メディナがのちに述べているように、クーン・ローブ商会は「気位の高い、排他的な性質」を持っていた。それは、彼らの全員が血筋や政略的結婚によって互いにつながりがあったことと、ビジネスを行うただ一つの方法を確立していたことによるものだった。ほかのパートナーと縁戚関係がないパートナーがクーン・ローブ商会に迎え入れられたのは一九一一年のことだった。一九二〇年初期、ビジネス規模は膨大なものだったが、ファミリー運営であったため、パートナーは四人しかいなかった。主格パートナーのオットー・H・カーンが「ショーウィンドーポリシー」と呼んだその基本的なビジネス倫理は、彼独特の優雅さで次のように記述されている――「われわれは企業に足を運んで、私たちとビジネスをやってくださいと頼むようなことはしない。われわれには名声がある。それはわれわれのショーウィンドーだ。そのショーウィンドーを見て、顧客がわれわれの元にやってくるのだ。それはわれわれの商標だ……われわれは彼らを追い求めたりはしない。うぬぼれかもしれないが、われわれは彼らを追い求めることはない」。さらに、企業が帽子をかぶってクーン・ローブ商会にやって来たとき、価格競争に関与することはなく、彼らをほかの銀行から「盗んだ」と非難されるような条件で新たな顧客として迎えることはなかった。これは名誉の問題だった。興味深いことに、カーンが誇っていたこの政策は最終的には政府当局と衝突することになる。競合からビジネスを盗むことを拒否することは、ビジネスを抑制する非合法な陰謀の確たる証拠だというのが政府当局の言い分だった。こうして、彼らの紳士的な価値観は官僚民主主義と真っ向から対立することになる。

クーン・ローブ商会を前面に押し出した財政の天才だったジェイコブ・シフはほぼ半世紀にわたりこの商会を率いてきたが、ウォール街の爆破事件の数日前の一九二〇年秋に亡くなった（亡くなったのは爆破事件のせいではない）。彼に代わって新たに最有力人物となったオットー・H・カーンはシフよりも並外れた人物だった。彼はまれに見る芸術の後援者だった。「財産があることをわびなければならない」と彼は言った。これは一種の道徳上のジレンマで、ドワイト・モローが見た悪夢と同じ罪の意識と言えよう。モルガンヤンキーたちは富に対して罪の意識を感じることはなかったが、それを正当化するというもっと困難な仕事にふけった。カーンの罪滅ぼしの手段からはその人となりがうかがえた。モルガンヤンキーたちは珍しい本を集め、文学者たちとの親交を深めた。清教徒の伝統では、本に印刷された言葉は高く評価されたが、劇場は不道徳とみなされた。したがって、芸能は彼らの好みではなかった。カーンはマンハイムの音楽にあふれたヨーロッパ文化の豊かな環境のなかで育った。トーマス・ラモントはイブニング・ポストのオーナーになり、サタデー・レビュー・オブ・リタラチャーに資金援助したが、カーンはメトロポリタン・オペラ・カンパニーのオーナーになり、トスカニーニやガッティ・カサッツァを引き入れ、その最も輝かしい時代を率いた。毎年、その赤字をポケットマネーで補った。一九三一年に亡くなったとき、依然としてその社長であり、大株主でもあった。アメリカにロシアバレーとパリ音楽院管弦楽団を紹介したのも彼だった。さまざまな美術館に絵画とお金を寄贈し、多くのアートスクール、オペラカンパニー、劇場プロジェクトに資金を提供し、黒人アーティストにも賞金を贈った。強い精神力は彼を銀行家として有名にした。ぶっきらぼうでやかましいピアポント・モルガンさえ無慈悲だと言って嫌ったＥ・Ｈ・ハリマンがカーンのことを称賛して、「彼は支配の天才だ。彼の支配力は荒々しい強さと鉄のように固い意志、抵抗できないほどの決断力、不屈の勇気に根ざしたものだ」と言った。

一八六七年に生まれ、一九二〇年代に全盛期を謳歌したカーンとジャック・モルガンは、ウォール街では対照的で何かと比較された。どちらも立ち居振る舞いを重視し、慈善活動は秘密裏に行い、イギリス崇拝者であることを隠さなかった。しかし、モルガンの生活スタイルがアウトドア中心で運動が得意だったのに対し、カーンは温室の花のように、優雅だが弱々しかった。モルガンには地方の名士のように、少し反知性主義の雰囲気があったが、カーンは知性的で都会的だった。モルガンには、かつてイギリスに住んでいてよくそこを訪れるアメリカ人特有の英語訛りがあったのに対し、カーンはまさしくイギリス人そのもので、若いときロンドンで銀行家だったころに取得したイギリス国籍をほぼ生涯にわたって維持した。モルガンはオフィスでは酒も飲まないほど真面目で記念碑のような男だったが、カーンはオフィスでよく歌を歌った。ちっぽけで広大な世界において、彼らはその時代を象徴する人物で、味方であると同時に敵同士でもあった。彼らは互いのことを尊敬と軽蔑の入り混じった気持ちで見ていた。

四

価値というものが価格という公平な形態を取る金融の世界では、ほかの社会ではもみ消されたり、混乱したり、あるいは婉曲的に表現される問題は、時として水晶のような透明さで浮き彫りになることもある。ウォール街ではアメリカのキリスト教徒とユダヤ教徒との問題がそうだった。ユダヤ人は一九世紀の中ごろドイツからアメリカに移住してきたが、そのユダヤ人がウォール街に大挙して押し寄せて以来、あからさまな反ユダヤ主義が存在した。スケープゴートが求められるパニックのときには特に顕著だった。個人的な魅力はあまりないが、怪物のようなプロの詐欺師だったジェイ・グールドは、ウォール街ではシャイロック（シェークスピアの「ベニスの商人」に登場するユダヤ人の高利貸し）の末裔だとささやかれ、ヘンリー・アダムスをして「複雑なユダヤ人」と言わしめた男だ。しかし、彼の祖先は一六四六年にコネチカットに定住し、祖先のなかにユダヤ人はいなかった。休戦前のピアポント・モルガンのクーン・ロープ商会に対する敵対心は、宗教的な偏見というよりもプロとしてのライバル意識だったが、宗教的偏見もモルガンの心にはあった。「ピアポントは何だってできると思っているんだ。なぜなら、彼はウォール街で常にユダヤ人を打ち負かしたと思っているからね」とアンドリュー・カーネギーは、USスティールの誕生へとつながる取引のなかでモルガンを打ち負かしたあと――あるいはそう思っていたのかもしれないが――軽蔑的に話した。「ユダヤ人を打ち負かすにはヤンキーが必要で、ヤンキーを打ち負かすにはスコットランド人が必要なのだ」。「ユダヤ」民族が存在するというカーネギーとモルガンの陽気な思い込みと、自分たちのほうが優れているという同じくらい陽気な思い込みは、当時のアメリカ社会の特徴だった。しかし、モルガンがユダヤ人ライバルたちに感じていた尊敬の念はアメリカ社会にはなかった。彼らはモルガンのやる気を奮起させるだけのライバルだった。ノーザンパシフィック鉄道の買収劇のあと、彼は「何でもできる」という態度を軟化させていく。ジェイコブ・シフと彼の会社を彼らと対等なものとして受け入れることで、モルガンはしぶしぶながらもウォール街のユダヤ人をアメリカの支配者層のなかに招き入れたことになる。これは二〇世紀になって早々のことだった。しかし、アメリカにいるほかのユダヤ人も同等に扱われるようになったのはずっとあとになってからである。

モルガン財閥とクーン・ローブ商会の武装したままの停戦は、一九二〇年代のウォール街におけるユダヤと非ユダヤの関係の基礎となった。ユダヤ人はビジネスの世界では受け入れられたものの、社会ではまだ受け入れられなかった。一九〇〇年と同じように、一九二五年においても、モルガンヤンキーとその仲間たちのクラブやサロンは、当然のことながらユダヤ人には閉ざされていた。たとえ、どんなに教養があり洗練された人だったとしても（最大の例外は、アングロサクソンの名前を持ち、「キリスト教徒」になった数少ないユダヤ人で、彼らは当時の指導的立場にあるプロテスタントに受け入れられていた）。ピアポント・モルガンは物事を単刀直入に語る天才だが、彼はその単刀直入さで、ビジネスはだれとでもできるが、ヨットに乗るのは紳士とだけだ、と言った。もちろん紳士をどう定義するかにもよるが。教養があり洗練されたユダヤ人たちがこうした排斥によって自分たちの生活が荒廃すると思っていたかどうかは分からない。

しかし、この問題にはもっと深刻な側面があった。ユダヤ系の背景を持つ少数の人々がウォール街の上層サークルに入ることに成功したことは一定の効果はあったが、ほかのユダヤ人の道は依然として閉ざされたままで、皮肉なことに、ユダヤ人たちの道をさらに固く閉ざすという意思をより一層強めることになった。成功した大胆なアウトサイダーに対する恐怖と怒りは増し、ユダヤ人に対する排斥は強まっていった。一九二〇年代にはユダヤ人口は世紀の変わり目のころに比べると何倍にも膨れ上がっていた。ウォール街の法律事務所はユダヤ人を雇わなくなり、大手銀行の一〇行のうち九行も同じ政策を取った（この慣行は今日でもいくつかの銀行で行われている）。ある推定によれば、ブローカーの六〇％は非ユダヤ人だけを雇用し、ユダヤ人を雇っていたのは一五％だけだった。後者がユダヤ人を雇ったのは顧客の大部分がユダヤ人だったからだ。残りの二五％はどちらも雇っていた。証券取引所はユダヤ人がその権力構造のなかで地盤を固めるのを阻止するために非公式な割当制を取っていた。さらに、ウォール街周辺のオフィスビルはユダヤ人への賃貸を拒んだ。こうした状況は一部には当時の国のムードに起因していたことも付け加えておくべきだろう。それは、一流企業がユダヤ人の雇用・昇進において形ばかりの平等主義政策を取り、リゾートホテルは非ユダヤ人の常連のみに限定するとおおっぴらに宣伝し、ニューヨークをはじめ至るところのユダヤ人のアパートオーナーはユダヤ人には部屋は貸さないほうが得策だと考えていた時代であった。ユダヤ人家主は自分自身の家にも住めなかった。

ウォール街のユダヤ教徒対キリスト教徒の関係の両面性を示す実話がある。それは一九一五年五月七日のことだった。その日の朝、定期船ルジタニア号がアイルランド沿岸でドイツの潜水艦によって沈められ、多くのアメリカ人の命が失われた。J・P・モルガン・アンド・カンパニーの会議室に入ってきたのは、白い顎ひげをはやしたクーン・ローブ商会の長老であるジェイコブ・シフその人だった。J・P・モルガンを含め、その部屋にいたパートナーの表情は凍りついた。当時、クーン・ローブ商会とシフは、生まれや長いビジネス関係からドイツに同情的だと思われていた。しかし、実際には、特にシフは全面的に連合国の味方であり、ユダヤ人の大虐殺にかかわった帝政ロシアからの支援を差し控えていた。シフは彼らしからぬおどおどした様子でモルガンに近寄り、「この最も不幸な暴力」に対して遺憾の言葉をつぶやいた。偉大なモルガンはぶっきらぼうに短く返答し、きびすを返し、シフを残して去っていった。偉大なモルガンの父が対等に扱ってきた銀行家はうなだれて一人ビルを後にした。

気まずい沈黙のあと、モルガンは彼のパートナーたちに、「ちょっときつすぎたようだ。謝らなければいけないな」と言った。この沈黙はさらに重々しい雰囲気を呈し、長く続いた。やがて、ドワイト・モローは便箋に何かを走り書きし、それをモルガンに手渡した。そこにはこう書かれていた――「イスラエルの家よ。わたしが事を行うのは、あなたがたのためではなく、あなたがたが汚した、わたしの聖なる名のためである」。モルガンはうなずき、帽子を手に取ると、シフに謝罪するためにクーン・ローブ商会へと赴いた。

ためらいがちに近寄り、冷たい態度を取ったあとすぐに沸き起こる自責の念。無意識的に宗教的な疑問を提起する聖書からの引用――。モルガンの謝罪は遅すぎた。昔、ライバル関係にあったときの感情がよみがえり、過去の悲劇にとらわれたウォール街は一九二〇年代の戦争へと突入することになる。

五

古く頑健ないくつかのドイツ・ユダヤ系投資銀行を除き、ウォール街の支配者層の圧倒的多くはクーン・ローブ派ではなく、モルガン派に付いた。フレデリック・ルイス・アレンはその一〇年におけるウォール街の五〇人の権力者たちのリストを作成した。彼らは全員、同種の人間たちだった。彼らの多くは西部や中西部の出だったが、教育は伝統的な東部で受けていた。一一人がハーバード大学、四人がエール大学、三人がコーネル大学、三人がアマースト大学出身といった具合だ。シンクレア・ルイスの『バビット』やH・L・メンケンの〝バカども〟の時代、ウォール街外部のアメリカ人ビジネスリーダーよりもはるかに数が多かったこれらニューヨークの銀行家は、服装も振る舞いも紳士そのものだった。ウォール街というのはマナーの学校で、マナーがあること、あるいは、ある振りをすることがビジネス価値だったとアレンは指摘する。これら五〇人のうち、四人に一人が財界の支配階級に生まれた。一方、それを取得するために最果ての地まで旅してきた者は、派手でも型破りでもなかったが、独特のスタイルを持つ勤勉な類人猿だった。彼らのほとんどはマンハッタンのアッパーイーストサイドに住み（五〇人のうち冬に郊外から通勤してくる者は四人しかいなかった）、ニュージャージーやロングアイランドのノースショアに別荘を持ち、余暇にはそこでゴルフをしたり、セーリングを楽しんだり（彼らの半分以上はヨットを所有していた）、厩舎まで持っていた。街ではメトロポリタンクラブに属し、地元ではパイピングロッククラブに属している者が多かった。これ以外の活動として、大学や教育機関の理事を務めたが、芸術や社会改革運動は支持しなかった。これら五〇人のうち、宗派が特定できる者はおよそ半数いたが、そのほとんどは明らかに名目上、あるいは儀礼的なものだった。しかし、社会学者であれば彼らを宗教別に分類することは簡単だったはずだ。彼らは信仰を捨てたプロテスタントたちだった。ユダヤ人の祖先を持つ者はわずか七人だった――これらの投資銀行家たちのうち投機家のバーナード・M・バルークを除いて全員がユダヤ人だった。ローマカトリック教徒はさらに少なかった。一九二〇年代の終わりまで、カトリック教徒の金融界からの締め出しはユダヤ人よりも厳しかった。しかし、あとで述べるように、彼らは彼ら自身の派閥を作った。

それは、ウォール街が選ばれた若者を求めた時代だった。最高の学府で勉学を修めた賢明な若者は弁護士や銀行家になるためにウォール街を目指した。なぜなら、法律分野であろうと、金融分野、公務員、政治分野であろうと、それがお金持ちになる方法であり、キャリアを築く方法だったからである。同じ大学出身で、育ちの良いスポーツマンにしてプレーボーイで、愉快でお気楽で、知的好奇心はかけらもない怠け者の平凡な若者もウォール街を放浪した。なぜなら、それは彼らにとって自然なことであり、生計を立てやすい場所だったからだ。「いつも思ってたんだけど、シティーで財をなすのに知性はいらないよ」と、オックスフォードやケンブリッジからロンドンの金融街に入ったアンソニー・トロロープ（イギリスの作家）の辛辣なキャラクターを思わせる金持ちで上品ぶった若者の一人が言った。したがって、一九二〇年代に債券を売るためにウォール街に入ったハーバード、エール、プリンストン大学出身の若者の選択は正しかったわけである。「私の知人はみんな債券ビジネスをやっていた」と、当時のアメリカを代表する名作『華麗なるギャッツビー』の主人公で、エール大学出身の若者であるニック・キャラウェイは言う。「だからもう一人くらいは入れると思ったんだ。叔父叔母連中ときたらまるで私立学校を選ぶような言いぶりで話していたよ。そして、しまいには、当然大丈夫よね、って言いだす始末さ」。確かにそのとおりだ。ニック・キャラウェイは債券ビジネスではコネは知性に代わるものであることを知った。必要なのは良い顧客だけ。そして、親戚や大学時代に知り合った金持ちが良い顧客になるのだ。ニック・キャラウェイのように、仕事は彼らの人生にとって重要なものではなかった。彼らが活気づくのは夜だった。ニュージャージーやロングアイランドで開かれる長い、長いパーティーで朝方の三時、四時まで夜更かしし、またダウンタウンでうとうとして過ごすのに十分なだけの睡眠をとる。特権を持つかどうかはさておき、それ以前もそれ以降も、こうした若いウォールストリーターたちは、普通のアメリカ人とは違って、仕事ではなく余暇を重視した。

生まれや育ちや学校とは無関係な株式ブローカーたちの熾烈な競争社会であっても、生まれや育ちや学校は有利に働く。株式取引における成功の秘訣は独占的な情報をいかに入手するかにかかっている。そういった情報は非公式に、しかし注意深く、社会的なつながりのある人間たちに配布される。メトロポリタンクラブ情報網、リンクスクラブ情報網、ハーバード・エール・プリンストン情報網、ウィリアムズ・アマースト情報網などがそうだ。こうした情報を入手した人間はすぐさまサークルの外部の人間に伝える。あるいは内部の者にも知らせずに独り占めすることもある。マフィアが仲間を警察に売り渡すときよりも激しい情報戦争が繰り広げられるのである。

色あせて面白みのないカースト的社会階層は、永続することに興味があるのだろうか。ある程度はイエスだ（「やつらは腐った連中さ。きみはやつらを全部束ねたようなものだ」とキャラウェイはたたき上げのジェイ・ギャツビーに言って、社会的流動性というアメリカの福音書を再確認する)。しかし、怠け者でチャーミングな紳士気取りの者たちだけではなく、本物の貴族もいた。国一番の聡明さを持ち、公共精神にあふれた人々は、ワシントンや大学よりもウォール街で働くことを好む傾向があった。フルトン通りの南の小さな街で働くということは、その時代の偉大な人物になれなくても、偉大な人物に会える可能性があるということを意味した。リーダーを育てる学校がお金を扱うことだけを教える場所であったことも不思議だが、その学校の卒業生が素晴らしいリーダーシップを発揮したことは奇跡としか言いようがない。

一九二〇年代半ばにウォール街で金融関係の仕事をしていた男たちのなかには、もっと広い世界ですでに有名になっているか、近い将来そうなる人物もいた。

すでに年を取り名誉も得ていたが、目の前に重責が待っていたのがチャールズ・エバンス・ヒューズとヘンリー・ルイス・スティムソンだった。二人はその昔、ウォール街の外で仕事をする前後にウォール街で弁護士をやっていた。一九二五年に六三歳だったヒューズは以前、大統領候補になり惜しくも敗れた。どこから見ても、超一流のアメリカ市民だった。元米国最高裁判所陪席判事で、国務長官を四年間務めたあと再びウォール街に戻った。それから五年後、アメリカ合衆国最高裁判所長官に任命された。一方、六〇歳になろうとしていたスティムソンは、かつてウィリアム・タフト大統領の国防長官を務め、近い将来エドガー・フーバーの国務長官になると思われていた。そして、ずっとあとには陸軍省に戻り、日本に原爆を投下するかどうかを決定する重要な責務を担うことになる。一九二五年、老齢の身でこの恐ろしいほどに重い責任を負わせられるとは知る由もなく、合併や不動産や離婚案件を考えながらウォール街を元気よく歩いていた。

ラモントとモロー以外の五〇代の男で、彼らと同じく体制派の人物が、ウエストバージニア出身の企業弁護士で、保守的な民主党員のジョン・W・デービスだった。彼は一九二四年の大統領選でクーリッジに敗れて、ウォール街に戻ってきたばかりだった。一九二五年にはまだ四〇代で、ウォール街によく姿を現していたのが、元開業弁護士で、一九一七年から一九二〇年まで財務副長官を務めたモルガンのパートナーだったラッセル・W・レフィングウェルと、ファミリーの有名企業であるリーマンブラザーズの精力的なパートナーで、やがてニューヨーク州知事（民主党）になり、のちには上院議員になったハーバート・リーマンである。当時、金融界ではあまり目立たず、ウォール街五二番地にオフィスを構える四〇代の弁護士は、合衆国海軍次官を短期間務め、健康上の理由から一時的に退いた（彼は身体障害者になった）が、再び自分の足で歩けるまでに回復し、一〇年後にはウォール街の最も手ごわい敵になった。これは言うまでもなくフランクリン・D・ルーズベルトである。

一九二五年に三〇代だったウォールストリーターには次のような人物がいる。前途有望な弁護士だったが、あまり歓迎されなかったジョン・フォスター・ダレス、リーマンと同じくファミリー企業である銀行のパートナーだったアブレル・ハリマン、ディロン・リード・アンド・カンパニーの前途有望なジェームズ・フォレスタルとフェルディナンド・エバースタット、ブラウンブラザーズのロバート・A・ロベット、クラバス法律事務所に入ったばかりのジョン・マックロイとトーマス・K・フィンレター、ブルックリンで生まれ育ち、ゴールドマンサックスの雑用係からスタートし、今や取引所の会員になり、のちにフォード財閥のチーフアドバイザーになり、おそらくは重役を務めた優良企業では右に出る者のいないシドニー・ウェインバーグ、前年にボストンからウォール街にやってきたアグレッシブな投機家で、その後およそ四〇年にわたりアメリカの中枢に居続けることになるジョセフ・P・ケネディ。

彼らは、それ以降ウォール街ではまずは見ることのできないほど華やかな集団だった。しかし、世紀の変わり目に生まれ、一九二五年に駆け出しの銀行家だった当時の若いウォールストリーターたちのなかで、のちに公職として頭角を現す人物はほとんどいなかった。理由は想像するに難くない。その世代の金融業界は彼らが制御できない環境のなかで衰退し、それから間もなく連邦政府の性質は突然変わり、おそらく永久に変わったからである。民主党も共和党も、一九三二年以降は財界よりも大学や企業から優れた人材をスカウトするようになる。政治家養成所としてのウォール街はいつの間にか晩年を迎えていた。

しかし、公職に就いた若者で、見逃せない人物が二人いる。

機知に富み、威勢がよくて屈託のないジェームズ・ポール・ウォーバーグは、FRBの父と呼ばれ、クーン・ローブ商会のパートナーでもあったポール・M・ウォーバーグの息子だった。彼は二〇年代中盤の最も賢明で最も興味深い若い銀行家の一人だった。一八九六年にドイツで生まれた彼は、幼少期を二つの大陸で過ごしたバイリンガルで、ハーバード大学で学業的にも社会的にも輝かしい実績を上げ、戦時中は米国海軍の危険な木箱を空輸し、クーン・ローブ商会の商業銀行の分派であるインターナショナル・アクセプタンス銀行の副頭取の地位に上り詰めた。この銀行の創設者は彼の父親だったが、ジミー・ウォーバーグを知る者は、彼はおそらくは縁故関係がなくてもこの地位を手に入れることができただろうと思っていた。二五歳でハーバート・フーバーに商務次官のポストを提示されたが、若すぎるからという理由で辞退した。さらに彼は非常に珍しい人物で、真面目なプロの銀行家でありながら、アートやエンターテインメントの世界における興味や造詣は本格的なものだった。さらに、日曜日にはヌードを描き、有名なアルゴンキンの仲間とポーカーを楽しむこともあった（これにより、彼らは銀行業の知識を高めた）。彼のイースト七〇番街の邸宅は常設のサロンで、ジョージ・ガーシュインやシグムンド・ロンバーグといった人々が頻繁に訪れた。彼はアートとエンターテインメントのプロでもあった。彼は詩集は出版しなかったのだろうか。自費出版でも出版しなかったのだろうか。ポピュラーソングの作詞はしなかったのだろうか。彼がどの道に進もうとしているのかはだれにも分からなかったが、自分自身の道を歩んで行ったことに疑問の余地はない。

リチャード・ホイットニーはウォーバーグよりも年上で、一九二五年にはすでに三〇代半ばだったが、彼はウォーバーグとはまったく違う人種で、成功への道をひた走っていた。実際、彼はすでに成功していた。彼には完璧なコネがあり、素晴らしい教育を受け、生まれながらの指導力を持っていた。世紀が始まるころの輸送王に端を発し、トーマス・フォーチュン・ライアンのパートナーでもあったニューヨークのホイットニー一族とは、彼は何の関係もなかった。彼は、メイフラワー号に続くアーベラ号でイギリスからアメリカに渡った一七世紀のマサチューセッツ入植者の子孫で、ボストンの銀行の頭取の息子であり、元モルガンのパートナーの甥にあたった。グロトン校では、野球チームのキャプテンを務め、フットボールチームのキャプテンでもあり、学校劇のマネジャーでもあり、男子生徒のなかで最も優れた監督生だった。何十年たったあとでも、校長のエンディコット・ピーボディー牧師は彼のことを忘れることはなかった。ハーバード大学では学業はふるわなかった。彼はのちに、知的探究には興味はなく、彼が興味があったのは歴史のような「事実に基づく」教科だったと言っている。彼は学校代表チームの一員として名を連ね、当然ながらポーセリアンクラブにも入会した。クラス全員が大好きで、何といっても記憶力が良かった。何年もあとになって、クラス全員のファーストネーム、ミドルネーム、ラストネームをすらすら言って友人たちを驚かせた。ハーバード大学卒業後は、ボストンのブローカーで一年務め、そのあとウォール街にやって来た。ウォール街では、一九一二年に取引所の会員になり、一九一六年に債券の専門会社、リチャード・ホイットニー・アンド・カンパニーを設立した。一方、兄のジョージ（彼もまたグロトン校とハーバード大学出身で、ポーセリアンクラブの会員だった）はモルガンのパートナーの娘と結婚し、一九一九年には最も優れたモルガンのジュニアパートナーの一人になった。リチャードはウォール街が愛するユニオンリーグクラブの元社長で、かつてはピアポント・モルガンの仕事仲間でもあった人物の娘と結婚した。こうした状況の下、自然な流れで「モルガンのブローカー」になり、モルガンのパートナーが証券取引所と取引するとき、彼らに代わって取引を行った。つまり、ウォール街二三番地の神々が通りの向こう側にある現世の市場に現れるとき、ディック・ホイットニーの姿をして現れたわけである。

この話だけでもホイットニーが絶大な影響力と権力を持っていたのは明らかだが、人々を注目させるだけの個性も持っていた。彼のこの地位がニック・キャラウェイを思わせるものだとするならば、彼の個性はフィッツジェラルドの別の一面、つまり紳士気取りで、傲慢なアスリートのトム・ブチャナンを思わせるものだった。背が高く、筋骨たくましく、脂肪のほとんどないスポーツマン体型で、常に非の打ちどころのない身だしなみで、体は大きかったがハンサムで、仕事に行くときフォーマルな服を着ることを好んだ彼は、ウォール街では人目を引いた。自分より社会的地位の低い人々――つまり、ほとんどの人――に対しては高飛車な態度を取った。彼が彼らをどう思っていたかは明白だった。彼はいじめの天才で、人々に対して自分と同等に扱っているように見せかけて褒めそやすと同時に、けっしてそうではないことを彼らに思い知らせた。鼻持ちならない性格の割りには、彼にはあらゆる種類のビジネス上の友人がいて、ほかの多くの会社とは違って、彼のオフィスではユダヤ人も雇っていた。ニューヨークには大きな邸宅があり、ニュージャージー州ファーヒルズ近くの五〇〇エーカーの土地では、馬に乗って猟犬と共に狩りをし、エアーシア産の乳牛を飼い、家畜の群れの世話人、厩務員、ジョッキーを含めて総勢一二人の「アウトサイドハンド」を雇っていた。

ウォール街にやってきた二人――一人はクーン・ローブ商会の人間、もう一人はモルガン財閥の人間――の生活はざっとこんなものだった。

六

……そして、ウォール街の端には、ゴシックリバイバル様式の尖塔が修道士の帽子のようにそびえたち、内陣はトリニティープレイスに張り出した崖のように伸び、ハミルトンが眠る緑の墓地を備えるウォール街の教会であるトリニティー教会があった。トリニティー教会は、プロテスタント（聖公会）の教会で、お金持ちだった（二〇世紀末のバランスシートによれば、教会区の年間生産的資産、特に不動産は一四〇〇万ドルで、経費・税金を差し引いたあとの投資収入は七〇万ドルを超えていた。一方、教会が立つ一エーカーの土地は今の不動産市場で言えばおよそ四〇〇〇万ドルの価値があった）。「トリニティーは今では高層ビルに取り囲まれ、周囲のビルはますます高くなるばかりだ。なかには世界一高いビルもいくつかある」と、一九二一年にトリニティーの教区牧師としてマニング司教を受け継いだケイレブ・R・ステッソン牧師は、一九二〇年代の終わりに教会区年鑑に書いている。

諸悪の根源である富は、まるでこの地域に残された唯一の空間――唯物主義の偉大な神殿の真っただ中にある精神の唯一の目撃者――に円陣を描いて襲い掛かろうとしている飢えた狼のようだ。しかし、この教会はここにアメリカ合衆国が誕生するずっと以前の、ウォール街が町をインディアンと野生動物の攻撃から守るための壁であった時代から存在してきた。

彼はさらに次のように続けた。この教会区の常住人口は少数のギリシャ人、アルメニア人、シリア人を含むヨーロッパ中部からの船員がほとんどで、新しいオフィスビルが古いアパートに取って代わってから、その数はどんどん減少していき、今では五〇〇〇人を下回るまでに減少している。日曜日の集会に参加するのは、この隣接する地域に住む少数の人たち（主にローマカトリック教徒）ではなく、アップタウンからの人のほうが圧倒的に多かった。彼らの住む地域を取り囲む領域はトリニティーの伝道地域だった。ステッソンが言うように、伝道はそこに住んでいる人々に対してではなく、ウォール街をウォール街たらしめた多数の労働人口に対して行われた。毎朝、何十万人もの人々が唯物主義の神殿にどっと流れ込み、夜にはまたどっと流れ出ていった。ウイークデーのお昼には、トリニティーはダウンタウンの労働者のために三〇分の礼拝を行った。礼拝では、牧師や牧師のアシスタントが、興奮やお金に取り付かれた人々に人間の心を思い出すように熱心に説いた。さらに、屋外では、伝道者であるウィリアム・ウィルキンソン牧師がランチタイムに箱の上に上って、短い説教を行い、異教徒たちにメッセージを直接伝えた。屋外の説教は、参加する者が熱心な信者ではないにしても人気があった。これに比べると、教会で行われる礼拝はあまり人気がなかった。

これには理由があった。ウォール街では、トリニティー教会に入っていく人は悩みを抱えた人と言われていた。祈りに駆りたてられるのは、舌打ちしたくなる出来事に遭遇したり、信用が傷つけられた証拠だった。「かわいそうなジョーンズ！　彼はトリニティーに入って行くわ。きっと、一文無しになったに違いないわ」。しかし、トリニティー教会に行けばいつかは運が向いて来るはず。人々はそう信じていたのである。

第4章　サルに近い人間たち

一

一九二〇年代も終わりに近いある春の日のことだった。アメリカ人の小集団が昔ながらの伝統を装って秘密裏に集まり、手っ取り早くお金儲けをしようと陰謀をたくらんでいた。彼らが選んだ方法は、当時最もホットな銘柄の一つだったラジオ・コーポレーション・オブ・アメリカの株価を操作するというものだった。彼らの弁護士によって正式に認可された正式なパートナーシップ契約の下、彼らは一〇〇万株を取引することになった。取引価格は現在の価値で九〇〇〇万ドルに相当した。彼らは、株価操作を行うのに最も有利な立場にいる取引所の会員で、ラジオ株のフロアスペシャリストだったマイケル・J・ミーハンに、たんまり手数料を支払って協力を求めた。操作を始める前の株価は九〇ドルだった。一般投資家をだますために巧妙に計算されたダマシの動きや策略を駆使して、彼は数日のうちに疑うことを知らない何千人という一般投資家に買わせ、価格を一〇九ドルにまでつり上げた。ここで小集団の人間たちは彼らの持っている株を売った。すると、株価は一気に八七ドルに下落した。一般投資家たちは高い株をつかまされたままだった。すべての操作が終わるまでに一週間少しかかった。これによってミーハンとその仲間は「運用報酬」として五〇万ドルを手にした。そしてその一週間、その小集団はラジオのティッカーがミーハンの名人芸を記録するのを満足げに見ていただけで、五〇〇万ドルを少し下回る純利益を分け合った。

当時は合法だったが、この種の株価操作は手法も意図も、世紀の変わり目のころにアメリカに蔓延していた信用詐欺とあまり変わらなかった。それは、結局は高い知性と巧妙さを要し、暴力を伴わない窃盗にほかならなかった。しかし、このラジオ株操作に関与した者は、イエロー・キッド・ウェイルやほかの有名な詐欺師のような犯罪者タイプではなく、それとは対照的に、金持ちで社会的地位の高いアメリカ人で、その名はアメリカ中に知れ渡り尊敬される国家的リーダーだった。例えば、彼らのなかには、クライスラーの創業者兼社長のウォルター・P・クライスラー、聖人とされた鋼鉄王のチャールズ・M・シュワブ、ラジオ・コーポレーション社社長の妻のデビッド・サーノフ、ジョン・Dの甥のパーシー・A・ロックフェラー、ワールドの有名な編集長であるハーバート・バヤード・スウォップ、民主党全国委員長のジョン・J・ラスコブ、ウッドロー・ウィルソン大統領の元補佐であり親友でもあったジョセフ・タマルティーらがいた。

損失リスクをとりながら利益を得る機会を得るのを主たる目的とする投機は、一六〇二年にオランダのアムステルダムで証券取引所が初めて設立されたその日からずっと続いてきた。と言っても、だれも驚かないだろう。証券取引所はその性質上、金銭的リスクをとるという意味で、競馬やルーレットと同じようなものだからだ。商品への投機は一六〇二年以前から何世紀にもわたって続いてきた。投機へと駆り立てられる理由を聞かれれば、ほとんどの人は、それは人間の冒険好きや貪欲さ、そしてリスクを好むことに根ざしたものだと答えるに違いないが、イギリス人社会学者のエリアス・カネッティはもっと興味深い独創的な説明をしている。「トレードとはそもそもほかのものと引き換えにあるものを与えることである」と彼は書いている。

二

一方の手は、見知らぬ者を誘惑したいと思う物をしっかり握っている。もう一方の手は、自分の物と引き換えに別の物を欲しがっている。その手が欲しい物に触れた途端、一方の手は持っている物を手放す。欲しい物に触れる前ではなく、触れた瞬間に手放すことが重要だ。そうしなければ、両方の物を失うことになるからだ……トレーダーは取引の間中、常に隙がなく、反対売買のあらゆる動きを観察している。人間がトレードに見いだす深淵で普遍的な喜びは、トレードというものを最も古い行動パターンの一つの非物理的条件と解釈することである程度は説明がつく。今日では、人間ほどサルに近いものはほかにはない。

一九二〇年代終わりのウォール街は、株式投機が激しさと巧妙さを増し、一般大衆の投機への参加もこの時ほど高まったときはない。こういう時代にあって、どの投機家も木から木へと渡り歩く祖先（サル）の行動パターンをまねしていたわけではない。投機を説明する人や投機活動の擁護者たちもサルのまねをしていたわけではない。それとは逆に、説明者や擁護者はNYSE（ニューヨーク証券取引所）当局の主導の下、投機や投機家の創造的で人間的で神業的な偉業をできるだけ叙情的に力説した。「歴史上のすべての民族のうち、真の改革者に愛されたこの大きな流れのなかで、投機を最も批判することができないのはアメリカ人だ」と取引所の公式エコノミストは書いている。「アメリカ大陸の発見はイザベラ女王の王冠にはめられた宝石を担保にして借りたお金によって成し遂げられた……神話の国、ジパングの発見を期待して見知らぬ外国人に資金を提供することは、乱暴な言い方をすれば、『堅実な投資』とは言えない」。こうした意見は、自分たちの行動は偉大だと思っていた投機家たちを驚かしたかもしれない。プリンストン大学の経済学者であるジョセフ・スタッグ・ローレンスは次のように述べている――「証券取引所は世界で最も賢明な人々が集まり、人間のニーズに応える企業の価値が最も適正に判断される場所である。ここでは、おそらくはアメリカの知識人の貴族社会を見ることができるだろう」。

アメリカのビジネスこそがビジネスであって、事実に基づく議論の根拠が疑問視され、株式投機は実際にはアメリカ企業の成長にとって大した役割は果たさないと主張された時代にあって、とどまるところを知らない投機を批判する声はやがてはかき消されていった。しかし、批判者たちはその倫理性を問題視し、こうした行為はフェアプレーの基本的精神を冒涜するものであると主張し続けた。バンダービルト対ドゥルーの争いから、モルガン対ハリマン、そしてアラン・ライアン対証券取引所の争いに至るまで、ウォール街黎明期の争いは、同等の武器を持つインサイダー同士の争いだった。しかし、今回初めて多数の一般大衆が投機に加わった。問題は、国中の田舎で新聞の経済欄や株式ティッカーを見つめる一般大衆が、取引所のフロアや取引所から数ブロック以内にオフィスがある知識の豊富なウォール街のプロたちにかなうのかということだった。数年後にジョン・T・フリンが言ったように、「投機というゲームは、三～四〇〇〇人のインサイダーと五〇万人のアウトサイダーが完璧に不平等な条件の下で行うものである」。インサイダーたちは「自分たちのカードだけでなく、プレーヤー全員のカードが見られる」のに対して、アウトサイダーは「自分たちのカードの一部しか見られない」のである。

投機はギャンブルかどうかという意味論的な議論が繰り広げられた。断じてギャンブルなんかではない、これには理由がある、と取引所は言った。ギャンブルに対する道徳的な非難はさておき、ニューヨーク州ではギャンブルは非合法であり、ギャンブルによる負債は法的強制力がない。したがって、投機が法的にギャンブルだと言うのであれば、取引所はたちまちのうちに機能しなくなる、というのが取引所のエコノミストの言い分だった。その取引所のエコノミストは、この点を強調するために学者の言をウォール街に都合の良い形で曲解して、一九〇八年に投機とギャンブルとをはっきりと区別したエール大学のヘンリー・C・エメリー教授の理論を再び引っ張り出してきた。しかし、公式表明では、取引所のリーダーたちはこの問題を論理的に議論するというよりも、ただ断定するといった態度を取った。投機とギャンブルの違いを聞かれた取引所の首席スポークスマンは、投機は「この国を築いた」ものだから「良い」、しかしギャンブルは「悪い」と答えた。やれやれだ。

ウォール街のインサイダーが取引所の容認を得て、だまされやすい子羊たち（一般大衆）を身ぐるみ剥がすのに使った手段が株式プールだった（ラジオ社の株式操作はこの典型例）。プール操作は実に単純だ。取引所のティッカーテープがウソの話をでっち上げるように仕向け、一般大衆をだますことである。今と同じように、ティッカーテープ（ダウ・ジョーンズの金融ニューステープとは違うので注意）に表示されるのは、その時点での取引の価格と出来高と銘柄を示す文字だけであり、ニュースやコメントは表示されなかった。したがって、テープは投機家にとって、任意の時点で何が起こっているのかについての重要な情報源だった。賢い相場士たちはこのテープだけを使って富を築いてきた。また、ウォール街の内外でだれもが同じ情報を得ることができるという点で、完全に中立的なものでもあった。「テープはウソをつかない」

というのは一般大衆の常識だった。しかし、実際には、テープはウソをつくように仕向けることもできるのである。それでもテープは相変わらず誠実にそして公平にそれぞれの取引を記録し続けたが、取引そのものの本質や順序は、何も知らずに貪欲にテープを見ている人が金棒を買うように並び替えることができた。

目的にあった銘柄を最初に選ぶことができたのは、資金をプールしている資本家グループだった。それは一般大衆に対する大きなアピールになり、市場には比較的少数の株しか出回っていないので、簡単に操作することができた。彼らは数週間、あるいは数カ月にわたってこうした銘柄を目立たないように、あるいはその会社の経営者を仲間に引き入れることで、大量に買い集めた。これは通常プールを使って行われた。そして彼らに、指定された期間内に、通常は三カ月か六カ月以内に、現在価格で一定の株数を買う選択肢を与える。彼らは、実際の協力者とはしないまでも取引所のフロアのスペシャリストを味方につける。通常、株のスペシャリストはブローカーやディーラーとしてほぼすべての取引に関与していた。その手に株の売買の未処理注文をリストにした秘密のノートを持ち、フリンの例えで言えば、すべてのプレーヤーのカードを知ることができたのはスペシャリストだったからだ。最終的には彼らはプールマネジャーと呼ばれる操作のエキスパートであるキーマン（ラジオ社のケースでは、スペシャリスト本人）を雇う。こうして準備は完了する。

ブローカーであるプールマネジャーはプールのために頻繁に株の売買を始める。これには特定のパターンはない。プールのメンバー間で、あるいは彼らの仲間との間で株の売買を繰り返す。これらは基本的にスペシャリストの助けを得て行われるウソの取引で、大量に売買されるため株価は少しずつ上がり始める。投機家の専門用語ではこれを「アクティブに売買され、上昇する」と言う。取引が記録されるたびにテープにその銘柄のシンボルが現れるため、これはテープを見ている者にとって宣伝効果がある。こうしてその銘柄は一般大衆の注目を浴び、手っ取り早く利益を得ようという気持ちが一般大衆の心に植えつけられる。テープを見ていて待ちきれなくなった者は徐々に買い始める。最初は注意深く、恐る恐る買うが、やがて取引量は増え、株価が上昇し続けるのを見ると、次第に買う量は増えていく。ここでプールマネジャーの操作はより巧妙になる。彼は一般大衆を混乱させるために何日かは急に売りサイドになることもある。そして、一般大衆がパニックは終わったと見ると、彼は再び舞い戻って大量に買う。これで、一般大衆は一網打尽だ。やがて、巧妙に仕掛けられた操作によって、ことは自律的に動き始める。つまり、一般大衆が操作を引き継ぐということである。彼らの買いによって株価はどんどん上昇していく。もはやプールマネジャーが手を介する必要などない。ここでプールは持っている株を売り始める。これを「引き金を引く」と言う。プールマネジャーは買いを始めたときの壮大なファンファーレとは対照的に、静かに株を売り始める。これによって株価は下落し始める。最初はゆっくりだが、プールマネジャーがちょちょろ売っていたものを洪水のように売りだすと、株価は急激に下落し始める。一般大衆がその意味を理解し、大敗北が明確になる前に、プールはすべての株を売って利益を手にする。そして、一般大衆は株価の暴落した株を持ったままその場に立ち尽くす。まるでローラーコースターのように株価が上下動したあとは、株価は元の水準に戻り、メンバーたちは戦利品を分けあい、家路につく。

自分たちのことを正当化しようとするプールマネジャーたちは、自分たちのことをアーティストと呼んだ。社交クラブの会員たちに見下される少数の下層階級のプールマネジャーは、アレンジといった手段を使って、自分たちが操作している銘柄をブローカーのマーケットレターに載せてもらったり、巧妙に偽の噂を流したり、新聞の記者に賄賂を贈って自分たちに都合の良いストーリーを書いてもらったりした。信用詐欺ではこれは暴力に等しい。しかし、最高の詐欺師が暴力を使うことを嫌うように、最高のプール操作者も優雅ではないやり方を嫌った。彼らにとっての媒体はテープだった。彼らはテープだけを使って一般大衆に彼らの望む影響を与えることのできる自分たちのスキルを誇りに思っていた。これはあり得ないことかもしれないが、もしこうしたテープのアーティストがローレンス教授の投機を絶賛する論文（彼はこのなかで、証券取引所にいるアメリカの知能貴族のことを書いている）を読むことがあったとしたら、アメリカの知能貴族がだれなのかははっきりと分かるため、同意してうなずくはずだ。それは彼らを意味したのは確かである。

一九二八年に行われたラジオ株に対するプールでは四日間で株価は六一ポイントも上昇した。同じ年にそのあと行われたハドソン・モーター・カー・カンパニーのマイナープールでは、一〇万五四六七・二九ドルの利益（これはプールのブローカーの送金伝票に示されており、この伝票はのちに明るみに出た）が参加者の一人の手に入った。それはチェース・ナショナル銀行の頭取のダミー会社だった。一九二九年のアナコンダ・コッパーのプールは別の大手銀行（ナショナル・シティ銀行）の頭取に莫大な利益をもたらした。同銀行は当時アナコンダの最大の出資者だった。プールの例は枚挙にいとまはない。

お金持ちで政治的権力を持つ者が秘密裏に大金を動かし、スキルを使って、貧しい中産階級やイージーマネーに引かれて市場に引き込まれた靴磨きや新聞配達といった貧困者を混乱させるのは、本当にスポーツマンシップに反することなのだろうか。これも一つのリスクなのである。だまされやすいカモも時には割り当てられた役割を果たすことを拒み、プールも失敗して損をすることもある。これには賭博の要素も含まれているのだ。プールの前例は信用詐欺だけではなかった。一九二九年のラジオ社のプールのように巨大なプールは、血統つきの馬に乗って、よく訓練された猟犬を伴い、疑うことを知らないキツネやウサギを追い詰めて殺すエレガントに着飾った社交界の大物たちを引き付けるものを持っていた。重要なのは殺すことではない。重要なのはセレモニーであり、ステータスなのである。プールのビジネスマンは身だしなみの良い騎乗者で、社会的地位は高くはないが優れたプールマネジャーは訓練された猟犬、一般大衆はもちろんウサギだ。ビジネスマンをプールに引き込むものは、その仕事の魅力、すぐに利益が得られること、戦いのスリル、獲物の叫び声……そして、特権を与えられたサークルへの入会の魅力、謎めいた企業の魅力、選ばれた人々とつながりを持てることだと観察者の一人は書いている。

繰り返すが、プールは実際には非合法なことは何一つなかった。株式操作は、コモンローでは「市場を独占する」「買い占める」「事前に買い占めて市場に出回らないようにする」といった違反行為として認識され、古代では禁じられていたが、アメリカではこういった違反行為に対する告発はもうすでに長い間行われていなかった。株式操作がコモンローの違反に相当するのかどうかについては、一九三〇年以前は無意味だった。ウォール街当局はこういった行為は認めていなかったが、それは名目上のことだけであって、簡単に緩めることができた。「仮装売買」は売買をやっているると見せかけるために自分自身と取引することであるが、これはニューヨーク州でも証券取引所の規約でも違法だった。だから、パートナーや仲間と偽りの取引を行えばよいだけのことだった。取引所ではスペシャリストがプールに参加することは禁じられていた。したがって、彼らは妻の名前でプールに参加した。これで何の問題もなかった。プールそのものは違法ではなかった。取引所の理事長は、彼のスタッフが一九二八年のアナコンダと一九二九年のラジオのプールについて調査した結果、何も違法性はなかったとのちに報告している。その年の三月にラジオの株価が大きく上下動したのが操作でなかったというのなら何だったのか、と聞かれ、ラジオは「不可解な銘柄」だったと困った様子で答えた。

ワシントンからのおとがめは？　一九二八年以前はまったくなかった。クーリッジ大統領とビジネスをこよなく愛するアンドリュー・メロン財務長官は、規制のない株式操作は経済にとって都合が良いと考えていた。経済の低迷が終わるわずかな兆しが見えたときに、著名人がビジネスに対する悲観論を少しでも出そうものなら、大統領らは自らの楽観論を繰り広げる。そして、それに反応して市場は上昇する。一度だけ、一瞬だが、クーリッジ大統領が規制が有益かもしれないことを表明する機会があった。一九二七年、ハーバード大学のウィリアム・Z・リプレー教授が『メーンストリート・アンド・ウォールストリート（Main Street and Wall Street）』という本を出版した。そのなかで彼は、プールを名指しすることはなかったものの、企業が株主を欺き、株式操作者が投資家を欺く方法がほかにもたくさんあることを詳細に取り上げた。「まず最初にやるべきことは、何か問題があるという事実に向き合うことだ」とリプレーは書いている。「物事が正しく行われていないことを私は知っている。家は崩れ落ちてはいない、断じて。しかし、壁のなかのネズミのような、あるいは木に穴を開けるキリのような奇妙な音がしている」。クーリッジ大統領はリプレーをホワイトハウスに招いて話をした。彼は教授の言うことに注意深く耳を傾け、何か間違っているという彼の言うことに時折うなずき、同意した。リプレーが話し終わると、クーリッジ大統領は葉巻を吸うのをやめて、前かがみになって聞いた。「私たちに何かできることはないだろうか」。リプレーは、現行法では大統領は無力です、と答えた。クーリッジ大統領は背をそらせて、安堵のため息をもらした。彼の心から重荷が一つ消えた。

一般大衆はダブルゼロのあるルーレットに反対しなかったように、プールに反対することもなかった。一般大衆がプールを愛したのは、それが個人的な利益をもたらしてくれると思っていたからだ。あくまでカモはほかのだれかだった。プールマネジャーの手の及ばない誠実なマーケットレターによってブローカーの顧客にインサイド情報が伝えられた――午後二時にゼネラルモーターズかラジオが「手錠をかけられて連行される」。顧客たちはそれが何を意味するのか知っていた。これを知った彼らは市場に走り、短期間に大金を儲けようと株を買った。彼らのなかには賢く冷静で自制心のある者もいて、引き金が引かれる前に売って利益を得た者もいた。一般大衆はプールの活動を伝えるニュースを心底欲しがっていた。最初は極秘に行動していたプールオペレーターは、彼らのこの渇望を利用できるのではないかと考えた。彼らとしては、プールはまだ有効だというヒントを与えるだけでよい。そうすれば彼らの仕事は半分終わったも同然だ。そしてついに、目下進行中のプールのことがスポーツイベントか何かのように新聞で報道される日がやってきた。ウォール・ストリート・ジャーナル紙は情報源は明かさずに、ラジオのプールのことを日々報じた。日々の乱高下を伝えるのに「プール」という言葉は使わなかったが、専門家にとってそれがプールであることは明らかだった。プール活動が終わった翌日の三月二一日、「ラジオの一〇〇〇万株のプール操作は終了し、引受人に五ポイントの純利益をもたらした」と伝えられた。五ポイントとは五〇〇〇万ドルを意味する。つまり、五〇〇〇万ドルが一般大衆のポケットから出ていったということである。一般大衆は、自らの手で自らの破滅を招くように、株価を操作する訓練をされていたわけである。

羊の毛を刈る人も、刈られる人も、国家の諸機関も、だれもがプールを七月四日の合衆国独立記念日と同じくらい称賛に値する行為だとみなした。彼らのやっていたことが道徳にもとる行為だと結論づけるには、主催したもの、やったもの、参加者にとって超人的な自己診断を必要としたことだろう。

クライスラー、ロックフェラー、シュワブ、民主党全国委員長、ニューヨークの大手銀行の頭取たちはイェロー・キッド・ウェイルと同類の人間なのだろうか。これは一九二八年と一九二九年の風潮を雄弁に物語るものである。

三

一九二〇年代の投機家や株式操作者が一般投資家に対して、互いに対して、そして国家経済に対して行ったことについて書かれたものは多いが、本書のテーマはその時代を背景とする人間の話なので、ここでは彼ら自身のことに焦点を当てる。

ジェシー・ローリストン・リバモアは「黒幕」とも言える人物で、一九二〇年にはすでに歴史的人物であり、株式市場のドラマの主人公でもあった。当時、まだ四〇代になっておらず、四〇歳までにはまだ何年もあったが、ホワイトブロンドの髪と赤らんだ顔をした彼は、まるで大学生のように見えた。また、話しぶりも、「イカした彼女」「委細心得ました」「子犬のように傷ついた」といった古い田舎のスラングを振りまくので、過去の時代に戻ったような感覚を与えた。彼は世紀の変わり目に農場から街に出てきて、トレードでお金を稼ぐことに才覚と情熱を見い出した典型例だった。彼が生まれた（一八七七年）ころのアメリカの哲学者は、そういった探求を一種の宗教とみなしていた。リバモアはそれを自分自身の手で成し遂げる寸前まで来ていた。彼は学校を卒業したあと、一〇代の前半で父の運営するマサチューセッツの農場を離れ、ボストンに出た。当時ボストンをはじめとする各都市では合百が盛んに行われていた。彼も合百で腕試しをしたくなったのだ。合百は、はったりだけの相場師から賭け金を集め、相場師が必ず負けるように賭け金をごまかす、いわば三流の窃盗のようなもので、国は経済的自由主義という名目で見て見ぬ振りをしていた。リバモアは声変わりもしていないまだ未熟な若者だったが、たちまちのうちに合百業者から相場師へと転身し、大成功を収めた。短期の株の動きに対する彼の判断は不思議なほど的確で、合百業者は彼に勝ち分を支払ったり、口座を引き受けるのを拒むようになった。一五歳の彼は賭けをやらせてもらうために偽名を使ったり、変装をしなければならなかった。でも、偽名や変装はすぐにばれた。彼は成功しすぎたのだ。そのため欲求不満に陥った彼は、世紀が変わる少し前にウォール街に乗り込んだ。最初は慣れない環境に少し尻込みしたものの、やがて身のほどこし方が分かってきた。彼は一九〇六年のサンフランシスコ地震の少し前に、直感的にユニオンパシフィックを空売りして初めて大儲けした。そして、一九〇七年の金融恐慌では、好機をとらえて大きく売り崩した。それは市場全体を混乱に陥れた。三〇歳のよそ者で成り上がり者は帝王モルガンの目にとまる。モルガンは彼に使者を送り、少し控えるように言い渡した。翌年、彼は綿花市場を買い占めようとして全財産を失った。そのあとの一〇年は儲けては損をするの連続だったが、戦後不況のなかで空売りして莫大な富を手にし、その名を不動のものにした。国全体に及ぶ不況で大儲けしたのはこれで三度目だった。これは人々の知るところとなり、彼は憎悪の対象となった。これには彼は当惑した。売りは買いと同じく合法な市場取引ではないのか。もしそうでないのなら、市場に存在価値はないのではないか。これは倫理的な問題なのか。もし市場システムが彼を非難した人々が公言するようなものなら、彼の言うとおりだった。

一九二〇年代のリバモアは目に見えない市場の悪魔と化していた。人々に恐れられ、妬まれ、電話は盗聴されることもあり、その名前は引き合いに出されたが、姿を現すことはほとんどなかった。市場が上昇すると、リバモアが買い占めをして乗っ取る気だという噂が広まり、新聞でも報じられた。市場が下落すると、彼がまた売り崩しているのだという噂が広まった。噂は本当のこともあり、ウソのこともあった。リバモアは胸のうちを明かすことはなかった。彼は一匹狼で、秘密裏に行動していた。一九二〇年代の初期、他人のためにプール操作を行ったこともあったが、共犯にはなりたくなかったので自分自身は加わらず、自分自身の口座での取引に専念した。一九二〇年代の後半は、彼の活動拠点は五番街の一八階にある秘密のスイートルームで、私設の電信線、多数の電話、若い事務員に最新情報を取らせていた標準的な相場表示板、瞬時の情報を提供させるための訓練された統計専門家をそろえ、まるで大きなブローカーのオフィスのようだった。ドアマンやエレベーター係は、そこにそういったオフィスがあることは口止めされ、電話会社は彼の電話番号を聞かれても、そんな番号の登録はないと言った。すべては彼の個人的な投資活動のためだった。

こうしてリバモアの伝説は広まっていったが、事実のみを信じ、お金に取り付かれたリバモアは、意図的に伝説の拡大を助長することはなかった。彼にとって伝説などどうでもよかったのだ。彼が時折話したり書いたりしたコメントでは、ウォール街には珍しい正直さで、市場をゲームと呼び、利益は経済的自由主義や個人主義といったよくある陳腐な言葉ではなく、「お金を取得すること」だとはっきり言った。彼はためらうことなく、彼の株価「操作」について話し、銘柄をテープに載せるために回転売買することで、その銘柄の「広告」をすることについても話した。株価操作は彼の法律によれば、「巧妙な不当表示」をしなければゲームのルールの範囲内にあった。彼は不当表示に関与することは絶対になかった。

悠々自適の生活を送るも、強迫観念から逃れることはできなかった。ヨットを持ち、特別な車を持ち、田舎には広い土地を持ち、愛人もいた。パームビーチやドービルやカンヌで休養を取っているときも、虫の知らせがあれば、近くの電話やブローカーに走り、休暇を切り上げてウォール街に戻ることもしばしばだった。都会的な洗練さを身につけることはなかったが、そうしようともしなかった。いかなる文化にも彼は興味はなかった。彼は「バルザックについてどう思うか」と聞かれ、「私は場外銘柄は取引しない」と答えた株式トレーダーの話をよくした。おそらくそのトレーダーは彼自身だったのだろう。彼は宗教にも興味はなかったが、一度だけ友人に挫折のことを話したとき、ニューイングランドのカルビン派の影響がまだ残っているのを垣間見せた。「私を罰したのは神の思し召しだったに違いない」。これは逆に言えば、彼が勝利したときも、神の思し召しであることを意味した。

ひたむきで無邪気な男の気を滅入らせるものは何だったのか。今にして思えば、それは障害者としての強迫観念だったのかもしれない。おそらくは、ヨーロッパ系アメリカ人のなかで実在する最大の知の巨人で、アメリカンドリームに居心地の悪いほど近づいた結果だったのではないだろうか。われわれは彼に同情を禁じえない。なぜなら、彼の亡霊はわれわれを偽善者と呼ぶために現れるが、われわれは彼を偽善者と呼ぶことはできないからだ。

いろいろな地域からいろいろな社会的背景を持った有名な投機家がゴルコンダにやってきた。自動車ビジネスやシカゴの穀物市場からやってきた西部出身者もいた。ウィリアム・C・(〝ビリー〟)・デュラントは、南北戦争時のミシガン州知事の孫で、ゼネラルモーターズの創業者だったが、その後長い間会長の座を追われ、一九二五年には株式市場で三回大儲けし、二回大損した。億万長者のフィッシャー・ブラザーズ（「ボディバイフィッシャー」という車で有名）やほかの西部出身者と彼の巨大なブルプールはおどけて「プロスペリティー・ボーイ」と呼ばれた。アーサー・W・カッテンは、穀物市場での精密で細かい運用によってアメリカに一二人いる大金持ちの一人になり、一九二五年には、中西部出身者として、ニューヨークを嫌ってはいたが、征服する新たな分野も求めてウォール街へとやってきた。しかし、最も団結力があり社会現象としても最も興味を引くグループは、東部のスラム街出身のアイルランド人グループだった。

四

彼らは、古きウォール街の貴族やプロテスタントやユダヤ人と同じように、長い間使用人階級と見られてきたが、それはもう昔のことで、今では大都市の政治家、民主党員、禁酒法への反対を高らかに唱える大物たちだった。なかでも英雄はアルフレッド・E・スミスだった。彼は宗教色を前面に打ち出した選挙運動を繰り広げ、一九二八年の大統領選に敗れた。これはカトリックに対するプロテスタントアメリカの激しい抵抗の現れだった。ウォール街のアイルランド人はモルガンやクーン・ローブのパートナーになることに興味はなく、アイルランド人であることとカトリック信仰を誇りに思い、冷笑されながらも、自分たち自身の指令所を設立し、力を結集して、地元の古い開拓者たちに抵抗した。ウォール街で彼らに開かれていた道は株式操作だった。

彼らは熱意とユーモアと活発さを持って株式操作を行った。これらは陰気なリバモアや禁酒法推進派のデュラン、鼻眼鏡をかけ、襟はつねにピシッと固く、早寝を旨としたカッテンに欠けている要素だった。彼らは、世に認められた男の持つ穏やかさと謙虚さを持って「キャリアをスタート」させた。ラジオプールの黒幕のマイク・ミーハンは、一九一七年に劇場チケットのブローカーを始め、ブロードウェーのヒット作の通路席をモルガン、リーマン、ゴールドマンサックスのパートナーや重役たちのために買いあさった。パートナーや重役たちは、丸々と太り、赤ら顔で高圧的な若者のことを嫌いではなかった。彼らの後押しのおかげでミーハンは場外取引所のブローカーになった。場外取引所で成功した彼は、数年後には証券取引所に移った。そして一〇年後には、シェリー・ネザーランド・ホテルに住み、彼の会社は取引所の会員権を八席所有し、アル・スミスやジョン・ラスコブといった民主党有力者と親しく親交し、オフィスの一番奥の部屋の壁には子牛の革で装丁されたシェークスピアが並べられていた。以前にも増して派手で傲慢になった彼は、モルガン、リーマン、ゴールドマンサックスに恐れられる人物になっていた。洋上航路でブローカーの支店を開くというアイデアを着想し、ブレーメン、ベレンガリア、リバイアタンの船上でオフィスを開業した。彼や彼の仕事仲間は時としてブル相場やベア相場でバカ騒ぎすることもあり、それは人々の注目を集めた。そして、彼らは集団で取引所に乗り込んだ。マイク・ミーハン、エスモンド・オブライアン、リチャード・オブライアン、ジョン・モイランド、J・P・マッケナの面々だ。ミーハンは愛するラジオ株を一九二八年の八五ドル四分の一の安値から会社からの配当抜きで一九二九年の五四九ドルの高値までつり上げ、その一〇年で最大かつ最も恥ずべき株価操作を成し遂げただけでなく、一般大衆の興味を株式市場に向けさせ、第二次世界大戦後の「人々の資本主義」に向けての素地を作った。

友人の間ではベンと呼ばれたバーナード・E・スミスは、世紀の変わり目のころにニューヨーク州ウエストフィフティーズの外れの貧しいアイルランド人街で育った。学校を卒業することなく、新聞配達をしたり、しばらくの間田舎を放浪したり、車を売ったりした。そうこうするうちにブローカーの事務職の仕事を手に入れ、そこでその会社の金持ちのプロテスタントの顧客と知り合った。彼らは彼のことを「ダイアモンドの原石」と見たのだ。彼は無作法で、いつも悪ふざけをしたり、冗談を言ったりしていた。晩年になってからの冗談は、彼の元支持者が極めて神聖と思っていたものをあからさまに攻撃する辛らつなものだった。小柄で肩幅が広く、青い目をしたケルト人の顔つきの彼は、戦後間もなくオフィスマネジャーとしてブローカーに戻り、上流階級を楽しませる能力によって、彼らに気に入られた。一九二六年に彼が取引所の会員権を買うときに資金援助したのが貴族出身のブローカーであるストイフェサント・フィッシュだった。彼が車のセールスマン時代に知り合ったパーシー・ロックフェラーは今では親友でプールへの参加仲間だった。スミスは一九二八年と一九二九年の大きなブルプールの多くに参加し、そのなかのいくつかは彼が運営していた。プールから大金は稼いでいたものの、彼は本質的にはブル（買い方）ではなかった。一九二六年の一時的な暴落で買って破産したことがあり、その経験が忘れられなかったからだ。現実主義というのか皮肉屋というのか、目に冷ややかさが漂うベン・スミスは清教徒で、タバコは吸わず、ビールやワインなどの酒類も飲まず、紅茶やコーヒーさえ飲まなかった。彼はクーリッジブームの喧騒の裏にある空虚さを感じ取っていた。彼を金持ちにしてくれるエンボス紙を軽蔑し、ブームの後押しをし、彼が成功への足がかりにした政治家といったお高くとまった者たちも軽蔑した。彼は知名度はそれほど高くなかったが、彼の時代がやってこようとしていた。

スミスと同じ年に生まれ、同じような環境で育ったボストンのジョセフ・パトリック・ケネディは、スミスよりも少し早く名を上げ、財産を築いた。彼はスミスよりも野心的で、多方面で活躍し、おそらくスミスよりも非情だった。スミスとは違って、彼は体制主義で、それが表に出るのも時間の問題だった。ヘイデン・ストーン・アンド・カンパニーのボストン支社での比較的控えめな仕事を離れ、一九二二年に自分の会社「ジョセフ・P・ケネディ銀行」を設立した。彼は瞬く間にアグレッシブな株式操作者として有名になり、一九二四年にはジョン・D・ハーツのシカゴを拠点とするタクシー会社のイエロー・キャブ・カンパニーの売り崩しに対する防御を依頼された。売り崩しはオーナーたちの財政状態を脅かしていた。ハーツはブルプールのための資金を調達し、ケネディはボストンから汽車に乗ってニューヨークへと入り、ウォルドルフ・アストリア・ホテルにティッカーテープ機と電話を設置し、売り崩しを鮮やかに食い止めた。彼の手際の良い操作によって株価の下落は止まり、一カ月後にはプールに全額を戻すことができた。もちろん、彼は莫大な手数料を手にした。それから数カ月後、イエローキャブの株価は再び急落した。ハーツは今回はケネディの仕業だと疑った。次に彼らが会ったとき、ハーツは勢いあまってケネディの鼻を殴るところだった。しかし、鼻を殴るところまではいかず、ケネディに対する容疑も晴れた。ケネディの伝記作家のリチャード・J・ウィーランは、「それも考えられないことではなかったはずだ」と書いている。一九二六年、ウォール街への通勤時間を短縮するために、ケネディは乳飲み子と幼児（このなかには、のちに大統領となる九歳のジョン・F・ケネディと一歳に満たないロバート・F・ケネディもいた）と妻を連れて、マンハッタンの北にあるリバーデールに移り住んだ。一九二〇年代の残りの期間、彼は映画株を専門とする大物相場師の一人として活躍した。

スミスは人生を互角に戦うためにお金を必要としたが、ケネディにとってお金はあるのが当然で、彼は権力を目指した。スキルと非情さはさておき、彼には社会的適応能力という最大の武器があった。ウィーランによると、高い社会的適応能力によって、彼はミーハンやスミスと親しいだけでなく、ウォール街の貴族であるジェレミア・ミルバンクやゼネラル・エレクトリックのオーウェン・D・ヤングのような気位の高い会社重役とも親しかった。彼らのことを警官や消防士、下っ端政治家、バーテンダー程度にしか見ない冷たいウォール街で、彼は自分たちの居場所を見つけ、やる気に満ち、頭の回転の速い粗雑なアイルランド人にはない特徴を彼は持っていた。しかし、ケネディにも限界があった。一九二九年の初めには、彼は金持ちで、権力があり、ウォール街でもよく知られ、激しいプール操作に加わらないことで賢明な保守主義者として名を馳せていた。ある日、ウォール街二三番地をふらっと訪れ、J・P・モルガンに会いたいと頼んだ。これは、彼が以前から計画していたことだった。彼は計算高く、軽蔑されることは好まない男だった。彼の影響力からして、モルガンは自分に会いたがっているはずだと信じて疑わなかった。もし彼が会ってくれなければ、そういった偉大な人物を鼻であしらうことはもはやできないことになる。今回だけは彼の計算違いだった。モルガンは、忙しくて会えない、と手短に言った。

五

ウォール街のムードは変わりつつあった。良家の出で立派な教育を受けたニック・キャラウェイのような若者は当然のことながらウォール街にやってきて、ウォール街、そして連邦政府の政治家になりたいと思うのが常だったが、今ではそうではなくなっていた。彼らは社会的階級の低い相場師による殺戮によって崩壊したのではない。彼らは、楽に成功を成し遂げたことで、ビジネスライフにおいて予想外の従順性が求められたことで、そして努力が求められるものをいかに簡単に成し遂げることができるかということが分かったことによって変わったのである。

彼らの態度も変わった。彼らは建国の父の時代のゼネラリストとアマチュアを重んじる古い国家的伝統の下で育った。彼らは社交の場ではビジネスの話はしなかった。特に女性とはビジネスの話をすることはなかった。しかし、今や女性たちがビジネスの話をする時代になった。彼女たちは常に株式市場の話をしていた。国の道徳的概念が変わり、セックスが彼らの新たな会話のタネになった一九二〇年代の初めは、セックスは彼らの好みの話題だったが、今やセックスの話題を持ち出そうものなら退屈な人物と思われるようになった。社会の変化によって別の新たなそして同じくらい魅力的な話題に人々は夢中になった。株式市場の話はもはや男性だけの話題ではなくなった。今やその数が何十万とも言われる女性投機家たちが男性のいないところでテープを見たり、議論できるように、ブローカーは男女で別の部屋を用意した。かつて女性は常習的なギャンブラーだと非難されたが、今や女性ギャンブラーは社会的束縛から解放され、行動だけでなく言葉も、株におおっぴらに情熱を燃やすことができるようになった。ウォール街の若いガラハッド（中世イギリスのアーサー王伝説に出てくる円卓の騎士の一人）たちは彼女らに助言し、賭けを引き受けた。すべての女性がラジオやスティールやアナコンダについて話したがっているのに、ディナーの席で上品ぶった話題をどうして持ちだすことができるだろうか。そんなことをする必要はなかった。若いブローカーがいつも後ろめたい仕事の話だと思ってきたものが、いきなりファッショナブルな社交の場での会話になったのである。

場末の居酒屋から高級サロンに至るまで、あらゆるところで株式の話に花が咲いた。新たにニューヨークに赴任してきた洞察力の鋭いイギリス人特派員がのちに次のように書いている――「禁酒法の話をしていても、ヘミングウェイの話をしていても、あるいはエアコンや音楽や馬の話をしていても、最後には株式市場の話になる。真剣に話し出すのは株式市場の話になってからだ」。アメリカの社交の場での会話においては、博識のアマチュアの伝統は一時的にすたれた。

仕事の話よりも最悪だったのは、若いウォールストリーターたちが自分たちは絶対に間違わないという思い込みが強まったことだった。一人の男の例を見てみよう。彼をリーズと呼ぶことにしよう。ニューイングランドの牧師の末裔で、牧師館で育った彼は、ハーバード大学を卒業して空軍での兵役を終えたあと、ブローカーになった。彼は物腰が低く、偏見がなく、愛想の良い人物だった。彼はすぐにブローカーとして頭角を現し始めた。彼の叔母とハーバードの友人たちは彼にお金を委託した。最初は慎重だったが、市場が上昇するにつれて大金を任せるようになった。彼らにとって、彼は新進気鋭の金融の天才のように思えた。一〇年たって市場にブームが訪れると、彼の儲けはどんどん増えていったが、すべては顧客のための儲けだった。手数料を受け取らないというわけではなく、したがって彼もお金持ちになったが、育ちが良く実直な彼のやり方は、冷静な判断はまずは顧客に提供するというものだった。逆をやるブローカーももちろんいた。しかし、これが彼のやり方だった。このことについて聞かれると、彼はおどけて、自分では飲まないバーテンダーが好きなんだ、と言った。彼の良心は遺伝的なもので、それは人々を安心させただけでなく、満足もさせた。行動規範を守ることでビジネスは彼にとってだんだん社会奉仕のようなものになっていった。他人のための儲けが増えていくにつれ、自分の天賦の才をますます信じるようになり、彼らに自分の才能を分け与えることを尊大に考えるようになった。

ほかのブローカーも顧客のためにたくさん儲けていたし、ブローカーが大金を儲けないのがおかしいような期間が長く続いたが、株で成功していた人は、例えプロでも、これは彼らのたぐいまれな洞察力によってもたらされたたぐいまれな経験だと自分に言い聞かせた。それからリーズの友人や顧客は、彼の紳士的な物腰の低さが少しずつ傲慢さへと変わっていくのに気づくようになった。彼らを上から目線で見つめる彼のまなざし、酒を飲みすぎたときには誇大妄想癖のならず者へと早変わりする。株式市場が熱狂を帯びた時代、彼は自分のことを高僧だと思うようになった。それから徐々に、彼の性格は変わっていった。自分には甘く、品行不良で、自制心を失っていった。もはや今までの彼ではなくなっていた。彼らは「悪魔が突然この地にやってきた。この地は餌食になるだろう」と言おうとしたのかもしれないが、彼らが本当に言おうとしたのは「財を成せば、人間は腐敗する」という言葉だった。

しかし、市場に参加しても、富とは無縁な人もいた。ブームの陰には語られることのない悲劇があった。他人は金持ちなっていくのに、自分は金持ちにはなれない者の落胆、後悔、自己批判、苦しみ。私たちが忘れがちなのは、陶酔感と自信過剰には必ず逆の面もあるということである。一人の買い手がいれば、一人の売り手がいる。買って利益の出る者がいれば、売って損をする者がいる。多くの人は持っている株の価格よりも、自分たちが最近売った株の価格を念入りに見る。こうして、人々は現実よりも幻想にのめりこみ、将来の計画よりも過去の行動を正当化することに腐心する。これが人間というものだ。一九二六年や一九二八年、あるいは一九二九年に市場から逃げ出した者たちは新聞の金融ページを開くたびに、慎重になりすぎたために富が指の間からこぼれ落ちていくのを見て自分たちを呪った。

彼らの短気な性質はその土地のブルース・バートンやジョン・J・ラスコブがどんなに言い聞かせても弱まることはなかった。その土地のブルース・バートンやジョン・J・ラスコブはラジオや雑誌や本で、株を売ること、つまり「アメリカを空売りする」ことは愚かなことであり、紛れもなく非国民的行為であり、キリスト教の精神に反することだと言い続けた（キリストを「最初のビジネスマン」として描き、「史上空前の最もパワフルな広告」という例え話を使ったブルース・バートンの『誰も知らない男――なぜイエスは世界一有名になったか』［日本経済新聞社］はクーリッジの時代のベストセラーになった）。機会を逃した者たちのかもし出すひねくれた雰囲気は、推進派たちの激しい非難だけでなく、当時のアメリカの雰囲気を誘発する一因となった。不動産と不動産売買手続き処理を扱っていた賢い弁護士のバーニー・ウィンケルマンは、「損失を受け入れ、利益は礼儀正しく素早く頂戴し、金融ゲームを感情抜きでプレーできる者は少ない。一般大衆はそういった判断には向いていない……後悔と自責に駆られるだけだ。証券や不動産を高値以下で売れば、残りの人生は後悔して過ごさなければならない」と言った。好景気の敗者たちのなかには、リスクはとらず、自分たちが正しかったことを証明し、他人をうらやむことに終止符を打たせてくれる暴落をただ祈って待つだけの者もたくさんいた。当時は二つの対照的な雰囲気が時代を覆っていた。

一九二九年に彼がアメリカ大陸にやってきたときのアメリカの印象を総括するに当たり、クロード・コックバーンはアメリカが過度な物質主義であったことを否定している。この奇怪な場所には「悲劇的で、高貴」とさえ感じさせる何かがあると彼は感じていた。「古いアメリカンドリームが瞬間的に上演されているように感じた……アメリカ人の株式市場ブームに対する態度が何かを証明するとすれば、彼らは奇跡を信じていたということになる……つまり、賢明に努力すれば、素晴らしいことが起こることを信じていたということである」。しかし、その数年前、また別の高名なイギリス人のジョン・メイナード・ケインズは、特にアメリカ人のことに特化して言ったわけではないが、過度な投機の時代、責任感の強い尊敬すべき人々に起こったことを、もっと陰鬱な言葉で次のように書いている。

財産の激しい増減のなかで、ビジネスマンは保守的な直感を失い、少ないけれども永遠に得られる通常のビジネスの利益よりも、瞬間的に得られる大きな利益のことに気持ちが動いていった。会社の比較的遠い将来の繁栄は以前ほど重要ではなくなり、素早く財をなすことに胸が高鳴った。過度の利益は思いがけないもので、彼にそんな意図があったわけではないが、一度そんな利益を手にすると、それを簡単に手放したりはしない……そんな衝動に駆られて、彼は抑圧された不安から逃れることができなくなる。彼は社会においても、経済においても、自分は役に立ち必要とされているという自信を失う……最も尊敬され、称賛に値し、必要とされていた彼は……今では暴利をむさぼる人間と化し、半ばうしろめたい気持ちを感じている。

一九二八年と一九二九年のウォール街では、半ばうしろめたい気持ちは、社会的地位の高い人々の間にまで広がっていた。

第5章　すべてが崩壊する

一

金融の大物たちの公開討論会は大西洋を横断する船上のインタビューという形で行われていた。当時、ビジネスを兼ねたヨーロッパへの夏の旅はウォール街の上層階級では必需品だった。大西洋横断の空路がなかった時代、遠洋定期船がその唯一の手段だった。権力者たちの名前が船の乗客名簿に載るのは、彼らの居場所を一般に公開される前に知る所定の方法で、記者たちは名簿をいつでも手に入れることができた。毎年六月、七月と夏が進んでいくにつれて街は徐々に大釜のように暑くなり、レイバーデーのあとまで蒸し暑さは断続的に続いた。ノースリバーの桟橋には別れを惜しむ人々の声が響き渡った。新聞記者たちは、乗客名簿からモルガンのパートナーや証券取引所の役員、あるいは有名なプールオペレーターたちの名前を選抜し、出発時間の少し前にノートと鉛筆をもってデッキに上がった。

権力者たちは自分たちが望めばインタビューを断ることもできたし、特別室に隠れることもできた。しかし、彼らはインタビューを断ることはなかった。それどころか、彼らは時として出発時や到着時に公式声明をすることもあった。マスコミはそれを「めったにない」機会と呼んだ。彼らが船に乗っていることは一般の知るところだったため、彼らは民主的な礼儀作法として拒むことができないインタビューに無理やり答えていることをアピールする機会を得ることができた。実際には彼らは発表する声明を万端に準備して船に乗り込むことが多かったのだが……。それは彼らに寡黙さと、会うことの難しさ、そして威厳と謎という金融界の伝統を維持しながら、外部に対して言いたいことをしゃべる機会を与えてくれた。

毎年、初夏と初秋には、新聞は「通常はなかなか話が聞けない」大富豪からの「めったにない」公式表明でいっぱいだった。時には市場はこうした公式表明によって大きく上下動することもあった。大きな遠洋定期便にはアメリカ財界の要人たちが列をなすようになった。権力者たちはヨーロッパへと向かい、市場は彼らの軽快な言葉に反応し、「行ってらっしゃい、良い旅を！」と叫んだ。彼らがサウサンプトンやルアーブルに上陸すると、市場は「ブラボー！」と叫んだ。彼らを乗せた風格のある客船が再びニューヨークに近づくと、「歓迎の拍手喝さいが取引所のフロアから上がった」とウィンケルマンは書いている。

一九二六年七月三一日、日曜日の真夜中近く、朝早くの出発に備えて睡眠を取るために真夜中少し前に客船「オリンピック」に乗船したモルガンのパートナーであるトーマス・コクランは、船上でニュース記者のインタビューに応じた。翌日の月曜日の正午を少し回ったころ、ダウ・ジョーンズの金融ニューズティッカーは、ウォール街の銀行やブローカー、そして国中にその結果を伝えた。コクランは、「ゼネラルモーターズの今の価格は安すぎる。一〇〇ポイントは高く売れるはずで、きっとそうなるだろう」と言ったと伝えられた。

ダウ・ジョーンズの購読者の多くは目をこすって、テープを見直したに違いない。ピアポント・モルガンは、市場はどうなるのか、と一度記者に聞かれたとき、「上下動するだろう」と曖昧に答えた。時代は明らかに変わった。ブローカーのしつこい電話セールスマンのように、明らかに将来的な価格予測と思われるものに基づいて特定の株を勧めたのはウォール街二三番地の帝王だった。これは驚くに値するものだった。ニューヨーク・タイムズがのちに語ったところによれば、「こんな話はウォール街ではいまだかつて聞いたことがなかった」。ゼネラルモーターズのインサイダーとして知られていたコクランは、この会社と準信認関係にあった。J・P・モルガン・アンド・カンパニーはゼネラルモーターズの銀行で、この会社の株を大量に保有しており、モルガンのパートナーのなかにはゼネラルモーターズの重役もいた。つい先ごろ、ゼネラルモーターズの取締役会が開かれた。モルガンのパートナーは互いに連絡を取り合うことを習慣としていたため、コクランは会議でどういうことが話し合われたかを知っていたと考えるのが自然だ。彼はモルガンサークルにいたわけではないが、彼の言葉はいわゆる情報供給装置から繰り出される情報だった。

数分もしないうちに、取引所のブローカーとトレーダーの半数以上がゼネラルモーターズが取引されているポストに集まってきた。その日が終了するまでに、二五万株以上が取引され、株価は一八九ドル二分の一から二〇一ドルに上昇した。翌日もほぼ同じだった。GMの買いにあまりに注目が集まったため、ほかの上場銘柄も、フロアのほかの取引ポストも、見向きもされなかった。それからGMの株価はさらに一二ポイント二分の一以上も上昇した。水曜日、一〇〇〇マイル離れた洋上にいたがその大騒ぎについて十分な情報を得ていたコクランは、一般に公表されることを見込んで無線電報を送った。そのなかで彼はインタビューの一部を否定した。私には、将来の株価を予測するような発言は「認められていない」と彼は言った。ウォール街に何が起こったのかを予測することは簡単だった。船上の記者が、モルガンのパートナーが王や大統領と共有してきた古くからのルール――特別な許可がないかぎり彼らの言葉は直接的には引用しない――を破ったのだ。洋上からのメッセージによってコクランはパートナーの前では何とか面目を保ったが、彼や彼の会社の行動に対する違和感が消えることはなかった。彼の権限はともかくとして、彼は彼のパートナーの許可を得て、彼らが利害関係を持つ銘柄を露骨に売り込んだという事実は残った。

翌日もGMは上昇を続けた。ウォール・ストリート・ジャーナルはコクランの率直さを褒め、会社のインサイダーがインサイド情報を秘密にするのではなく一般大衆と共有したのは、公共心にあふれている証拠であると報じた。しかし、これは大それた異説にすぎなかった。コクランは秘密を暴露することはなかったが、仮に彼が秘密を暴露したとしても、その「暴露」は単なる気まぐれで、私腹を肥やすための操作にすぎなかった。企業にとって好ましいニュースの正式な開示は企業の声明という形で行われ、一人のインサイダーのインタビューという形では行われない。その情報がデマではなかったことはすぐに明らかになった――八月一二日、ゼネラルモーターズが五〇％の株式配当（これは株主にとっては六億ドルの利益に相当する）を発表したとき、株価はすぐに高値を更新した。したがって、コクランの言葉に従って買った人は大金を手に入れたわけである。それはともすれば、彼のようなインサイダーの懐に転がりこんだお金だ。この点では、彼の行為は公共の利益に供したと言えよう。しかし、もっと重大なことが起こっていた。Ｊ・Ｐ・モルガン・アンド・カンパニーが高みから引きずり降ろされたのである。記者の無学、あるいは悪意によって、おそらくは一度だけ、完全にではなくほんのわずかだけ首位の座から落ちたのである。これはますます盛んになる投機ブームの誇大広告と無責任な倫理観を助長するのに一役買った。

すべてが解体し、中心は自らを保つことができず、
まったくの無秩序が解き放たれて世界を襲う。

二

一九二七年、すべての解体はまだ表面化していなかった。それどころか、大ブームは本格的に動き出していた。コクランのインタビューから一年後、ダウ・ジョーンズ工業株平均はインタビューのころの半値になった。その年の五月、チャールズ・リンドバーグがニューヨーク・パリ間を飛び、大西洋単独無着陸飛行に初めて成功したため、航空株に注目が集まった。しかし、それよりもそれは人生の無限の可能性、特にアメリカにおける人生に対する人々の自信を高めたことで精神的な助けになった。アメリカにもどの国にも株式市場のようなものがなかったとしたらどうなっていただろう。今やアメリカにもどの国にも株式市場はある。ブームも希望と幻想ではなかった。その年の終わりにかけて若干の景気後退はあったものの、どのビジネスも好調で、株式市場をしっかりと支えていた。クーリッジ景気と言われてすでに久しく、新しい精神を言葉に吹きこむのにクーリッジ大統領ほどの適任者はいるだろうか。一九二七年一一月一七日、クーリッジ大統領はアメリカは「新しい繁栄の時代に入ろうとしている」と言った。こうして、新時代の幕が開いた。これは永遠の繁栄の時代を意味した。好景気と不況の古いサイクルは終わり、富とアメリカ人の貯金は安定成長し、株価は上昇し続ける……そんな時代が始まったのである。

心配の種は一つしかなかった。それは、株式市場の富を共有しようという人々が増えるにつれて、そのために借入金が増えることだった。彼らはブローカーからお金を借りた。人々は借りたお金で信用取引をするようになった。買った株式の価値の一〇％や二〇％という低い委託証拠金で売買できることもあった。残りは借入金になる。一方、ブローカーは銀行からお金を借りた。いわゆるコールマネーである。これは長年にわたって標準的な慣行になっていた。しかし、ここに来て、銀行のブローカーに対する貸し付けは突然異様なほどに増加し始め、過去最高を記録し、ウォール街の与信構造は不安定化し始めた。そういった不確実性も予測されて久しかったため、それをコントロールする手段はあった。貸し付けに対する基準金利を設定し、銀行支払準備金を調整することで信用規制を行うのである。そのために議会が一九一三年に、政治からも大統領からも独立した金融の安定化を図るために設立していたのが国の中央銀行、ＦＲＢ（連邦準備制度理事会）であった。

一九二七年、経済的規制を行うＦＲＢは基準金利（公定歩合）を上げ、銀行支払準備金を減らすことで株式市場の信用の増大を規制しようとしたのかもしれないが、実際には逆のことを行った。七月二七日に行われた有名な――悪名高いというべきか――会議で、ＦＲＢの役員はお金儲けを簡単にして、もっとがむしゃらに借りられるようにすることを決めた。これは暴動時に警官が通りで人々に銃を渡すようなものだ。これによって、その後不幸な出来事が続き、この決定はその後長い間非難を浴びた。これを説明するに当たっては、ＦＲＢの政策と行動に大きな影響を及ぼしたたぐいまれな男のことを知る必要がある。彼は一九二〇年代のウォール街における哲人王と呼ばれた。

彼の名前はベンジャミン・ストロングである。彼はニューヨーク連邦準備銀行の初代総裁で、おそらくはFRBに最も貢献した中央銀行家だろう。背が高く、ハンサムで、鼻は大きく、冷酷な目をしていた。つまり、モルガンのパートナータイプだ。隠された悲しみと健康障害に苦しみ、徹底した自主独立型の男だった。彼は一八七二年、ハドソン北部の小さな町で生まれた。アメリカ人の商人・貿易商の家系だったが、裕福ではなかった。プリンストン大学に行きたかったが、あきらめて一六歳のときにウォール街で働き始めた。一八九八年に結婚し、四人の子供をもうけ、その時代モルガンのパートナーのベッドタウンだった郊外のイングルウッドに家族ともども移り住んだ。そこでヘンリー・デービソン、トーマス・ラモント、のちにはドワイト・モローに出会った。やがてモルガンのパートナーになる。これが彼の人生を変えた。一九〇〇年、彼よりも五歳年上のデービソンが院長を務めるイングルウッド病院の財務部長に抜擢された。一九〇四年にはデービソンの秘書になり、一九〇九年にはバンカーズ・トラスト社の副頭取になった。どのポストも彼の前任者はトーマス・ラモントだった。彼が出世街道へと続く道を一直線に突き進んでいるのは明らかだった。しかし、一九一三年にFRBが設立され（主として一九〇七年の大恐慌を受けてのこと）、設立者のうち二人のトップの銀行家だったデービソンとクーン・ローブ商会のポール・M・ウォーバーグは、デービソンの弟子であるストロングをニューヨーク連邦準備銀行の初代総裁に選任した（驚くほどのことではないが興味深かったのは、経済にはある程度の規制が必要であることがはっきりしたとき、モルガンとクーン・ローブ商会が彼を総裁に任命したいと思ったことだ）。ストロングは最初は辞退した。議会には承認されたものの、彼はデービソンやウォーバーグとともに、ワシントンの理事会によって監督される地方銀行からなる中央銀行の設立には反対だったからだ。ほとんどのウォール街関係者同様、彼はそういった組織ではいかなる免責条項があったとしても必ず政治の影響を受けることになると感じ、イングランド銀行の例に倣って、ニューヨークに中央銀行を一つだけ設立することを提案した。しかし、デービソンとウォーバーグの説得に負けて、結局、彼が折れることになった。一九一四年、彼はニューヨーク連邦準備銀行の総裁の職を引き受けた。

彼は幸せではなく、いつも落ち着かなかったが、その傾向はますます強まっていった。一九〇五年、彼の最初の妻が自殺していた（デービソンはストロングの子供たちを自分の家で預かった）。そして一九一六年、彼の二番目の妻が彼の元を去った。同じ年、結核にかかった。その時代には肺結核のことを描いたトーマス・マンの『魔の山』が出版された。彼は最初に肺をやられ、のちには喉頭もやられた。この病気によって一二年間のうち彼の輝かしい時代の三分の一に当たる期間、仕事から遠ざかった。しかし、彼の思考能力は衰えることはなかった。精神的、肉体的逆境が彼を仕事に駆りたて、ますますハードに働くようになった。サナトリウムにいるときも、休暇のときも、彼は銀行の同僚に絶えず連絡メモを持ってくるように要求した。やがてそれは命令になった。彼は中央銀行に命を賭けていた。ほかには何もなかったからだ。

特に彼が鉄の意志で取り組んだ仕事は、ニューヨーク連邦準備銀行を本来あるべき姿、つまりFRBのなかで最も重要な働きを担う機関にすることだったが、議会はそれを拒んだ。

彼が成功を収めたのは、ニューヨーク連邦準備銀行が国のマネーセンターのなかで物理的に便利な存在であったこと（主要な中央銀行すべてを合わせた性質を持つ）、彼の性格の強さ、FRBの初期の理事であるワシントンのライバルのほとんどが被指名者として不適格であったことなどがその要因として挙げられる。例えば、一九二七年当時の理事長は、銀行業務の経歴を持たないオハイオ州マリオンの元ウォーレン・G・ハーディングの取り巻きの一人だった。そのころにはストロングはギリシャ劇やシェークスピア劇に出てくるような人物になっていた。病状が進み、デスクに現れることはなかったが、銀行家や主導者として権力のトップの座にいた。病床にはあったが実質的にFRBの絶対君主だったのである。「FRB」は「ベン・ストロング」を意味した。FRBは彼の指図なしには動かなかった。今や彼の情熱はヨーロッパの復興に向けられていた。そのためには、アメリカの金融政策を変える必要があった。その背景には、イングランド銀行頭取のモンタギュー・ノーマンとの深い友情があった。

理由はよく分からないが、戦後初期、ストロングの関心は国際金融協力へと向いていた。それは国際連盟が行っていた無意味な官僚主義ではなく、良い食事とワインをたしなみながら、中央銀行理事の国際的な秘密の小集団の間で行われる、秘密裏の高圧的なものだった。ストロングが尊敬していたモルガンのパートナー同様、イギリス崇拝者の彼は、一九二五年にイギリスを旧平価の一ポンド＝四・八六ドルで金本位制に復帰させるという決断を行った。これは経済の現実を反映したものではなく、明らかにイギリスの輝かしい過去というノスタルジアに基づく過剰評価だった。これはＦＲＢからイギリスへの二億ドルの貸し付けとモルガン家からの一億ドルの貸し付けなしには実現するものではなかった。これはいずれもストロングが手配した。しかし、一九二七年、彼は国内で圧力をかけられていることに気づく。ハーバート・フーバー商務長官が密かに擁護するワシントン派が公定歩合を上げることと、株式操作を抑制するための金融政策を推し進めてきたのだ。そういった政策はストロングのヨーロッパの中央銀行の友人にとっては忌まわしいものだろう、特にノーマンにとっては。彼はヨーロッパの金が新世界のゴルコンダに流出し続けるのを阻止するためにアメリカの金利を下げることを要請しようとニューヨークにやってきた。それによって無防備なポンドを守ろうとしたのである。アメリカ当局者たちはこの提案に賛成する者もいたし反対する者もいた。彼らにはほかの動機があった。一九二七年の夏、舞台裏で盛んに議論されたこの問題について意見は分かれた。用心深いエンジニアのフーバーは規制を推奨した。ＦＲＢにプレッシャーをかけるようにフーバーにせきたてられたクーリッジは、ＦＲＢは行政から法的に独立していることを受けて、アクションを取らないという法的正当化を図った。ビジネスが大好きな財務省のボスのメロンは、ビジネスの継続的な拡大に対する資金提供をするため、低金利政策を支持した。カーター・グラスと少数の上院議員は、ＦＲＢの政策はありとあらゆる信用をウォール街に導き、もがき苦しむ農民をさらに困窮させていると厳しく非難した。

ストロングは彼らの意見など意に介さなかった。彼は新時代の人間ではなく、クーリッジやメロンの意見を安易に承認するような男でもなかった。彼には心に決めた考えがあった――アメリカは金利を下げて、ヨーロッパからの金の流出を止めなければならない。一つには、アメリカでのインフレを防ぐこと、二つにはヨーロッパの経済を救うことが目的だった。彼のなかでは後者のほうが重要だった。ほかの中央銀行家と同じように、ストロングは経済国粋主義者で、利害が衝突したときには自国を最優先した。しかし、アメリカの利害とは何なのかがあいまいだった。したがって、彼のイギリスとノーマンとのつながりが彼の心を支配した。春の間、ストロングはノースカロライナで病後療養していた。その間、FRBの政策は揺れ動いた。夏になると、ストロングは回復して仕事に復帰し、FRBは動き出した。八月、各地の連邦準備銀行のほとんどは公定歩合を突然四%から三・五%に下げた。悲嘆にくれるヨーロッパの憂いなど無頓着なカンザスシティー連邦準備銀行の理事長は驚いた質問者に、なぜ金利を下げたのかと聞かれ、「ベン・ストロングに言われたからです」と答えた。シカゴ連邦準備銀行は驚きのあまり、直接的に命じられないかぎり、FRBの要望に応じる必要はないという権限を利用して、公定歩合を下げることを拒んだ。九月初旬、ストロングの命令で、すべての前例を無視して、FRBはシカゴ連邦準備銀行に公定歩合を下げるよう命令を下したため、シカゴ連邦準備銀行はおとなしく従わざるを得なかった。ストロングは勝利したものの、内部不和が生じた。

理事会の投票結果は四対三だった。これは、ストロングの支配が終わりつつあることを示していた。しかし、依然として支配者はストロングだった。こうしてストロングは偉業を成し遂げた。

後日談はよく知られている。市場はうなりをあげて上昇し、信用はこれまでになく速いスピードで拡大していった。一九二八年の一月初旬、一九二七年の一年間でブローカーから投機家への貸付額は三二億九〇〇〇万ドルから四四億三〇〇〇万ドルに増加したと発表された。一年でこれだけ増加した年はこれまでになく、クーリッジは、否定的なコメントを出さなければならないほどの増加とは思っていないとコメントした。これにはウォール街もあぜんとした。その年の三月、プール操作は最高潮に達した。同じ月、ニューヨーク市におけるキャデラックの売り上げが過去最高を記録した。三月二七日、証券取引所における売買高も史上最高を記録した。四月と五月も同じような状態が続いた。五月中旬、取引所の日々の出来高は非常に多く、ウォール街のオフィスの明かりは真夜中まで消えることはなかった。ウォール街に最も近いブルックリンハイツのセントジョージ・ホテルでは毎晩遅くに飛び入りの客がたくさん押し寄せた。仕事で遅くなって家に帰れない金融地区で働く者たちが宿泊せざるを得なかったからだ。取引所の医者は、絶えずオーバーワークの状態にあるにもかかわらず、最近、精神衰弱にかかった人は一人もいなかったと報告した。「お金が儲かっているときには、病気になんてならないものさ」と彼は皮肉っぽく言った。

ストロングは病気が再発し、友人のノーマンに付き添われて再びロンドンにいた。ＦＲＢへの彼の支配はついに終わりを迎えようとしていた。前年の政策は目的を達したことに彼は満足していた。ポンドとヨーロッパの経済は一時的に強まった。しかし、ウォール街からのニュースを読んで彼は自問自答した。これには相当のコストがかかった。これから先はどうなるのだろうか。

三

ウォール街のブル相場は（昨日）崩壊し、その崩壊の音は世界中に響き渡った……取引所では二三ポイント二分の一の下落、店頭取引株は一五〇ポイントも下落した……それは嵐のような一日だった。一般大衆はどんな価格でも売ろうとした。個人の損失額は相当額に上った。小口のトレーダーたちはことごとく駆逐された……。

国中で売られていた。取引所にはニューヨークのブローカーだけでなく、全国津々浦々のブローカーから売り注文が殺到した。

こう報じたのは厳格なニューヨーク・タイムズで、報じた日は一九二八年（繰り返すが、一九二八年だ）六月一三日だった。この大暴落が何かのイベントに対する反応だとすれば、それは共和党大会でブームを支持したクーリッジ大統領が次期大統領戦には出馬しないと言明したことだった。しかし、大暴落の原因がこれでないとすれば、原因はおそらくはほかにあった。市場が大暴落を引き起こすのに必要なものは理由ではなく、言い訳だった。

大暴落は一時的なものだった。わずか数日で市場は上昇し、六月一二日の損失はすべて取り戻した。そして、市場はこれまでにないスピードで新高値を更新した。八月にはダウ・ジョーンズ工業株平均は六月の安値を二〇％上回り、一一月には五〇％も上回った。

つまり、ブームのエンジンが少し咳をしたあと、再び爽快なエンジン音を上げて走りだしたというわけである。問題は、その咳が何かを意味するものだったのかということである。大した意味もなく偶然起こったものとして忘れてもいいのか、あるいはマシンを止めて点検に出したほうがいいのか。これについては国中で、そしてウォール街でも意見が分かれたが、今にして思えば、どちらが賢明で予知能力があり（ラッキー）、どちらが勘違いしていたか（アンラッキー）ははっきりしている。

一九二八年の初めに戻ろう。一部の上院議員たちがブローカーの貸し付けと株式操作が増大していることに対して、激しい非難の声を上げた。彼らは農地改革者やポピュリストで、アメリカでの生活に慣れ親しんだ人々だった。ウォール街のサメたちが国のマネーサプライを吸収し、真の生産者、つまり農業従事者たちから富を奪っていると彼らは非難した。彼らのほとんどが昔のフロンティアである中西部の農業州の出だったことは驚くには当たらない。アイダホのボーラ、アイオワのブルックハート、カンザスのカッパー、ウィスコンシンのラ・フォレット、テキサスのメイフィールド、オクラホマのパイン。これらの州の支配的な考え方は初期のアメリカの考え方そのもので、日の出とともに一日が始まり、日の入りとともに一日が終わる。禁酒法と頑固なプロテスタント主義が支配し、東海岸、特にニューヨーク市と言えば、無法なサロンと外国流のやり方、そして放蕩な株式ギャンブルがはびこる街とみなされた。ある解説者が書いているように、「東海岸の裕福で文化的で保守的なコミュニティーと、貧困にあえぎ、無教養で、過激な内部のパイオニアコミュニティーの間の闘争は、対立する利害と道徳的および知的嫌悪感の上に成り立っていた」。彼はさらに、「農業コミュニティーのプロテスタントたちは、正直者が額に汗してようやく手にできる生活を、『何もせずに』左うちわで手にしている男や女がいる光景を見てあぜんとした」と書いている。これは単純化のしすぎで、まるで風刺画そのものだ。初期のころのニューイングランドのプロテスタントの農民は慢性的なギャンブラーで、独立戦争の資金調達を宝くじで支援した。さらに、一九二〇年代の株式投機家の多くは保守的な文化人ではなく、東海岸出身者でもなかった。一九二八年二月と三月の上院銀行通貨委員会のブローカーの貸出金に関する聴聞会では、証人たちは次々と財閥の株式操作とそれが農民たちに及ぼした被害を非難したが、この聴聞会で一般大衆は二極分化した。そのとき以来、東は株式ブームの促進派と考えられるようになり、西は株式ブームを恐れ、疑問視し、不快に思っていると考えられるようになった。クーリッジ、メロン、そしてその仲間たちの思惑をよそに、一九二八年から国は市場について一枚岩ではなくなった。数年後に発生する市場に対する悪意はどこからともなく現れた。

「裕福で、文化的で、保守的な」東、つまりウォール街でも意見は真っ二つに分かれた。証券取引所は違った。取引所の当事者たちは投機を擁護する方向で考えは一致した。投機は結局は取引所の主要な活動であり、大いなる繁栄の源だったからである。しかし、巨大なモルガンやクーン・ローブ商会といった大手投資銀行では意見は二分した。モルガンのトーマス・ラモントは新時代の男で、市場が不健全だという考え方を一蹴したが、ラッセル・レフィングウェルは懐疑的だった。また、クーン・ローブ商会のオットー・カーンはブームを支持し、彼自身大金を投じていた。彼と親交のあったポール・ウォーバーグは一九二八年から一九二九年にかけて、投機を抑制しなければ市場は崩壊すると何度も予言し、カサンドラ（凶事の予言者）と呼ばれた。

ＦＲＢでの意見も二分していた。言うことを聞かないシカゴ連邦準備銀行を厳しく取り締まる件について、投票が四対三で僅差だったことが最初の兆候だった。一九二八年、政治的プレッシャーをかけられ、ストロングの衰退によって駆動力を失ったＦＲＢは金融緩和政策を徐々に転換させていった。まず公定歩合を三・五％から五％に上げ、それと同時に、政府証券をかつてないほどの規模で売ることで融資のための銀行支払準備金を減らした。その年の初め、ＦＲＢは六億一六〇〇万ドル相当の政府証券を擁していた。そのほとんどは一九二七年のストロングの拡大政策によって買ったものだった。それから一年ちょっとたった一九二九年の初期、大量に売ることで政府証券保有率は一億五〇〇〇万ドルを下回るまでに減少した。ロンドンにいたストロングはこの決定には参加しなかったが、この政策には好意を示し、それを容認した。その年の5月に送った有名な書簡の一つでは、五％の公定歩合を推奨したと記録されている。ストロングは前年は間違っていたので、修正したいと思ったのだろうか。あるいは、ポンド、フラン、マルクは安全という条件そのものが逆転し、最終的には一番の関心事は株式操作だけになったのだろうか。あるいは、あまりに具合が悪く疲れ果てて、もう戦う気力がなかったのだろうか。私たちには知る由もない。彼からの説明もなかった。

ＦＲＢの新たな政策の効果が感じられ始めたのは一九二八年の後半で、一九二九年初期には本格的に効果が現れていた。全国的に金利は上昇し、高利の融資金に伴って発生する典型的なことが発生した――建築着工数は減少し、州政府や地方自治体の借り入れは延期され、小企業は新たな融資が行われず困窮した。一方、政策の主な目的であった株式投機は、しつこい蚊に悩まされる以外はほとんど障害もなくうまくいっていた。一九二八年の後半、市場は上昇した。同じ時期、ブローカーの貸し付けは、ストロングの金融緩和政策が行われた一九二七年よりもさらに一五億ドルも増加した。一言で言えば、ＦＲＢの新たな政策はすぐに破綻したということである。投機家のブローカーからの借り入れ金利は八％、九％になり、一九二九年の初期には一二％以上になっていた。しかし、一カ月、あるいは一週間で一〇〇％のリターンを期待している男女が年八％や一二％の金利にひるむはずもない。伝統的な金融規制はあまりに遅きに失したため用をなさなかった。投機ウイルスにもはやこの薬は効かなかった。

ＦＲＢは、株式の購入において最低限の委託証拠金を勝手に設定するという、劇的で非伝統的な治療薬を使う権利を議会から入手したものの、リーダー不在のため無力だった。ストロングは死の淵にいた。八月にヨーロッパから戻った彼は、すべての仕事をすぐに辞めるようにと医者から勧告された。彼はＦＲＢとニューヨーク連邦準備銀行に辞表を提出した。しかし、それは保留された。九月、彼はモンタギュー・ノーマンに現状を伝えた。ノーマンからは感動的な返事が届いた――「親愛なる旧友よ、人生とは何と過酷なものなのだ……でも、この一〇年いや一二年にわたって私たちはともに歩んできた……私たちに何が起ころうと、どこで生きようと、これらの年月は私たちにとってかけがえのないものだ……神のご加護がありますように。永遠なる愛をこめて」。最後の望みをつなぐ手術を受けたあと、ストロングは一〇月、ニューヨークで死去した。

ベン・ストロングに神の祝福がありますように。あとで分かったことだが、彼はフーバーに「殺人より重い犯罪」を犯したと非難され、ほとんどの金融史家からは大暴落を起こした唯一の主要な原因と非難された。しかし、彼は彼を中傷する人々よりも善良な人間だった。彼は運命に呪われ、悲劇的な欠点に呪われた。もう一年長生きしていれば、彼はアメリカの状況に全神経を注ぎ、事態を改善できたことだろう。多くの偉大な人物と同じように、彼が残したものは、権力の空白状態、荒廃した制度、弱く分散したリーダーシップ、積極的なリーダーシップの欠如だった。そして、すべては足音もなく解体した。

四

一九二九年の初め、ニューヨークの銀行家はお金を稼ぐために何をやったかというと、FRBから五％で借りて、コールマネー市場で一〇％や一二％でお金を貸したのである。どちらの取引も面白みがなく、ビジネスイニシアティブは不要で、リスクもなかった。二月初旬から、FRBはこれを正式に禁じたが、これはそのあとも続いた。立法君主制における印税のように、銀行家は存在するだけで多額の給料が支払われる立場にあった。スモモの木は育ち、実をつけ、揺すると果実が取れる状態だった。銀行家が印税をもらうという状況は、アメリカの人民やアメリカ政府が意識的にそれを信じた結果というよりも、不注意からもたらされたものであるのは明らかだった。

事の次第はこうだ。FRBが規制しようと努力したにもかかわらず、投機は続き、一九二九年一月にはさらに加速した。一カ月で指数はさらに二〇％、三〇％上昇し、ブローカーの貸付金はさらに二億六〇〇〇万ドル増加した。二月二日、金利の上昇と政府証券の売りによって結果を出せなかったFRBは「直接的な行動」に出た。これを「道徳的勧告」と呼ぶ者もいる。

ＦＲＢは、「連邦準備法は……投機的信用を創造、あるいは拡張するために連邦準備制度の資金を使うことは考えていない」ことを発表した。つまり、スモモの木を今しばらくは揺すらないでほしい、ということである。これまで長い間、標準的に行われてきたことを突然禁止しても、実質的に法的強制力はないことは明らかだった。ＦＲＢは銀行家たちの良心に訴えた。しかし、その訴えは弱く、煮え切らなかった。ＦＲＢはピラトのように、かかわりを断つためにメンツと道義心を保とうとしていただけだった。ＦＲＢは自分たちの望むことを実行するのに及び腰だったのは明らかで、三日後、「加盟銀行が連邦準備銀行を巻き込まないかぎり、われわれは加盟銀行の貸し付けに干渉する気はない」と発表した。そして、それから一週間ほどして、ＦＲＢは加盟銀行に、投機に自分たちの資金を「できるだけ」使わないようにすることは自分たちの責任でやってほしいという文書を送った。これはもう命令というよりも嘆願に近かった。

とにかく、投機は続いた。ＦＲＢの資金は、アメリカ企業や、金利の上昇によってニューヨークの金融市場に誘われた東洋の富裕層からのお金によって増大し、一部は投機に使われた。こうしたＦＲＢの取り組みによって株式市場は再び低迷し、三月には小さな暴落が起こった。そして、三月二六日、コールマネーによる資金調達の要求が高まるなか、暴落は最高潮に達し、金利は一二％から二〇％に跳ね上がった。そんななか、銀行家のトップでマンモス銀行のナショナル・シティーの頭取であるチャールズ・Ｅ・ミッチェルはＦＲＢの警告を冷ややかに無視し、自分で勝手に物事を運んだ。自分の銀行には今手元にニューヨーク連邦準備銀行から借りた二〇〇〇万ドルがある。このお金をすぐに投機に貸し付ける、と彼は発表した。これに対しては反対の声が上がったが、経済的締め付けはすぐに終わり、パニックは回避され、コールマネー金利は一五％に戻り、株式市場は再び上昇し始めた。反逆者ミッチェルは一晩にして国のヒーローになり、ブームの最大の支持者はクーリッジからミッチェルに取って代わった。威信を傷つけられ、侮辱されたＦＲＢだったが、ミッチェルに対してあえて行動を起こすことはなく、無愛想な沈黙を守った。ＦＲＢはまた負けたのだった。

今や銀行家たちは罪の意識を感じることなく、またスモモの木を勝手に揺すり始めた。政府の「干渉」は面目を失い、信用は地に落ちた。今や何でもありだった。こういった状況にあって、銀行家たち、少なくとも最も地位が高く評判の高い、そしておそらくは保守的な銀行家たちは身をかがめて、手元に転がり込む利益を黙々と受け取り、ハッピーな市場（彼らの一人はのちに「神が与えた市場」と呼んだ）を機会を逃さずにとらえ、スポーツ、文化、学術的な興味を追求した、と思ったかもしれないが、彼らのほとんどは野心的でエネルギッシュな努力家で、自力でたたき上げた人たちで、レジャーを楽しむといった性格ではなかった。彼らは活動的で有能な数少ない人々で、その時代のシステムと精神によって、モルガンやクーン・ローブ商会といった伝統的な数少ない会社を除いて、どの職場でも常にトップの座にあった。彼らには常に目標が必要だった。そして、ついに彼らはその目標を見つけた。

五

ＦＲＢを打ち負かしたチャールズ・Ｅ・ミッチェルはブームの間、伝統的な価値と人々のお金を守る監督者としての銀行家の古いイメージを徹底的に打ち砕いた。大きくて、肩幅の広いがっちり体型で、目立ったあごをした気立ての良い彼は、繊細というよりも力強い容貌をしていた。そして、生まれながらのスーパーセールスマンだった。今やアメリカ最大の商業銀行となった彼の銀行の主要なビジネスは、お金を貸すことでも保全することでもなく、一般株式を含めた証券の販売だった。これ自体、非伝統的なことだった。銀行は債券を扱うことが主な仕事とみなされ、優良銘柄以外の銘柄は疑ってかかるのが普通だった。しかし、ミッチェルはその偶像を徹底的に破壊した。顧客が来て、証券に対するアドバイスを求められるのを待っていることには満足せず、顧客を求めて町や村で自分の商品を売り歩き、必要があれば、商品を無理やり売りつけることこそが銀行の仕事だと信じていた。銀行は証券の売買が法律で規制されていたが、ミッチェルの銀行は（その時代のほかの銀行も）「系列証券会社」（銀行が一〇〇％所有し、時には役員や取締役も兼任するが、名目上はノンバンクだったため自由に市場に参加できる独立したペーパーカンパニー）と呼ばれる巧妙な方法で規制をすり抜けた。系列証券会社を「法をたくみに操る最高傑作」と言ったのは、Ｆ・Ｌ・アレンだけではなかった。

ナショナル・シティー銀行の系列証券会社、ナショナル・シティー・カンパニーの手法は前例がなかった。彼は証券はほかの商品と同じものととらえ、同じように扱った。彼は全国に何十カ所もある支店で何百人というセールススタッフを雇っていた。証券を靴やヘアオイルのように売って売って売りまくるように圧力をかけた。社内ではコンテストが開かれ、ポイントシステムに基づいてセールスマンには賞金が与えられた。例えば、ゼネラルミルズの普通株一株については一ポイント、ミズーリ・カンザス・テキサス鉄道の優先株一株については四ポイントといった具合だ。ミッチェルはビジネスについての考え方については遠慮なくずけずけとしゃべった。証券の売買は一種の「製造業」のようなもので、そのように行うべきだと常々言った。彼はこのことをかつて次のように説明した――「われわれの組織の一部は、一般の流通に適した長期信用の製造とほかのメーカーの商品の分析を専門に行う大集団だ」。製造された商品はもちろん何百ドルあるいは何千ドルもする紙であり、何かを保証するものではない。ミッチェルの工場の製品の多くは財務が不安定な外国の債券で、一九二七年、トーマス・ラモントははっきりとした意図であからさまに、「アメリカの銀行と企業はすさまじいほどの規模で外国債券の売り合いをしている」と言った。

しかし、モルガン家からの激しい非難も、ミッチェルを阻止することはできなかった。その直後、彼のナショナル・シティー・カンパニーは、ペルー共和国の不運な債券を二つ売ることに成功した。それから何年にもわたって、「ペルー債券」は無価値な証券の代名詞となった。このころ、ミッチェルは主力商品を一般株に切り替えた。一九二九年、彼のナショナル・シティー・カンパニーは投機的な性質の強いアナコンダ・コッパーの株を一〇〇万株以上売り、彼自身の銀行であるナショナル・シティー銀行の株も一〇〇万株以上売った。そのころにはミッチェルの系列証券会社は平気な顔をして取引所のプールに参加していた。つまり、預金者のお金を危険な投機にさらしていたのである。ミッチェルたちはナショナル・シティー銀行の預金者に彼らが出資している会社の株を買うように積極的に勧めた。ミッチェルには基本給として二万五〇〇〇ドルが支払われていたが、取締役会に多額のインセンティブボーナスを支払うように圧力をかけていた。一九二九年前半の彼の報酬は一〇〇万ドルを超えた。彼は伝統的な銀行の禁止事項はことごとく無視し、すべての制約を取り除いた。激しい非難に屈することなくそれらを緩和させることに成功したミッチェルは、お金を勝ち取っただけでなく、人々の称賛も勝ち取った。中西部の農家の町にいる昔ながらのアメリカ人銀行家を想像してみよう。父親や祖父の主義に基づいて株式投機は避け、地元の住宅ローンにお金を貸すときは注意深く、セールスという仕事は彼の職業の信託的側面とは性質が異なるため客に商品を売ることはなく、彼の報酬が話し合われているときは慎重を期して取締役会には出席しない。これはすべてチャールズ・E・ミッチェルの対極にある行為だ。こういう人がミッチェルを見ると混乱することになるだろう。世界が狂ってしまい、自分が時代遅れで善人ぶったバカな年寄りに思えたかもしれない。

アルバート・H・ウィギンは国内第二の商業銀行であるチェース・ナショナル銀行のボスで、

ミッチェルとよく比較の対象になる人物だった。ミッチェルよりも九歳年上のウィギンはミッチェル同様、ボストンの質素な家の出だった。二人とも金融家として成功したが、それまでには数々の苦労があった。ウィギンは牧師の息子で、ミッチェルは苦学して大学を卒業した。二人ともビジネスキャリアは低い地位からスタートしたが、二人とも若くして大手銀行の頭取になった。ウィギンは四三歳のとき、ミッチェルは四四歳のときだった。二人ともやり手で、アグレッシブで、文化などには一切興味を持たず、一つのことだけに打ち込むタイプだった。しかし、性格は正反対だった。ミッチェルはよくしゃべり、無愛想だがユーモアのセンスのあるお祭り騒ぎの大好きな銀行家だったのに対し、ウィギンは無口で、一見学者のように見えた。チェース・ナショナルのことに関しては、ウィギンの銀行は系列証券会社が法学論文などでユーモラスに描かれるとそれを利用したが、ウィギン自身は比較的伝統的なやり方を踏襲した。しかし、個人的なことに関しては、ウィギンはミッチェルよりも大胆だった。ミッチェルは彼の派手な行動は銀行の株主の利益のためであると言い、会社への忠誠心を主張したが、ウィギンはそうではなかった。銀行はウィギンに年間二七万五〇〇〇ドルの給料を支払っていたが、自分で利益を得るチャンスを見ると、自制することはなかった。

一九二八年、国法銀行検査官は、「チェース・ナショナル銀行の政策を決定しているのはウィギン」であり、「ウォール街で最も人気のある銀行家」と報告した。その前年、この人気のある独裁者は銀行検査官にもだれにも知らせることなく、しかし法を破ることもなく、いくつかの「持ち株会社」を個人的に設立して株の投機が行えるようにするとともに、身分を隠して税負担を最小化した。これによって彼は市場で大成功し、いろいろな株式のプールにも参加した。しかし、彼が最も投機したかったのは彼が最もよく知る会社、つまりチェース・ナショナル銀行だった。どの企業の社長も株主に雇われている従業員にすぎない。したがって、ウィギンのチェース株への投機は本質的には名目上の雇い主のお金でお金儲けしようとするのと同じだ。一九二七年から一九二九年にかけて彼は投機によって数百万ドル儲けた。彼はわずかな顰蹙さえ買わないように、慎重に巧みに行った。

彼は計画をさらに推し進める。一九二九年七月から、ウィギンはかつてないほど巧妙に株式市場で、特にチェースの株で稼ぐことを考え始めた。彼は個人的な持ち株会社の一つを通して、チェースの株を四万二〇〇〇株以上空売りした。これによって彼は彼が率いる会社の崩壊に対して大きな既得権益を持つという奇妙な立場に立つことになる。企業の役員は通常、企業価値の向上に対するインセンティブを高めるために自社株を持つことを奨励されるが、ウィギンの場合、チェース株を空売りすることで、企業価値の低下に対するインセンティブが与えられたことになる。彼の空売りは合法だった。法律によって空売りを禁ずることはできないと彼は大胆に考えていた。しかも、タイミングが良かった。その年の一一月、口座を閉鎖する前に、ウィギンの予測どおり市場は崩壊していた。彼の個人的な持株会社の儲けは四〇〇万ドルを超えた。それからの数年間、彼のやったことはだれにも気づかれることはなかった。一九三二年にウィギンが退職したとき、チェースの執行委員会は、彼が銀行に対して行った数々の功績を称え、満場一致で彼に生涯年金として年に一〇万ドル与えることに合意した。

ミッチェルとウィギンはどこでも槍玉に挙げられた。ミッチェルは彼の時代の銀行家のなかで最もアグレッシブではなかったし、ウィギンも最も不誠実な銀行家というわけではなかった。彼らは最も目立つ反則者だったにすぎない。ウィギンさえ自分の好奇心に従って自分なりに行動したように思えた。彼には都合良く感傷的に自己を欺く能力があった。彼はのちに一九二九年の市場は神からの贈り物だったとしみじみと語った。彼はチェースの空売りはまったく合法であったことを死ぬまで主張し続けた。時代精神の犠牲者だった二人は、商業銀行における古い価値を崩壊させた者、つまりすべてを解体した者でもあった。

六

それからさらに、いろいろなことが起こった。一九二九年の夏、ウォール街には平穏と熱狂が吹き荒れた。平均株価は史上最高値を記録し依然として上昇し続け、懐疑派は一時的に大敗し、最も信頼されるリーダーたちの怪しげな娯楽は世間の目から隠された。今でもその夏の全貌ははっきりしない。古いフィルムやレコードはとぎれとぎれなため、今の世代、そしておそらくは未来の世代のゆがんだ見方では、一九二〇年代がどういう時代だったのか、その雰囲気のニュアンスまではっきりとつかむことはできないだろう。昔は音声も映像も記録することができなかったが、今では完璧に記録することができるようになった。一九二〇年代はちょうどその中間期に当たる。リチャード・アベドンが言ったように、女性の動きにその時代特有の雄弁さで語られる魅力があるとするならば、われわれの知識にはギャップがある。一九二九年を人々がぎこちない指人形のように歩き、安っぽい声で話していた時代と考えることを避けることができるのは、知的な努力によってのみ可能なのだ。しかし、とにかく、一九二九年八月のウォール街の本質をつかむために、あるがままの姿で見てみることにしよう。

八月はウォール街が休暇に入る月だ。どんなに仕事熱心な人も、知らず知らずのうちに山や海へと向かい、やがて訪れるレイバーデーを心待ちに待つ。でも、一九二九年の八月は違った。証券取引所の出来高は八月にしては記録的に多く、その年のどの月と比較してもはるかに多かった。東海岸から西海岸まで、五〇万人以上の人が信用取引をし、現金取引はそれ以上に多かった。その年の八月は幸いなことに予想外に涼しく乾燥していた。ゴルコンダの気候は季節がない。都市に住む人は街にとどまり、新参者たちは大挙して押し寄せた。彼らは休暇を犠牲にし、あるいは仕事を放り出し、ブローカーの顧客室で座って――多くの場合は立って――、相場表示板を見ていた。彼らは、その日どの銘柄がどれくらい上がるか、どの銘柄がいつプールに「取り込まれるか」、どの銘柄に好ましい材料が出るかといったことを伝えるブローカーの「モーニングレター」を読むために早朝にやってくる。取引所がオープンするころには、ウォール街、ナッソー通り、ブロード通り、ブロードウェー通り、パイン通りにあるブローカーの顧客室はすでに満杯状態だった。ブローカーには立ち見席しかない。立ち見席もないブローカーもあるが、相場表示板を見るためのプレミアム席が設けられる場合もある。その現場にいることに価値があると彼らは信じていた。何かものすごいものの一部であると彼らは感じ、物理的にウォール街にいることでインサイダーになったような気になり、ほかのどこかで同じように寝ずの番をしている人々――お客がぽろりと話す情報を聞きもらすまいと耳をすませている床屋やタクシードライバーたち――よりもほんの少し有利になったような気がしていた。物理的にではなく精神的に休暇をあきらめ、太陽の下で過ごす休暇を犠牲にした自分が重要人物とさえ思えてくる。彼らは一日中、バーハーバーやニューポートやサウサンプトンのオフィスやキャッツキル・マウンテン・ホテルで相場表示板にくぎ付けだ。ブローカーの支店が大きなリゾート地に突然現れ始め、本店との間では夏の間中、通信の音が鳴り続けた。

ウォール街に群がる人々の多くは背水の陣を敷いた。事前に決めた目標――含み純資産で五万ドル、一〇万ドル、あるいは二〇万ドル――に達すると彼らは仕事を辞め、自分や妻のために豪華な家やミンクのコートを買い、豊かでゆったりとした生活を送ることを夢見る。さらに、ウォール街に短期間いたことで、そこに属しているような感覚を覚える。今やモルガンの傷は自分たちの傷であり、トリニティー教会のハミルトンの墓は自分たちの墓だ。新しい生活、そして望めば、所属感も得られる。変化に抵抗する都会のクラブもウォール街では民主的になった。おしゃれなカフェからワンアームカウンターまで、半年の間にランチョンクラブがあちこちに現れた。会員はそこにやってくる者とはだれとも顔見知りだ。そのために会費を払う。

その界隈の通りは昼時になると長蛇の列だ。午前中でも、午後のビジネスアワーでも、通りは話をしたり、噂話をしたり、あちこちで建造中のオフィスビルの建設現場の騒音に負けじと大声で叫んだりする歩行者でいっぱいだ。とりわけ昼時になると、車も通れないほど歩行者は増え、建設現場の騒音は作業員がランチブレイクに入るため静かになる。話し声と足音しか聞こえない静けさが魅力のイングランドからの訪問客はベニスを思い出す。彼にとってこの雰囲気は「ものすごくエキサイティング」だが、理解できない儀式を見て一抹の寂しさを感じ恐怖におののく。ガイド役のアメリカ人の友人がウォール街とアメリカのビジネスシステムの説明を、「すべて同じさ。私は信じていないけどね」と突然謎めいた調子で始めると、彼は不安になる。

日中も、夜になっても、話し声が途絶えることはない。得たばかりのお金の話、これから得られるお金の話。とにかくお金の話ばかりだ。暴落の話はしない。春の急落はもう過去のものであり、ブローカーからの貸し出しはかつてないほどに増えているが、それは今では健全なことと考えられるようになった。金融引き締めはなく、コールマネーは六%や七%と適度な水準に落ち着いた。市場平均は三月の安値を三四%上回り、一九二八年の初期の水準を七六%上回るほどに上昇している。八月九日、ニューヨーク連邦準備銀行が金利を六%に上げたとき、注目する人はだれもいなかった。連邦準備銀行は今やすっかり地に落ちていた。最近よく話題に上るのは、ブルー・リッジ、アレゲーニー、シェナンドー、ユナイテッド・コーポレーションをはじめとする数多くの新しい投資信託会社で、一月から一五億ドル相当の新たな投資信託が市場で売買されている。これらはほかの会社の株を保有したり売買したりするためだけに存在する、わずか五～六人のスタッフで運営されているペーパーカンパニーで、そのほとんどは構造に「レバレッジ」を効かせることで「速く動ける」ような仕組みになっている。これらの会社はもろく、危険だという人もいるが、なぜそう思うのだろうか。アレゲーニーやユナイテッドは保守の重鎮のJ・P・モルガン・アンド・カンパニーが出資していたし、アレゲーニーは二月の売り出し価格の二〇ドルから五六ドルに、ユナイテッドは一月の売り出し価格の二五ドルから七三ドルに上昇した。その月のレディーズ・ホーム・ジャーナル誌に掲載されたジョン・J・ラスコブの論文「だれもが金持ちになれる」が話題になっていた。そのなかで彼は、一カ月に一五ドルを株式に賢く投資すれば、二〇年で大金を手にすることができると言っている。また、証券取引所は上場している多くの会社に倣って、会員に株式配当（一株につき会員権の四分の一）を出すことを宣言したことについても書いている。肥満体形でデカ尻の取引所会員についてのジョークがある――彼らは一席必要なのに、最近では四分の一席しかもらえない。

お金は王だ。しかし、お金はほかの側面も持つ。時は乱世の時代で、荒れ狂った精神の支配する時代だった。冷静な計算よりも魔法を信じる時代で、アポロよりもディオニシウスの時代だった。人々の関心は利益や配当よりも「運」や「予言」に向いていた。彼らが湖やビーチですごす休暇をあきらめたのは、「ビジネスファースト」や「勤勉な労働」といった清教徒的精神というよりは、精いっぱい生き、人生におけるチャンスを見逃さないという快楽主義的精神にのっとってのことだった。彼らはまるで、市場はお金を稼ぐというよりも、幸せをつかむために存在するということを信じているかのようだ。

一七日、イル・ド・フランスとベレンガリアは大西洋横断の旅に向けて出航した。前者は東に向けて、後者は西に向けて。いずれにも投機のための洋上のブローカーオフィスが設けられていた。六日後、ベレンガリアがニューヨークに到着したとき、船客たちは、プロムナードデッキのオフィスは毎日群衆に取り巻かれ、近くに寄れない船客には口伝えで伝えなければならなかったほどだと話した。同じ週、新刊書『ウォール・ストリート・アンド・ワシントン（Wall Street and Washington）』を推薦するコメントがあの有名なプリンストン大学の経済学の権威であるジョセフ・S・ローレンスから出された。彼は、FRBは偉そうにウォール街（議会の「お世辞ばかり言う狂信者」たちに無慈悲なまでに苦しめられている「無知なコミュニティー」）に干渉する、とやり込めて、株式市場をもっと強力に規制することを好む人は堅苦しい人々で、しかも禁酒法の支持者だと言った。これはテープウォッチャーたちが溺愛する話であり、それが教授の口から出た言葉であればなおさらだった。その月も終わりに近づくと、取引所が通常の土曜日の取引を取りやめ、レイバーデーの週末にかけて三日間の休日に入ることを決めると、歓喜の声は高まる。秋の間、市場を活気づけるために大きなプールがたくさん設置され、各ブローカーは少なくとも五つのプールに参加するように奨励された、という噂がニューヨーク・タイムズ紙でも取り上げられた。一方、四つの大手鉄道株――サンタフェ、ユニオン・パシフィック、チェサピーク・アンド・オハイオ、ノーフォーク・アンド・ウエスタン――は三〇〇ドルというマジックプライスに近づきつつあった。どの株も三〇〇ドルに達することを疑う者はいなかった。問題はどれが一番先にその価格に達するかだった。

したがって、予約さえ取れれば――鉄道もボストンへのトライモーター定期航空便もすべてオーバーブッキングされていた――、その週末の三日間の休暇は将来を案ずることなく過ごすことができる。しかし、本当にそうなのか。

七

そして、ついに市場は暴落する。それは超現実的なほどゆっくりとやってきた。あまりにゆっくりなので、暴落していることに気づかずに乗り切ることができた一方で、暴落が始まったばかりなのに、それを乗り切ったと思ってしまう可能性もあった。

市場は一気には暴落しなかった。一年以上にわたって徐々に落ち込んでいった。一九二九年のブームは少数の選ばれた銘柄によるものだった。ダウ・ジョーンズやニューヨーク・タイムズの指数に含まれ、毎日計算されるほんのわずかな銘柄が上昇したにすぎなかった。こうした有名な指数が史上最高値を記録したのはこのためだった。それは、最も有名な名前を冠した、最もアクティブに売買される銘柄が上昇しただけであり、毎日新聞に載り、立会場の住人が毎日何百万回と話す銘柄が上昇しただけだった。こうした銘柄が話題になるのはこのためだった。しかし、多くの投資家が興味を持つ二流の株の多くは上昇しなかった。

実際には、一九二九年は、株式市場のほとんどは多かれ少なかれ落ち込んでいたのである。

平均株価の上昇に人々は熱狂した。しかし、一九二七年には一一八ドルの高値を付けたセラニーズの一九二九年九月の高値は六六ドルだった。クルエット・ピーボディーは一九二八年には一一〇ドルの高値を付けたが、一九二九年九月の高値は四六ドルだった。一九二八年に一〇〇ドルの高値を付けたコンソリデーテッド・シガーの一九二九年九月の高値は六二ドル、一九二八年に一〇五ドルの高値を付けたフリーポート・サルファーの一九二九年九月の高値は四三ドル、一九二五年に八八ドルの高値を付けたニューヨーク・シップビルディングの一九二九年九月の高値は二七ドル、一九二八年に一九ドルの高値を付けたペプシコーラの一九二九年九月の高値は一〇ドル、一九二七年に四一ドルの高値を付けたフィリップモリスの一九二九年九月の高値は一二ドルだった。有名な銘柄だけに絞ってもリストは恐ろしいほどの長さになる。特に自動車株は業界全体が落ち込んでいた。スチュードベーカー、ハドソン、ハップ、グラハム・ページは史上最大のブームの絶頂では以前の高値からそれぞれ二二％、二五％、四三％、五五

%下落した。そして、一〇年にわたってブームを牽引したゼネラルモータースさえ一〇%以上も下落した。一九二九年の秋には、すべての銘柄が青天井で上昇したというのは神話にすぎない。

犠牲者にしか見えないゆっくりとした暴落が少なくとも三年にわたって続いていた。市場平均が史上最高値を記録し、それが二五年続くと考えられた一九二九年九月三日（火曜日）、一般大衆はそのことに特に注目はしなかった。それはレイバーデーの休暇が明けてから最初の日で、株式市場の伝統によれば、活発なシーズンの始まりであり、新年の始まりと言ってもよい日だった。ニューヨークの街は焼けるように暑く、最高気温は三四度を記録し、湿度も非常に高かったが、それでも人々はダウンタウンの顧客室に大挙して戻り、九月の最多を記録するほどの出来高だった。こうして、蒸し風呂のなかで二〇年代の市場は史上最高値を記録した。翌日、市場は、センセーショナルとまではいかないまでも、下落した。そのころ、ニューヨーク・タイムズ紙の市場コメントのコラムは、その新聞社の有名な金融編集者で教養のあるアレキサンダー・ダナ・ノイズの統括の下、彼が無署名で書いていたが、その日の彼のコメントは慎重だった――「過去一週間における株価の上昇ペースは非常に速い。したがって、自信のある投機家も注意が必要だ」。翌々日の九月五日、のちに「バブソン・ブレーク」と呼ばれることになる奇妙な現象が発生した。マサチューセッツ州ウェルズリーに住むあまり有名でない、したがって影響力も小さい金融アドバイザーで、きゃしゃでヤギひげを生やし、いたずらっぽい風貌の男のロジャー・バブソンはニューイングランドの昼食会で聴衆に向かって言った――「昨年と一昨年のこの時期にも言ったが、遅かれ早かれ、暴落は必ず起こる」。ボブソンも示唆したように、昨年と一昨年の彼の警告は完全に無視された。事実、彼はおかしな奴だと思われていた。バブソンの言葉が午後二時にダウ・ジョーンズの金融ニュースティッカーで流され、国中のブローカーで読まれたことを考えると、その日はこれといった金融ニュースのない日だった。すると、二〇〇万株が売買されたあわただしい最後の一時間の取引時間で、市場は急落し、スティールは九ポイント、ウェスティングハウスは七ポイント、テレフォンは6ポイント下落した。小さな原因で大きな効果が出るのは、どういった論理基準で考えても不釣り合いだった。

彼の言葉は予言であり、それはすぐにそのように認識されたということである。バブソン・ブレークのあとは、一カ月前はタブーだった「暴落」という言葉はウォール街で突然普通の言葉になった。ウォール街という保守的なサークルでは、数日もすると、暴落が差し迫っているという考えは、永遠に続くブームというまったく正反対の考えと同じように一般に認められる常識になった。当然のことながら、バブソンの言葉はエール大学のアービング・フィッシャー教授といった新時代の英雄からは直ちに激しく否定された。しかし、五日後、ニューヨーク・タイムズ紙のノイズのコラムは「壊滅的で身のすくむような暴落という考え」にいまだに当惑していた。ニューヨーク・タイムズ紙は、現在の状況と、とどまるところを知らない暴落が突然訪れた一九〇七年の状況が似ていることに気づいていた。新聞として人々を安心させるためにできることは、今はＦＲＢや投資信託も存在するため、必要があれば市場の安定化を図るはずだ、と書くことだった。一方、市場は九月二四日まで常軌を逸した下落を続け、そこでまた大きく下落した。この下落は原因不明で、「謎の下落」として片づけられてしまった。

ウォール街の一〇月は悲観的なことが多いが、落ち着いたムードで始まった。ブローカーの貸し付けは不気味に増加し続けていた。これはさらに多くの人が市場に参入していることを意味した。なぜ彼らが買っても市場は上昇しないのか。もしかして彼らは空売りしているのか。そこへ巨大なベアプールが構築されたという恐ろしい噂が流れ始めた。これに対してはジェシー・リバモアが疑われ非難されたが、彼はすぐにそれを否定した。やがて、市場は回復し、だれもが安堵の吐息をもらした。一〇日には平均株価は九月中旬の水準に戻り、一五日にはブルの預言者であるチャールズ・ミッチェルの声が遠洋定期船のデッキチェアから聞こえてきた。ドイツからニューヨークに向かう船上で彼は、「市場は今健全な状態に戻った」と言った。アービング・フィッシャーはミッチェルの「株価は高い高原に到達した」という意見に同調した。しかし、これらの発言はあまねく受け入れられたわけではない。このころにはミッチェルとフィッシャーは予言をするばかりで、彼らの意見は繰り返される予言によって重要視されなくなっていた。市場は、一週間の間は安定状態を保っていた。そして一九日、市場は土曜の朝の取引で二時間にわたって大きく下落した。土曜日の取引日では二番目に大きな暴落だった。

二一日の月曜日には、株式市場の連鎖的な下落は火を見るよりも明らかだった。株価が下がると、信用で取引している顧客には追証が求められる。追証に応じなければ、持ち株は強制的に決済される。これらの売りによって市場はさらに下落し、市場がさらに下落すればさらに追証が求められる。そこで「組織的な支援」という希望を持てる議論が始まった。一九〇七年のときのように、大手銀行が市場を支援するために巨額の資金をプールするということである。「今のところはとにかくウォール街は現実を見据え、スローガンや新たにでっち上げられた架空の政治経済学の格言は放棄しているようだ」とノイズはコラムに書いた。この意味するものは明らかだった――健全さが戻り、新時代は過去のものになったということである。立会場は今やガラガラだった。八月には立会場に押し寄せた何千人という初心者は破産とまではいかないものの、気持ちをくじかれ、元の仕事と生活に戻っていった。新時代のラッパは鳴り続けてはいたものの、今では音は抑えられ、別れを告げるような音色になっていた。フィッシャーはその下落を「信用で投機しようとする過激派の振り落とし」として片づけた。ミッチェルはニューヨークに到着すると、あまりにもひどい下落だった、と一言言った。その日、市場はさらに下落し、混乱した取引のなかで終値は劇的に下げ、ティッカーは一時間四五分も遅れた。しかし、翌日の二二日の火曜日には市場は大きく回復した。

二三日の水曜日、ニューヨークは穏やかで空気の澄んだ秋の日を迎えていたが、中西部は雪とみぞれの早い訪れによって散々な状態だった。この気候の不運なめぐり合わせは、ヘースティングズの戦いのまぶしい日差しのように、歴史上の隙間を生んだ。市場の下落はニューヨークから始まった。嵐によって多くの電話線や電信線が断線したため、その日は、国の大部分は何が起こっているのか分からず、憶測や噂が飛び交った。暴落の兆候が現れるや否や、市場はいきなり暴落した。その日は六三七万四九六〇株出来た。これは史上二番目の出来高だった。アダムズ・エクスプレスは九六ポイント、コマーシャル・ソルベンツは七〇ポイント、ゼネラル・エレクトリックは二〇ポイント、オーティス・エレベーターは四三ポイント、ウェスティングハウスは三五ポイント下落した。これらを説明する弱気の材料は見当たらなかったが、今では謎の下落と言う者はいなかった。

もう一つの不運は、その日、取引所の副理事長がフロアにいなかったことである。彼はリチャード・ホイットニーで、四一歳の上品で前途有望な人材だった。彼はハネムーンでハワイを訪れていた理事長のE・H・H・(〝ハリー〟)・シモンズに代わって理事長代理を務めただけでなく、彼の名前はよく知られ、影響力とリーダーシップのある男として評判も高かった。その前の三月、フーバー大統領が投機の危険性について取引所の代表との協議を希望したとき、ホワイトハウスに呼び出されたのはシモンズではなくホイットニーだった。一〇月二三日の水曜日、ニュージャージー州ファーヒルズで行われたエッセックス・フォックス・ハウンズの最終日、幹事の一人として出席するためホイットニーはウォール街を留守にした。この集まりには有名人との社交を楽しみ、アメリカのターフで行われる最もファッショナブルなイベントを見るために二〇〇〇人が参加した。二頭の馬であるスペックルド・ビューティーとプロポーザルがデットヒートを繰り広げ、審査員にはどちらが一着か判断できなかったため、規定によって幹事が着順を決定した。ホイットニーともう一人の幹事は同着だったと発表した。ほかの二頭は湿った芝生で滑って衝突し、乗り手が飛ばされた。どちらのジョッキーに非があるかについてオーナーの間で激しい議論が交わされた。このときも幹事が再び呼ばれ解決に当たった。その日はホイットニーにとって忙しい一日だったが、その先にさらに多忙を極める日が来るとは思ってもいなかった。

その日の夜、追証の嵐が吹き荒れ、陰鬱なムードがウォール街を覆った。大暴落に襲われたが、今では勇気を振り絞って前進していると思っていたウォール街は、破産者が数千人から数万人にも膨れ上がるとは思ってもみなかった。翌日、出来高が六〇〇万株ではなく、一三〇〇万株になることなど想像できなかった。その日が暗黒の木曜日として記憶に刻まれることになろうとは想像すらしなかった。

第6章　救世主現る

一

トリニティー教会の教区年鑑・登記簿にあるレクターの報告書の一九三〇年の項には次のように記されている。

過去にはいろいろな困難があった……失業のため困窮を極めている多くの人に慰めを与え、救いの手を差し伸べるために、私たち教会に何ができるかが最も重要な課題だった……。慈善事業や社会奉仕活動をしている何人かの専門家に相談した結果、私たち教会がコミュニティーに対して行うことができる最大の奉仕は、人々の面倒をみることであることに気づいた。教区会は多大な額の寄付をした……教区の貧しい人々を救うために、私は基金に対する有志の寄付を募った。貧困の淵にあって救われた特殊なケースや、逼迫した状況を乗り切った人々のことを公に口にすることは控えたい……逆境に陥ると人は人間の本質の最良の部分と最悪の部分を見せる。今年、人々は慰めと勇気を求めて教会を頼ってくれている。これはとてもうれしいことだ……。

レクターはさらに続ける。日曜日の礼拝には再び多くの人が訪れるようになった。そこでウイークデーの昼間にも礼拝を行うことになった。さらにトリニティー教会は金融界の人々に慰めと勇気を与えるための新たなプログラムを始めるとよいのではないかと思った。ウイークデーの毎日、一一時三〇分から午後一時三〇分まで、教会の入り口に司祭が常駐して人々の相談に乗った。レクターは次のように書いている。

そこで遭遇するさまざまな苦しみや問題を見ると、牧師の偉大な価値というものが分かるはずだ。もちろん、私たちのところに持ち込まれる問題を話すことはできない。ここにやってくる人々は私たちのことを知らないし、私たちも彼らのことを知らない。彼らは私たちに悩みを打ち明ける。彼らは彼らの教会の司祭には話せないような悩みを、匿名スクリーンを通して頻繁に打ち明けにやってくる。見知らぬ者だから打ち明けやすいということもあるだろう。

教会のこの新しい取り組みは、一九三〇年には非常に人気があり、昼時にはトリニティー教会の入り口には、相談や慰めを求める人々の小さな列ができることもよくあった。精神の救いを求める人々の列だ。

集会では「やさしき道しるべの」という讃美歌がよく歌われた。

世の栄とちからを　よろこび

誇らかにわが道みちを　急ぎて

むなしく過ぎしし日を

わが主よ　忘れたまえ

輝ける日は終わり、ウォール街の人々をトリニティー教会から遠ざけていたプライドは砕け落ちた。

二

最初に暴落が起こったのは一〇月二四日だった。これは暗黒の木曜日として知られている。

この日、アメリカを訪問中のイギリス人ジャーナリストのクロード・コーバーンは、グリニッジビレッジの古いラファイアット・ホテルに滞在していた。ホテルのカフェの大理石のテーブルでアメリカ人の友人と朝食を取っていたとき、それは起こった。アメリカ人の友人は急に立ち上がり、部屋の端にあるティッカーマシンを見続けた。まだ取引所が開くまでには時間があり、ティッカーに何かが表示されているはずもなかった。周りのものにとらわれない外国人特有の知覚力で、コーバーンはその日が普通の日ではなく、永遠に忘れることのできない長い日になることを直感した（彼は何年もあとにこう書いている）。ロンドンの社会的雰囲気を変えるには大きな空襲があれば事足りるが、ニューヨークではそういうわけにはいかない。ニューヨークはもっと外向きな街だ。コーバーンはその朝遅くにウォール街へと向かった。ティッカーは悲しくショッキングなストーリーをすでにたたき出していた。コーバーンはそれを同じ方向に進む無言の軍隊のように感じた。ウォール街に着くと多くの人が押し寄せていた。小さなざわめきのなかで、時折ヒステリックな甲高い笑い声が響いた（その日の昼ごろ、取引所を隔ててブロード通りとウォール通りの角の向かい側からのアングルで財務省の建物の前を撮った写真には、取引所の階段の至るところに列をなし、まるで何らかの組織の会員写真を撮るようなポーズをして無表情でまっすぐ前を見ている人々が映し出されていた。顔には感動も悔しさもなかった。彼らは浜に打ち上げられ、あるいはびくに入れられた魚のようなまなざしをしていた）。

コーバーンは身分の高いあるウォール街関係者の自宅でランチの約束をしていた。彼の名は元エドワード朝のイギリス貴族のエドガー・スパイヤーだった。エドガー卿と呼ばれ枢密顧問官をしていた彼は、今はアメリカに帰化した百万長者で、最も古く最も貴族的なドイツ・ユダヤ銀行の一つとパートナーの関係にあった。彼は妻とワシントンスクエアの北側にある美しいピンク色の壁のギリシャ復興様式の家に住んでいた。室内はきれいに整頓され、文化と優雅な静けさが漂い、中国画と陶器のみごとなコレクションに囲まれていた。ランチは、中年のイギリス人執事の監視の下、若いイギリス人の召使いが給仕した。食事は優雅に展開し、話題は株式市場の話ではなく、最近、詩集を出版した詩人の話に集中した。スパイヤー夫人もその詩人の一人だった。ところがどういうわけだか、その雰囲気は突然破られた。何かの騒動があったようだった。閉められたドアのうしろのキッチンへと続く廊下でドシンという音や声が聞こえた。ドアのハンドルがゆっくりと回り、ドアが数センチ開いた。ドアのうしろでは何か異様なことが起こっていることは確かだった。少しして、執事と召使いが子羊のショートロイン肉を持って部屋に入ってきた。コーバーンが廊下のほうをチラッと見ると、ドアのうしろにはさまざまな年齢の四～五人のお手伝いが興奮して怒った様子で立っていた。執事と召使いは子羊を出すと、キッチンへと引き上げた。もみ合いは続いていた。もみ合いが終わると、「続けなさいよ！　さもないと……」と女性の脅し声が聞こえた。

そのとき、ドアがバタンと開いて、真っ赤な顔をした執事がまるで後ろから背中を押されたかのように部屋に飛び込んできた……彼はドアを閉めると、なるべく平静を装ってスパイヤーの元に行き、申し訳なさそうな口調で、ちょっとよろしいですか、と言った。スパイヤーは驚いた様子で、一瞬躊躇したものの、彼と部屋を出た。スパイヤーはすぐに戻ってきたが、狼狽の色は隠せなかった。彼は私たちに無礼を許してほしいと言った。彼の説明によると、従業員はキッチンにティッカーテープマシンを置き、株にはまっていたということだった。

スパイヤーはランチを食べずに残し、これを最後に二度と客を家に招くことはなかった。彼の妻と客人は「困惑しながらそそくさと」食事を終わらせた。パーティーはひどいものだった。おそらくは人生で初めて、彼が最も重んじる食事と礼儀正しさともてなしの原理を冒涜するものであった。コーバーンは眼前で男が崩壊するのを見てショックを受け、崩壊が意味するものを理解し始めた。人生が紙くずでできた富とともに崩壊しようとしていた。

しかし、暗黒の木曜日は序章にすぎなかった。ティッカーは取引の速さについていけず、その日の午後七時まで数字を刻み続けた。全取引を記録し終えたのは午前三時だった。市場を支援するために銀行家のシンジケートが結成され、翌日、フーバー大統領は言った――「この国のビジネスは……健全で好調だ」。金曜日と土曜日の二日間にわたって市場は上昇したが、月曜日には再び下落が始まり、二九日の火曜日には取引所始まって以来の最悪の日になった。市場はなすすべがないほど下落し、国は不況に陥った。翌日、ジョン・D・ロックフェラー・シニアは市場に信頼を取り戻すために有名な試みを行った（「息子と私は数日間にわたって健全な普通株を買い続けた」）。少し持ち直したあと、再び下落が始まり、ウォール街が麻痺するほどの勢いで来る日も来る日も下落し続けた。一一月一三日、ついにその年の底に達すると、取引所の上場株の九月現在の時価総額八〇〇億ドルのうち、三〇〇億ドルが消えた。ジェシー・リバモアは、「私が思うに、この状況はこれ以上長くは続かないと思う」と言った。一九二九年については彼は正しかった。しかし、一九二九年は悲劇の第一章にすぎなかった。

一二月になると、危機が永遠に続き、この憂鬱も永遠に続くのではないかという雰囲気がウォール街を覆った。ウォール街では良く晴れた日にオフィスの窓を開けると、毎日取引所の外に集まってくる人々から低いざわめきが聞こえてきた。彼らの一人は一世代あとに次のように回顧している――「取引時間の間中、彼らの声が静まることはなく、昼時には彼らの声はピークに達した。それは怒りやヒステリックな声ではなかったが、何だか不気味だった。それは希望をなくしたうなり声で、ギリシャの葬送歌のようだった。人をいらだたせる、気の散る音だった」。犯人探しが本格的に始まった。株式の詐欺師たちが毎日のように検挙され、ウォール街のいろいろな要素、闇取引業者、売り崩し、プール操作、プットとコールのブローカー、そして取引所のテープの遅さまでが、暴落の要因に祭り上げられた。一方、地震の第一波はすでにニューヨークに広まり、国中に広まり、世界中に波及していた。ロシア人は、暴落は自分たちの正しさを証明したと得意げに話した。彼らは資本主義は退廃し、消える運命にあると思っていたのだ。号泣する女性たちをトラック何杯分も乗せた地下鉄がニューヨークの歩道の下に入ってきた。国のどこを見ても、パンをもらうための列はなかったが、人々は株を買うための借入金に対して担保として差し入れてきた生涯にわたる仕事も長く保有してきた保険もなくしてしまった。若者のための大学教育プランも立ち消えになった。人々のライフスタイルは変わりつつあった。良い方向に変わりつつあると考える者もいた。エドワード・ルフェーブルは賢い巡回セールスマンを引き合いに出して次のように言った――「一〇〇〇人の住人がいて、ナイトクラブが一軒もない街はアメリカにはない。この一年半、何百件という家を回ったが、私が会った九〇％の人々は未実現の株式利益で暮らしている人々だった。お金もないのに有閑階級をきどるという最悪の習慣を身につけてしまっていることに私はショックを受けた」。

しかし、本当の金持ちは、特に保守的な金持ちは、ほとんど無傷のままだった。ウォール街のリーダーたちは、不都合に感じる者はいても、大惨事に陥った者はだれ一人としていなかった。J・P・モルガンも、トーマス・ラモントも、そして彼らのパートナーたちも不平不満を言う者はいなかった。彼らの会社がその年の前半に得ていた利益は、大暴落のなかでも損失を大きく上回っていた。一九二九年にはJ・P・モルガン・アンド・カンパニーとその傘下にあるドレクセル社の純利益は二七〇〇万ドルも増加した。高齢のジョージ・F・ベイカーはニューヨーク・タイムズ紙に、一五〇〇万ドル損をしたと語ったが、その一方で、ウォール街の噂は大虐殺が絶頂を迎えたときに彼を病床から起き上がらせ、医者の反対にもかかわらず彼はウォール街にふらつく足で歩いていき説明した――「私は過去六〇年においてどの暴落でもお金を儲けてきた。だからこの暴落を逃すわけにはいかない」。オットー・カーンは大損をしたと伝えられた。実際、彼は大損をしたが、彼の優美な生活や芸術に対する寄付金やコールド・スプリング・ハーバーにある名所になっている私有地に目に見える変化を来すほどではなかった。

投機家は社会的地位を得たかどうかはともかくとして、運に準じて何とかうまくやっていた。当然ながら最も大きな損失を被ったのはブル（買い方）だった。中西部の「プロスペリティー・ボーイズ」プールのビリー・デュラントは間違った情報を与えたとしてブローカーを相手取り訴訟を起こした。その被害額は彼によると、七万五〇〇〇ドルに上った。まるでダフ屋とギャンブラーの喧嘩だ。清廉な生活を送るプール参加者のアーサー・カッテンは、地元の二〇〇〇人の人々が彼の情報に基づいて三〇〇万ドル損をしたことが知れたあと、彼自身大きな損失を被ったことを明らかにした。暴落の「製造者」であるナショナル・シティー銀行のミッチェルは身の毛もよだつ一〇月二八日の週、彼の銀行の株を買い支えるために一二〇〇万ドル借りたが、株を買い支えることはできず、株価操作に打って出た。これによって彼はのちに脱税で起訴されることになる。

一方、自分の銀行の株を空売りしたチェースのウィギンは大暴落のピークに興味深い手法で四〇〇〇万ドルを上回る利益を上げた。もちろん彼の利益は大暴落のおかげだ。暴落が始まったときは一時的に買い方だったジェシー・リバモアは予知能力を発揮して、売り方に転じた結果、大金を儲けた。ラジオ株のプールを構築した船上のブローカーであるマイク・ミーハンも正しい側にいた。

三

ウォール街のほかの四人と彼らの運命についても見ておこう。

ベン・スミスはその極悪非道さで全国的に有名になった人物だ。ウエストフィフティーズに住む、がさつで人をからかうことを得意とするこのアイルランド人は今や重要人物だった。ベッドフォードビレッジにプール付きの別荘を持ち、ロザミーア卿のブローカーで、リポーターがインタビューを依頼しても一週間以上待たされることもあった。一週間以上たってインタビューに応じるから来るようにと伝えてくるのはスミス自身や彼の秘書ではなく、彼の広報代理店だった。彼が再び有名になったのは、富ではなく、彼も認めているようにその態度によるものだった。

彼はそのときの雰囲気にのみ込まれ、一九二九年の夏には買い方で、暴落の第一波によって大きな損失を被った。しかし、そのうちに状況が分かってきた。ブームは見せ掛けにすぎず、人々は現実に立ち返ろうとしていた。ウォール街や国の権力者たちとの感情的なつながりから解放され、それがトレードで有利に働いた。古いしきたりや階級あるいは国に対する忠義から自由になることで、彼には真実が見えてきた。マシュー・ジョセフソンが言うように、彼は精神的に自由だった。一時は「新時代の経済学」という神話に惑わされ、感傷的なまでにこれを信じることは彼にとって高いものについた。しかし、今、彼は自由な精神を取り戻していた。彼にとって新時代は否定された宗教のようなものだった。大衆心理のプレッシャーに押され、彼の判断と信念に逆らって、ためらいがちに一時的には容認したものの、それはやはり彼にとっては異質なものだった。モルガンやクーン・ローブ商会、それにメロンやフーバーたちに対しては彼は「地獄に落ちろ」といつも思っていた。今、彼が正しいことが証明されようとしていた。彼にとって、アメリカとは何だったのか。アメリカは彼にとって安住の地ではなかった。「私は初めからずっと正しかったのだ！」。大暴落のとき彼はこう叫んだ。暴落の第一波が終わる前、彼は復讐に燃えて売り方に転じていた。彼の莫大な量の空売りは価格の下落を招き、それによって彼は大きな利益を手にした。彼の経済生活はついに彼の信念に一致することになる。

「アメリカのビジネスは今ほど繁栄を確かなものにしたときはない……株価は上がるかもしれないし、下がるかもしれないが、国は確実に繁栄する」。高齢の実業家だったチャールズ・シュワブは一九二九年一二月一〇日にこう述べた。彼は当時一般に受け入れられている考えを述べたにすぎない。投資は言うに及ばず、国やビジネスに対する感情的な思い入れが強いため、国の経済が崩壊するという考え方を容認できない人々に受け入れられている考えをである――つまり、目の前で起こっていることを信じることができなかったのである。自由な魂を持つスミスはこの考え方には賛同できなかった。彼は公式な発言（彼は公式な発言をしたことはない）をすることなく、売って売って売りまくった。一般大衆のスミスと彼の売りに対する反感は壮絶なものだった。新聞各社は彼を伝説的人物に祭り上げ、ビジネスが「完璧に健全」なときに空売りによって市場を下落させた卑劣で非国民的なベアの象徴として彼の名前を挙げた。彼の元には毎日脅迫電話や手紙が来るようになった。彼の二人の娘にはボディーガードが付けられたほどだ。しかし、彼はおじけづくことはなかった。彼の敵は彼らにふさわしいものを得ている、だから彼もそうしたまでである。

彼は伝説になることをスローガンに掲げることで知らず知らずのうちに自分自身の手で自分を伝説的人物に仕立て上げていった。彼にはニックネームもつけられた。一一月二九日の大暴落のピークと、数カ月後の暴落のとき、彼はオフィスを構えている混雑したブローカーの立会場に駆け込んで、喧騒のなか大声で叫んだ。「すべて売れ。それらはみんな紙くず同然だ」。それから死ぬまで、彼は「セレム・ベン（Sell 'em Ben）」スミスと呼ばれた。

ジョセフ・P・ケネディは権力に対して野望を抱いていたためスミスほど「自由」ではなかった。大暴落のときに空売りで大金を儲けなかったのは明らかだが、買いや保有によって損をしたわけでもない。「大金を儲けようと粘るのは愚か者のやること」と感じた彼は、その年の初めに密かに利食いしていた。彼の伝記作家は、彼は九月には「安全な距離を保っていた」と書いている。のちにケネディはその時期のことに触れ、「そのころ私は、法と秩序の下、自分の持っているものの半分を維持できるのなら、ほかの半分は手放そう、と思っていた」と書いている。しかし実際には、持っているものの半分を手放さなければならなかったという証拠はない。その年の冬、彼は経済的にも精神的にもウォール街に背を向け、パームビーチに行った。そして、その心地良い本拠地から彼が行ったハイレベルの交渉や操作は、お金儲けのためというよりも、むしろ将来的に役に立つ新たな同盟を結ぶためだった。ケネディはもはやお金の心配をする必要はなかった。彼の財産は安全に維持されていた。彼の関心は今やお金を権力に変えることに向いていた。彼はキングメーカーになること、特に大統領の選出に対して大きな影響を持つ人物になることを目指していたのである。数カ月後、ヘンリー・モーゲンソー・ジュニアの口利きによってアルバニーの知事公邸でフランクリン・D・ルーズベルトと旧交を温めるためにランチを取ることになった。ルーズベルトとは第一次世界大戦からの知り合いで、どちらかというと敵意を抱いていた相手だった。彼はルーズベルトに会って、次期大統領にしたい男を見つけたと思った。こうして彼の新たなキャリアは始まった。

ジェームズ・ポール・ウォーバーグも大暴落を切り抜けた一人だった。こういう金融状態にあって、彼の関心は自分自身が生き延びることよりも、もっと崇高で大局的な事柄に向いていた。大暴落の余波のなかで、彼は自分自身を救うことよりも彼の会社の顧客を救うために、そして大銀行の責任者として、スティール株やラジオ株の二ポイントの下落の原因を追求するよりも、アメリカからの金の流出やアメリカの資本市場の枯渇といった大暴落の余波を心配して、長時間骨身を惜しまず働いた。一九三〇年、彼はほとんどの時間を海外で過ごし、彼の銀行のヨーロッパの顧客探しに奔走した。アメリカに戻ると、チェースのウィギンとランチを共にし、ドイツでは新興のアドルフ・ヒトラーが権力を握ろうとしていること、その結果、新たな戦争を始めようとしていることを彼に話した。そのあと、ウィギンは尊敬すべきポール・ウォーバーグに電話して、「君の息子（ジェームズ・ポール・ウォーバーグ）はクレイジーだ。どこかに閉じ込めておいたほうがいいんじゃないか」と言った。

大暴落を乗り切ったケネディとウォーバーグの関心は金儲けよりも政治に向けられた。ウォール街は五〇年にわたって政治家を輩出してきたが、二人はやがて連邦政府に参画することになる。

四

リチャード・ホイットニーは全国的に名が知れていた。ただし、ベン・スミスのように悪名高い人物としてではなく、ヒーローとして有名だった。

それは文字どおり一晩で起こった。一〇月二四日から二五日の夜にかけてのことだった。暗黒の木曜日の昼すぎから数分たち、パニックが絶頂に達したとき、呆然とする一般大衆は、有名な銀行家グループがモルガンのビルに入っていくのを見た。彼らの名前はひそひそ声でささやかれ、すぐさま大衆の間に伝わった。時の銀行トップの目録とでも言おうか、その小グループにはナショナル・シティー銀行のミッチェル、チェース銀行のウィギン、バンカーズ・トラスト銀行のプロッサー、ギャランティー・トラスト銀行のポッター、ファースト・ナショナル銀行のバンカーが含まれていた。そして、ホストとして彼らを迎えたのはトーマス・L・ラモントだった。人々は突然希望に胸が膨らみ、それが何を意味するのかをすぐに悟った。待ちに待った市場に対する「組織的な支援」が始まったのである。銀行家たちは一堂に会して価格を守るために数百万ドルの資金を出し合い、モルガンを中心とする共同体を組成した。彼らはこれによって、一九〇七年の大暴落のときのように、パニックをとめ、国を救うことができると信じていた。

それはすぐに実現した。彼らはウォール街二三番地に入ってからわずか数分後に出てきた。ラモントはいつものようにオフィスで記者会見を行った。いつになく落ち着き、貴族的な雰囲気を漂わせながら、白髪の老人は何の気なしにバンセネ（ばね仕掛けで鼻に固定する眼鏡）を持ち上げながら、バカバカしいほどに陽気な言葉を放った――「空売りによってちょっとばかり経済は困窮したが、この状況を議論するために数行の銀行トップと話をした」。暴落は国の経済の混沌によって起こったのではなく、「市場のテクニカルな要因」によって起こったのだ、と彼は続けた（こうして、新しい復興策が必要となった瞬間に、新しい復興策は発布された）。ラモントは、支援共同体を結成したとははっきりとは言わなかった。なぜなら、支援共同体の存在はその行動によってすぐに明らかになると分かっていたからだ。銀行家の会議とラモントのインタビューを受けて、一時三〇分ごろには株価はすでに上昇し始めていた。リチャード・ホイットニーは取引所のフロアに現れた。肩幅が広く、首の太い彼の顔は、前日のキツネ狩りの余韻からか紅潮し、ポーセリアンクラブの象徴である金の豚が時計の鎖からぶら下がっていた。このモルガンのブローカーは、USスティールが取引されているポストへ大股で駆け寄り、取引所史上最大の単一注文を行った。最後の売値である二〇五ドルの指値で一万株の注文を出した。USスティールの株はそのとき二〇〇ドルをはるかに下回っていたため、彼は必要以上に高値で買ったことになる。そのあと彼はほかのさまざまなポストに赴いて、USスティールの割高な指値注文と歩調を合わせるかのように、ほかの優良銘柄についても同様の注文を出した。どの銘柄も前の売値で大量に注文を出した。彼の注文は総額二〇〇〇万ドルを超えた。それらの注文から数分たって、みんなは銀行家の共同体が機能し始めたことを、そしてリチャード・ホイットニーがフロアの推進役だったことを知った。どの株も大幅に上昇し、暗黒の木曜日は思ったほど暗黒にはならずに終焉を迎えた。

「リチャード・ホイットニー、株価の下落を食い止める」という見出しが翌日の新聞の一面に踊った。その木曜日、ホイットニーは俳優であり、善人であり、ヒーローの役割を演じた。彼の壮大なジェスチャーは最大の効果を狙って巧妙に考案されたものだった。しかし、そのあとの数日間は、取引所の理事長代理として、そして秩序ある市場を目指す銀行家の戦いの指揮者として、波打ち際に立って迫り来る波を押しとどめるよう命じたカヌート王のように、職務に励んだ。リーダーシップ（人によってはいじめと呼んだ人もいた）という持って生まれた才能を最大限に生かして、ホイットニーは堅実に誠実に、想像力を駆使して事を運んだ。一〇月二九日、売りが殺到し多忙を極めたため、売り注文は処理しきれなくなっていた。その日の昼、彼は理事長代理として、その状況を議論するため、取引所の管理委員会を招集した。その会議については緘口令が敷かれた。緘口令は守られ、パニックに新たな燃料は注がれずに済んだ。このために、会議はいつものように威厳のある理事室ではなく、トレーディングフロアの真下の取引所の地下にある清算会社の社長のオフィスで行われた。会議に呼ばれたのは理事のほかに、二人のモルガンのパートナーと銀行家共同体のそのほかの代表も含まれていた。二人のモルガンのパートナーがだれだったのかは今でも分かっていないが、ラモントが含まれていたのはほぼ確実で、もう一人はおそらくはリチャード・ホイットニーの兄のジョージだったと思われる。彼らはしばらくは護衛によってなかに入るのを止められた。取引所のビルにだれにも気づかれずに忍び込もうとしたところを見られ、護衛に疑いの目で見られたからだ。

パニックを鎮めようとして集まった人々そのものがパニック状態に陥った。実は、共同体はすでに崩壊状態にあった。資金（のちの報告書によれば二億四〇〇〇万ドルだが、もっと少なかったという人もいる）はあまりにも速く、あまりにも無駄に消えていくため、追加資金を供給しなければ、市場を救う試みは失敗に終わりそうだった。結局、追加資金が供給されることはなかった。その日、ラモントは共同体が方向転換し、株を売り始めたことを否定しなければならなかった。ホイットニーはこの会議のことをのちに次のように言っている――「参加している人々の気持ちは、煙草に火をつけ、一～二度吸っては消して、再び新しい煙草に火をつけるという行動に現れていた」。

彼らにとって最大の問題は、取引所をただちに閉鎖――おそらくは無期限に――するかどうかだった。取引所はこれまでの歴史において二回閉鎖されたことがある。一八七三年の大不況のときと、第一次世界大戦が始まったときだ。閉鎖もやむを得ないとする者もいたが、ホイットニーを中心とするそのほかの人々は、そんなことは「考えられない」と反発した。反対派は、取引所を無期限に閉鎖すると、証券担保の銀行ローンが凍結され、保有証券の流動性がなくなり、一般大衆にあらぬ想像をさせてしまうとして、取引所の無期限の閉鎖に反対した。一九一四年のときのように、不正市場が通りにはびこり、国の銀行システムと経済は麻痺するかもしれないという危機感を反対派は感じていた。勇気と不屈の精神が必要だった。ショーは続行しなければならない。この議論は反対派が勝利した。その日、取引所は通常の大引け時間まで開いていた。しかし、翌日の三〇日、ホイットニーとその仲間は歩み寄りの姿勢を見せてきた。ペーパーワークをこなすために一週間ほぼ二四時間働きづめだった取引所の従業員が肉体的に限界を超えていたことが明らかになったのだ。管理委員会は「特別休暇」と、取引時間の短縮を決めた。三一日の火曜日、取引所は通常の一〇時ではなく一二時にオープンし、金曜日と土曜日は「特別休暇」で、ペーパーワークに当てられる。通常営業になるのは翌週の月曜日だ。ホイットニーは水曜日の午後、取引所の演台からこの計画を発表し、もう一つ暴落を防止する劇的な手段に出た。これには彼の天賦の才が現れていた。通常、取引所の理事長がフロアに対して何かを公表するとき、ティッカーは止められる。しかし、取引所がたとえ数秒の間でもクローズするという印象を海外に与えないために、ティッカーは理事長が話している間も動かし続けることにしたのだ。

計画は基本的にうまくいった。取引所は落ち着きを取り戻した。取引所を部分的に閉めるのは、暴落を止めることが目的ではなく、実務的で人道主義的なことであるとする考え方は非常に効果的だった。これがうまくいったので、部分的閉鎖は延長された。一一月の間、取引時間はほぼ毎日短縮され、「特別休暇」も増えたが、人々の警戒が高まることはなかった。しかし、不快感を覚えるほどの株価の下落は一一月中旬まで続いた。そして、下落が最高潮に達した日、取引所当局は出来高を数えるのをやめたため、どれくらいの出来高になっているのかは把握できないままだった。危機の週の間中、ホイットニーは見事な手腕を発揮した。通りを歩いていても、クラブでも、公的行事でも、彼は行く先々で、暴落を不安視する同じ質問を受け、彼を信頼して嘆願する声に直面した。彼に私生活はなかった。彼は一般大衆をまとめることができる唯一の人物だった。危機の間、彼と彼の関係者たちはずっと「追われる身」だった、と彼はのちに述べている。しかし、彼のなかにはそれを愉快に思う部分もあった。命令を下し、頼られ、グロトンの監督生として道徳的権限と、一時的な救世主としてむき出しの権力を持つことは、彼にとって魅力的だった。彼には貴族のような雰囲気があり、超然とし、肩幅が広く、凝視するようなまなざしを持ち、そしてにっこり笑って任務を遂行した。取引所のフロアの下での「地下の会議」は続いた。ウォール街はついに彼らを嗅ぎつけ、ホイットニーとラモントは潜望鏡を使って、フロアの穴から上の活動を一部始終見ていたという、事実無根の噂が流れた。会議を終えるたびに、ホイットニーは、感情は出さずに、堂々としているように、と彼らに言った。そして何とも皮肉なことに、不遇の時代、フランクリン・D・ルーズベルトが好んで使った戦術を予見させるような言葉で、「少年よ、今こそ微笑を！」と言った。

少年たちは微笑み続け、ついに市場の下落は止まった。売り崩しの噂を聞きつけたホイットニーは、一一月、取引所の全会員に対して株式の空売りポジションを持っているかどうか抜き打ちテストを行った。結果は彼を満足させるものだった。売り崩しは「小規模で行われているため、ほとんど無視できる」もので、抜き打ちテストの結果発表は市場の安定化に極めて効果的だった。一一月三〇日、取引所の管理委員会は危機におけるホイットニーの功績を評価する決議を可決した。決議には、「緊急事態がこれらを処理する能力を持つ人物を生みだした」と書かれてあった。

ホイットニー自身は、秋の出来事は「この素晴らしい国でのわれわれに対する信頼を向上させた」と述べて信用を大幅に拡大させていった。秋の出来事が彼に対する人々の信頼を拡大させたのは確かだ。しかし、彼がこれを成し遂げた裏には個人的な犠牲があったことを人々は知らなかった。暴落で二〇〇万ドル失ったと彼はのちに語っている。もちろんこれは含み損を意味していたのは確かだが、それでも相当に手痛い損失だった。やがて彼が経済的な問題を抱えていたことが次第に明らかになる。しかし、市場が危機に瀕していた週、そういった問題に一瞬たりとも惑わされることなく、給料も支払われない取引所の理事長代理としての責務を果たした。彼は本当に立派で、まさに生まれながらのリーダーだった。

五

その年、そしてその一〇年の最後の午後、証券取引所の鐘が荒々しく鳴った。年一回の大みそかのパーティーは、第三六九歩兵連隊バンドをフロアの真ん中に迎え、これまでになくにぎやかに、大引けの一時間三〇分前に始まった。鳴り物がメンバー、事務員などみんなに配布され、潜り酒場もランチタイムには黙認されてお咎めを受けることはなかった。最後の鐘が午後三時に鳴ると、大喧騒はブロードウェーまで鳴り響いた。この祝賀パーティーには理由があった。「それ」が終わったと思われたことと、暴落に伴って出来高が大幅に伸び、何千という事務職が創出され、何百万ドルという手数料が手に入ったからだ。九月から失業率が七五万人から三〇〇万人に増えたが、資産を株に投資していない人にとってウォール街は一時的な繁栄の島になった。これはウォール街が計算づくでやったことではなく、まったくの偶然で、皮肉以外の何物でもなかった。しかし、一般大衆とウォール街との間には大きな明暗差があった。蚊帳の外に置かれた一般大衆のウォール街に対する敵意は次第に高まっていった。

今やホイットニーはウォール街のシンボル的存在で、彼の動きや彼の言葉は映画スター並にマスコミで報道された。一月、床屋でヒゲを剃っている間、おしゃべりをしなかった見返りに、床屋にフロリダ旅行をプレゼントしたことがニューヨーク・タイムズ紙で報じられた。その年の終わり、暴落を止めるために行ったあの有名な大量の買い注文(「USスティールを二〇五ドルの指値で発注」)で知られる取引所のナンバー2は厳かにフロアから引退し、彼には記念品が贈呈された。記念品は彼のオフィスロビーに飾られた。一九二九年に取引所を不在にした理事長のシモンズは一二月にはハネムーンから戻っていたが、任期の満了とともに取引所の理事長職を退くことをすでに決めていた。一九三〇年四月、取引所で選挙が行われたが、当然のことながら、ほぼ一年にわたって代理を務めたホイットニーが正式に理事長に選任された。

その春、市場は見事に復活し、楽観主義が広がった。四月、ダウ・ジョーンズ工業株平均は一一月の安値を五〇%も上回った。それは一九五四年まで二度と再び見ることのできない水準であることを人々はまだ知らなかった。五月、商務長官は「二~三カ月以内にはビジネスの状態は通常に戻るはずだ」と言った。翌月、労働長官は「最悪の事態は間違いなく終わった」と相づちを打った。そして六月には、フーバー大統領自身も、公共事業の要請にやってきた牧師代表団に上機嫌で返事をした――「来るのが六〇日遅かった。不況はもう終わってしまったからね」（フーバーは、繁栄はもうすぐそこまで来ていることはけっして言わなかった。彼の伝説は「ビジネスも産業も一時的な危機を脱したという明確な兆候」が見えた、と一月の記者会見で彼が言ったことが間接的に引用されたところから来ているのかもしれない）。

しかし、夏から秋にかけて回復基調が弱まり始め、取引所に対する一般大衆の敵意が増大し始めると、ホイットニーは敵意を沈めるために講演活動に駆けずり回った。今ではニューヨーク、ワシントン、そして全国的にホイットニーはウォール街の声として受け入れられるようになっていた。親しみやすさもなく、一般の人々にほとんど興味のないお高くとまったホイットニーが国民の前ではウォール街の擁護者だったというのは矛盾した話だが、ホイットニーはルーズベルト同様、生まれついてのリーダーであり、階級間の障壁や個人的な好みを超越することができたのは彼の持つリーダーシップのおかげだった。彼は一般大衆とのコミュニケーション能力に長けていたし、一般大衆と話をするのも好きだった。事実、彼は金融家というよりも優れたコミュニケーターだった。さらに彼が隆盛を極めたのは、それがアメリカ人の多くが自分たちよりも社会的地位が上だと感じる人物に影響を受けることを好んでいた時代だったからだ。彼は超然として、一般人の好みに自分を合わせるようなことはしなかった。だから、一般大衆は彼のことが好きではなかったかもしれない。しかし、彼の言うことには耳を傾け、彼を信じた。

一九三〇年九月、彼は「不況」は過剰生産と人工的に誘導された高価格によってもたらされたものであるとニューヨーク商協会で講演した。「不況を株式市場の暴落のせいにするのは、馬の前に荷馬車を置くようなものである」と彼は説いた。事実、株価は景気の「バロメーター」であり、不況の原因というよりも結果であり、今の不況は市場が崩壊した九月や一〇月にさかのぼって考えるよりも、一九二九年五月にさかのぼって考えるべきである、というのが彼の主張だった。ニューヨーク・タイムズ紙は社説で、「この興味深い分析を支持する意見は多い」が、ホイットニーの考えは少し「無情すぎる」のではないかと書いた。リンゴ売りがアメリカの街角で初めてはやるようになった一九三〇年一〇月、ホイットニーは育ちの良い女子青年連盟の同情的な女性たちに、証券取引所について穏やかでご都合主義的な意見を述べた――「私たちは会員として適切な人物を選び、彼らのビジネスがうまくいくように努力している」。同じ月、ホイットニーの提案で、彼と副理事長のアレン・リンドレーはホワイトハウスでフーバー大統領と会食をした。この会合は注目を浴び、ウォール街とペンシルベニアアベニューとの間の友好関係を示唆するものと解釈されたが、正式表明はなかった。リンドレーはのちにマスコミに、会食は「個人的」なもので、「とても楽しいひとときだった。私たちはいろいろなことについて話をした」と述べた。

一九三一年、平均株価は一九二九年の安値の半分になるまで下落し、一九三〇年に三〇〇〇万人から七〇〇〇万人に急増した失業率は一〇〇〇万人の大台に向かって増加の一途をたどっていた。ホイットニーはウォール街の擁護者としての役割以上の仕事にますます忙しく、ウォール街の政治家となっていた。一月、彼は不安の種だったボストン商工会議所に対して、証券取引所が「自分勝手で不可解な方法で運営されている」ことを否定した。彼は野球やフットボールから引いたスポーツ精神の例えを使って、彼らに懸命に訴えた。四月、取引所理事長の二期目に無競争で推薦された彼は、フィラデルフィア商工会議所で「商売における誠実さ」について講演した。証券詐欺は過去のものというのは「まったくのウソ」であると彼は警告した。それどころか、証券詐欺はかつてないほど蔓延し、投資家に何億ドルもの損失をもたらしている。それら犠牲者のほとんどは貧しい人々だ。闇取引業者、虚偽の会社報告書、過剰投機の投資信託はそういったダマシのテクニックだと彼は言った。取引所の会員もまったくの潔白というわけではなかった。「人をだます証券犯罪は卑怯だ」と彼は言い、取引所の役員は民生権限と協力して犯罪者の追究に努力することを約束した。それは熱心な改革者のスピーチであり、ウォール街のイメージを守ることを委託された男の率直な意見だった。しかし、このスピーチはのちにまったく異なる文脈で彼に付きまとうことになる。九月、彼は不況の現実を受け入れようとしない人々を痛烈に批判した――「つまらない空虚な考えがはびこり……率直さと現実主義に欠け、夜中に墓場で口笛を吹こうとする態度が蔓延している……」。

ホイットニーは取引所が混乱に陥っていることを認識していた。国家経済は悪化の一途をたどっていることは彼も認めざるを得なかった。一九三一年の夏、銀行の一連のパニックと破綻がヨーロッパを襲った。六月に提案され、七月に採択されたフーバーの一年間の銀行間の支払い猶予はその状況を一時的に緩和したにすぎなかった。そして、九月、一世紀にわたって国際的決済通貨として使われ、かつては大英帝国の経済力を背景にして栄えた英ポンドが、金本位制の停止に踏み切り、イギリスの経済の嵐にさらなる強風を注ぐことになる。アメリカは危なげに金本位制を続行していた。つまり要求に応じてドルと交換に金を売っていたわけである。これによって財務省から海外へそして自国民へとドルが流れ、六カ月もしないうちに国の金の備蓄はおよそ半分に減少した。一九三一年四月から九月までのわずか五カ月で、アメリカの工業生産は一八%、工場の賃金は二〇%、建設契約数は三〇%減少し、普通株は四〇%下落した。

ホイットニーはハリケーンの風に勇敢に立ち向かっていた。九月二一日の月曜日、イギリスが金本位制から離脱した日の翌朝は、ウォール街にとって恐ろしくスリリングな日となった。彼は取引所がオープンする四五分前の九時一五分に管理委員会を招集した。パリ証券取引所以外大きな取引所はまだ開いておらず、アメリカの証券取引所を閉鎖するかどうかが審議された。これはまた拒否された。実用的な理由からも、神聖なるものを残すという意味でも、市場は存続させるべきであるというのが理由だった。ホイットニーは今回は空売りを緊急禁止するという形で自由放任主義の一時的な停止に同意し、すでに混乱した市場を巧妙に利用することを禁じた。そして市場が開く直前に演壇からこのことを発表した。予想どおりその日市場は大きく下落したが、次の二日間にわたって急騰した。そして、水曜日の朝、ホイットニーは、事態は正常に戻ったこと、そして空売りを再び許可することを発表した。次なる危機は避けられた。ホイットニーの公人としてのキャリアは一九三一年に終わったが、いまだに栄華の頂点にあった。

六

しかし、ホイットニーはこの重大な役割を果たす間も、個人的には深刻な金銭トラブルを抱えていた。

彼の金銭トラブルは大暴落のずっと以前にさかのぼり、その原因は大暴落ではなかった。彼は彼と彼の一族の社会的地位を維持するためと、個人的な好みから、贅沢な暮らしを送っていた。エアーシアの乳牛や馬にお披露目パーティーと出費はかさみ、不況の真っただ中でも彼の一カ月の請求書は五〇〇〇ドルを上回ったと彼はのちに回顧しているが、実際にはこれ以上だった。しかし、彼にはそういったライフスタイルを維持する資産はなかった。彼の取引所の会員権は一族から借りたお金で買ったものだった。モルガンのブローカーとしての仕事は彼に現金以上の名声をもたらした。総収入は年六万ドル以上に上ったが、会社の諸経費がかさみ、ビジネスは公営というよりも少数の裕福な友人や親戚とのみやっていたので、ほかのブローカービジネスは進展しなかった。全キャリアを通じてモルガンのブローカーで、今では取引所の理事長でもある彼は常にお金を必要としていた。ときには喉から手が出るほどにお金を必要とするときもあった。実用上、お金が必要であると同時に、心理的にもお金を必要とした。大きくて強靭な肉体と意志を持ち、良家の出身で有能ではあったが、彼の心には悪魔が巣くっていた。彼の行く手には常にモルガンのパートナーである兄ジョージの影があった。ジョージは一九三〇年にはモルガンの右腕としてラモントの後継者に選ばれていたため、「普通」のパートナーではなかった。兄ジョージは、ホイットニーよりも少し年上で、少しハンサムで、少し人に好かれ、はるかに慎重で、金銭的に抜け目がなく、ウォール街の個人的な金銭的価値を測る尺度によれば、ホイットニーよりもはるかに成功していた。二人は出入りする社交サークルも違っていた。リチャードはスポーツに造詣が深く、ジョージは真面目で、知的だった。しかし、二人ともいろいろなアーバンクラブ（ニッカーボッカー、リンクスなど）の会員というのは共通していた。アーバンクラブでは、ジョージはホイットニー家の名を汚さぬように真面目に振舞い、ディック（リチャード）は面白いバッドボーイとして通っていた。ディックが唯一兄に勝っていたのは、彼の新しい役割から生まれる個人的な名声だけだった。

一九二一年、リチャード・ホイットニーはジョージからお金を借りたことで、しばらくの間後ろめたさを感じていた。リチャードは最初は期限どおりに返済していた。したがって、一九二六年にはタウンハウスを購入するためにさらに一〇万ドル借りることができた。二人の間ではそれほどの大金ではなかった。これも期限どおりに返したようだ。お金が欲しくてたまらないディックは、やがて株の投機に手を染め始める。一九二三年、彼が最初に興味を持ったのはフロリダ・ヒューマス・カンパニー（ピートヒューマスの化学肥料としての利用を実験していたベンチャー）だった。それからまもなく、また別のフロリダの無名な会社のコロイダル・プロダクツ・コーポレーション・オブ・アメリカに興味を持った。これらの株は青天井銘柄で、良識的なブローカーはどんなに熱狂しても怖くてけっして手を出さない銘柄だった。しかし、やがてウォール街で最も有名になるこのブローカーは、自分の意見が正しいことに揺るぎない確信を持っていた。しかし、悲しくも驚くべき事実は、実は彼は典型的な株式市場のカモだったということである。彼のフロリダベンチャーへの最初の投資は失敗するが、ホイットニーのこれらのベンチャーに対する情熱は失敗に比例して大きくなっていった。彼は損失を減らすのではなく、増やしてしまうというカモの典型的な過ちを犯してしまった。一九二〇年代の終わりにはフロリダの経済が崩壊し、株価は特売品価格のように下落した。しかし、彼は株価の回復で大儲けしようとさらに巨額の金をつぎ込んだ。これらのお金は兄とブローカーの友人の一人から借りたものだった。一九二八年の間にジョージ・ホイットニーが弟に貸したお金の総額は三四万ドルに達し、Ｅ・Ｂ・スライという人物も彼に二五万ドル貸した。これらはすべて無担保で貸し付けられた。そしてすべてのお金は、ディック・ホイットニーがピート・ヒューマスとコロイドで大金を稼ぎ富者の仲間入りを果たすというギャンブルに投じられた。

一九二九年、彼はまだ投機に夢中だった。その年の二月、フロリダの投資のために兄からさらに一七万五〇〇〇ドル借り、三月にはさらに五〇万ドル借りた（このときは借りるのをさすがにためらったが）。これは取引所の会員権をさらに買うためだった。リチャード・ホイットニー・アンド・カンパニーのさらなる拡張に必要だと思ったからだ。一九二八年の借金も未払いのままだったが、ジョージ・ホイットニーはこれらのお金を貸した。リチャードを弟として信用していたのは言うまでもないが、もっと実用的な動機もあった。ジョージは弟のフロリダベンチャーへの投資がうまくいくとは思っていなかった。今ではディックの最も貴重な資産、つまりリチャード・ホイットニー・アンド・カンパニーの信用は追加資金を投入しなければ、フロリダベンチャーへの投資によって危険にさらされることになるとジョージは思ったのだ。そこへやってきたのが大暴落と、ディックが突然名声を得たことだった。しかし、お金持ちにはなれなかった。一〇月、J・P・モルガン・アンド・カンパニーは、リチャードが不運な銀行家共同体の運営にかかわる日々の巨額の決済を処理するのを助けるために、彼に一〇万ドル信用貸しした。このお金は全額一二月の最終日に返却されたが、そのほかの無担保の借金はまだ返却されないままだった。彼の証券を担保にした商業銀行に対する巨額の借金はもちろんのこと、リチャード・ホイットニーは友人のスライに対して二五万ドルと、兄のジョージに対して一〇〇万ドルを少し上回る額を借金したまま一九二〇年代を終えた。

自分の率いる取引所の上場に適しているとは夢にも思わない株への投資によって、にっちもさっちも行かない状態になり、兄の底なしの寛大さによって判断の誤りから救われたが、一九三〇年と一九三一年には崇められ恐れられたウォール街の声は経済的破綻の瀬戸際にあった。ずっとあとに行われた計算によると、一九三一年六月三〇日現在、常に何百万ドルもの大金を扱っていたリチャード・ホイットニー・アンド・カンパニーの実際の純資産は三万六〇〇〇ドルしかなかった。しかも、この数字には彼の無担保の借入金は含まれていなかった。ウォール街のだれ一人として彼の会社がこうした危険な状態にあるとは夢にも思わなかった。J・P・モルガン・アンド・カンパニーのオフィスではディック・ホイットニーを不安視する声が高まったが、彼はJ・P・モルガンのブローカーとして、またパートナーの弟として一般によく知られ（J・P・モルガン自身はあまりよく知らなかったが）、ウォール街では取引所というけばけばしい世界からの使者としては面白く人目を引く人物として好ましく思われていた。ジョージ・ホイットニーはろくでなしの弟に対して大金を信用貸ししていることをパートナーにさえ言わなかったが、オフィスでは弟のビジネスに対する決定については信用できないと話していた。一九三〇年か一九三一年のいつだったたか、モルガンのパートナーであるトーマス・コクランは、リチャード・ホイットニーの親友である有名なブローカーのハーバート・G・ウェリントンに人知れず近づいた。ディックの問題は、彼が投資の判断を間違えたことだ、とコクランは言った。「私たちはみんなディックを愛している」と、彼はモルガンのパートナーに似つかわしく、陽気にビジネス調ではない口調で言った。「私たちは彼の会社の立て直しを助けたいと思っている。彼にはオフィスボーイでないパートナーが必要だ」。そのあと問題の核心に迫った。つまり、コクランはウェリントンの好調なウェリントン・アンド・カンパニーとリチャード・ホイットニー・アンド・カンパニーを合併させる気だったのだ。

ウェリントンはホイットニーを慕っていたとはいえ、バカではなかった。彼は、そんなことは考えていない、と言った。ウェリントンの説得に失敗したモルガンの会社は直接的な行動に出た。目下の問題は、コーン・エクスチェンジ銀行からホイットニーへの五〇万ドルの貸付金だった。それは支払い期限はとうに過ぎていたが、まだ返還されていなかった。のちの話から判断すると、この件はモルガンのオフィスでは大きな問題になった。ホイットニーのフロリダへの投資額を推定した結果、その額の多さに驚いたモルガンのオフィスは、結局は窮地に陥っている善人を助けることが正しいことであると判断した。最終的には、一九三一年六月二九日、J・P・モルガン・アンド・カンパニーはリチャード・ホイットニーに九〇日の期限で五〇万ドルを年五％の利率で無担保で融資した。一九三一年にしては法外な利率だった。

こうしてリチャードはとりあえずは危機を脱した。コーン・エクスチェンジ銀行からの借入金はモルガンマネーによって支払われ、ホイットニーの負債はあまりうるさくない債権者に移転した（融資を受けたとき、ホイットニーはコーン・エクスチェンジ銀行の重役だったため、コーン・エクスチェンジ銀行はこの件に関してはあまりうるさく言えなかったが、この事実がモルガンのパートナーたちを不安にさせた）。しかし、ホイットニーはフロリダベンチャーへの投資からなかなか抜け出せないでいた。今では、彼の投資額は一五〇万ドルに膨れ上がっていた。そして期限の九〇日が来ても、モルガンにお金を返すことはできなかった。モルガンの好意によって期限は九〇日、そしてまた九〇日と延期されていった。ホイットニーにとって幸いだったのは、みんなが彼を愛していることだった。しかし、兄のジョージほど彼を愛している人間はいなかった。ジョージは九月、弟の借入金のために自らの証券を担保に差し出した。つまり、弟の借金を全額肩代わりしたわけである。ホイットニーは家族の生活費に依然として月五〇〇〇ドル使っていたが、依然としてウォール街一健全な男とみなされ、今ではその優れた技量で取引所を世界恐慌の危機から救うことに奔走していることは国中に知れ渡っていた。彼の一九三一年は、返済できない二〇〇万ドルの負債を負って過ぎようとしていた。債権者が永遠に支払いを猶予するか、フロリダのビジネスで奇跡が起こるしか、彼を倒産から救う道はなかった。

七

一九三二年初期、失業率は一〇〇〇万人から一二〇〇万人へと膨れ上がっていた。全労働人口の四分の一が失業している計算だ。工業生産高は一九二九年の半分に落ち込み、上場している株の価値は一九二九年のピーク時のおよそ五分の一に減少し、週に一億ドルのペースで金は米国から海外に流出し、一〇億ドル相当の通貨やコイン（そのほとんどが金）が恐怖におびえるアメリカ人によって買いだめされていた。つまり、アメリカは経済危機の真っただ中にいた。この危機に対処するためフーバー政権は復興金融公社を設立し、連邦資金を銀行や企業に注ぎ、彼らを倒産から救うことで、雇用機会を増やし、貧困者たちにその恩恵を「かみしめさせた」。失業者に対しては連邦政府からは一ペニーの救済もなく、個人的な慈善活動は実質的に倒産したため、この処置は「大企業に対する救済策」と呼ばれた。一一月に大統領選挙を控え、フーバーと共和党は国の災難の責任を転嫁するスケープゴートが必要だった。彼らが責任を転嫁する相手として見つけたのがウォール街だった。特に、空売りを槍玉に挙げた。

空売りに対する議論は反対派と賛成派に別れて複雑だったが、簡単にまとめると次のようになる。スタッツとアラン・ライアンが売り崩しによって崩壊したことを考えると、空売りは、株式市場を作為的に下落させるために売り崩しを組織的に行い、不必要に企業とその株主に損害を与えることが目的だったことは明らかだ。さらに、他人を不幸に追いやりそれによって利益を得るという空売りの根源的な目的は、かつて賢明で思慮深いオットー・H・カーンが言ったように、「正しい考えを持った男を寄せ付けない」ことにあるように思える。したがって、政治的な批判の的になりやすい。空売りを擁護するには、高度でしたがって簡単に理解できない概念を必要とするため、擁護者は果てのないフラストレーションを感じる。これもまた政治的な批判を受けるのにふさわしい。しかし、空売りとは、対象物を保有していない状態で特定期日に対象物を特定価格で手渡すことを約束する行為にほかならない。こうした取引は商売では普通に行われ、広く受け入れられている。これを禁じるということは、自由市場に干渉することを意味する。重要なポイントはまだある。例えば、空売りはあとで買い戻さなければならない。したがって、空売りは、市場を下落させるのではなく上昇させる潜在的な購買力の温存とみなすことができる。フロアスペシャリストやトレーダーによって広く行われ、市場に流動性をもたらす空売りが行われなければ、株価はもっと激しく上下動し、不用心な投資家のリスクは高まるはずだ。一九三〇年と一九三一年に空売りの擁護者によって繰り広げられたこの理論的な議論は、実際の経験に裏付けられたもののように思える。証券取引所における空売りを長期にわたって禁じたり厳しく規制する試み——オランダでは一七世紀、フランスでは一八世紀、イギリスでは一九世紀、ドイツでは二〇世紀の初め——はすべて失敗に終わっている。空売りは地中のミミズのように感じは悪いが、重要な役割を果たすものなのである。

しかし、こうした議論が政治的に逆境に立たされた大統領や政党を思いとどまらせることはなかった。ウォール街の邪悪な力を求めて、個人的な利益のために国をひざまずかせた大悪党が共和党の大物であるリチャード・ホイットニーだったのは、その時代の多くの皮肉の一つだった。

すでに見てきたように、ホイットニーは売り崩しの調査のために、一九二九年の大暴落の直後、すでに一度呼び出されていた（このとき彼は空売りを擁護した）。空売りに対する抗議は市場が上昇していた一九三〇年の初めに突然姿を消した（市場テクニックに対する批判は市場が上昇するといつも謎の消失を果たした）。しかし、その批判は一九三一年の初めに再び聞かれるようになり、今回は緊急性を帯びていた。その年の五月、証券取引所はホイットニーの命を受けて、すべての会員企業に毎営業日ごとにその会社あるいは顧客が保有している空売り株数の報告書の提出を義務づけるルールを導入した。これは、だれがどれくらい空売りしているのかを管理する強力な手段となったが、実際には空売りを規制することはできず、空売りの批判者は不服だった。ポンド危機によって空売りが二日間にわたって緊急に禁止された月の翌月の一〇月、ホイットニーと取引所は、すでに下落している株を空売りすることを永遠に禁じるルールを導入した。

売り崩しの基本原理はすでに下落している株をさらに下落させることにあるため、これは売り崩しにとって長年の懸念だった手ごわい障壁となった。ちなみにこのルールは今でも存続している。しかし、市場操作者の能力は高く、これは完璧な障壁にはならなかった。選挙は日一日と近づいているにもかかわらず、市場は依然として大きく下落し、人々の叫び声は続いた。叫び声が最高潮に達した一二月、ＮＹＳＥ（ニューヨーク証券取引所）と空売りに重点を置いて、すべての証券市場の大々的な調査を行うという決議が上院で可決された。これを強力に推したのは、一九三二年の大統領選挙に合わせて、ウォール街の民主党グループが一連の大きな売り崩しを計画しているという噂を聞いたコネチカットの共和党上院議員だった。売り崩しが行われるとフーバーは困難な状況に追い込まれることになる。共和党であれ民主党であれ、市場操作者は政治的な動機のためだけに大金をリスクにさらすと信じていたことからすれば、この上院議員はウォール街のことを何も分かっていなかったようだ。しかし、その上院議員たちはどういったことでも信じるほど死に物狂いだった。恥ずべきものを打ち壊せ！　一九三二年一月、ホイットニーは数人の側近を連れて再びホワイトハウスに出向いた。今回はフーバーに呼ばれてやってきたのだが、会議は一五カ月前の和やかな雰囲気とは違っていた。これについてホイットニーは公に説明しなかったが、のちのフーバーの回顧録によると、「リチャード・ホイットニーに……自分の家を自分自身で掃除する措置を取らなければ、連邦規制に関する法律によって議会に取引所を調査させると警告した」と伝えられている。会議は「和やかな雰囲気」どころか、連邦規制をちらつかせた大統領の脅しに近かった。すでに一〇年にわたってウォール街の悪夢と化していたワシントンとの関係は、これを機に協力関係は終焉を迎え、厳しく、時として滑稽な敵対関係がそれから長く続くことになる。

三月の初め、上院はサウスダコタ州のピーター・ノーベック議長の下、銀行通貨委員会にウォール街と売り崩しを調査する権限を正式に与えた。ウォール街は背中から撃たれた思いがした。四月の初め、聴聞会まで一週間を切ったとき、トーマス・ラモント率いるウォール街の銀行家トップのグループがフーバーに抗議の文書を送ってきた。フーバーは独善的な回答でそれを退けた。彼が回答を送ったまさにその日、ウォール街が複雑な説得手段に出ようとしていることを知った。全員が共和党で構成され、ミルズ財務長官の仲介で結成された強力なニューヨークの銀行家委員会は、ひどく下落した債券市場を支援し、ひいては窮地に陥っている政権を助けるためにプールを構築していた。委員会は、上院による調査が中止されないかぎり、「強力な金融機関」はプールに参加しないと言っていることをフーバーに伝えた。

こうして、ウォール街は今度はフーバーに脅しをかけ、秘密を握っているという含みを持たせた。ウォール街は今や荒廃し、死に物狂いで守りの構えになっていた。ラモントが暗黒の木曜日に記者たちに愛想よくパンセネを揺り動かしていた時代とはまったく違うものになっていたし、ホイットニーが大暴落の直後に示した、追い詰められても威厳のある態度を示す姿とは違っていた。ラモントは公開は控えてくれと嘆願し、ホイットニーは校長に叱られる男子生徒のようにフーバーの前に立ち尽くし、主要な銀行家は恐喝に手を染め、一九三二年春のウォール街は活力も責任感も失っていた。ウォルター・ガットマンは不況の最中のウォール街を一一月のケープコッドのビーチリゾートに例えた。一一月のケープコッドは、ハリケーンが襲来し、住民はだれもいなくなる。ビジネスは停滞し、失業したリンゴ売りは街角に立ち尽くし、ブローカーの給料は週一〇ドル、若い精鋭たちはウォール街を疫病のように避け、ウォール街は今やワナにはまった動物と化していた。陰鬱で危険な自己防衛本能のみが働いていた。フーバーや上院が聴聞会の中止を真剣に考えたかどうかは記録にはない。いずれにしても、一九三二年四月八日の一連の劇的な出来事によって、聴聞会の中止や延期はなくなった。

その日——金曜日——フランスの投機家が一斉にドルに攻撃を仕掛けていると、ヨーロッパから噂が流れてきた。アメリカにイギリスに追随して金本位制から離脱させることが狙いだった。そうした攻撃の結果か、噂のせいかは分からないが、外為市場でドルがほかの通貨に対して大幅に下落し、アメリカからのすでに壊滅的なほどの金の流出は加速した。もし噂とその影響が今の時代に聞き覚えがあるとすれば、国際金融は今も昔も変わらないということだ。しかし、一九三二年四月のケースでは、不正行為が行われているという予感があり、興味をそそった。さらに、八日の金曜日、フランス警察が突然、『フォーシズ（Forces）』を全部数差し押さえた。『フォーシズ』はずけずけと物を言う週刊金融誌で、発行人はマーテ・ハーナウという女性だった。彼女は一種の女性金融スパイで、彼女のやっていた銀行業やブローカービジネスが闇取引であることが発覚した一九二八年、彼女は投獄された。彼女は刑期を務め上げ、今ではもっともらしい極悪非道なウソを広めることでドルを攻撃している。一方、アメリカでは、翌朝（九日の土曜日）にNYSEで一〇〇万ドルの売り崩しが行われるという出所不明の噂が広まっていた。これは政治的な噂というよりはコマーシャルだった。これを受けて、二週間にわたって恐慌時と同じくらい落ち込んでいた株式市場はさらに激しく下落した。この危機的な興奮状態のなか、上院銀行通貨委員会が動いた。聴聞会は予定を繰り上げて翌週の月曜日（四月一一日）の朝行われることになり、金曜日の遅くにニューヨークの自宅で召喚状を受け取ったホイットニーは第一証人として出席するよう命じられた。

月曜日の朝、彼は聴聞会に出席した。聴聞会が性急に行われたことで大きな混乱を招いた。

聴聞会室は傍聴人でごった返していた。ファイリングボックスのうえに座っている人もいれば、席のない人は、ホイットニーの座っている証人席の椅子の背にもたれていた。この聴聞会に対する関心は国中で高まっていた。上院議員やフーバーにとって困ったことに、人々の気持ちはホイットニーに傾いていた。ホイットニーは依然として勇ましいウォール街の救済者として世間から注目されていた。大暴落の元凶であるひねくれた金の亡者や株式操作者とはかけ離れた貴族の世界からやってきた、恐れを知らず非の打ちどころのない騎士。国とよろめく群衆を苦難から救い出す強力な陸軍元帥。彼の名前と写真は新聞・雑誌の至るところに載った。二週間ほど前、アーティストでリポーターでもあるS・J・ウルフは『ワールズ・ワーク(World's Work)』で彼のことを物静かな巨匠と表現し、「リチャード・ホイットニーは(ウォール街の)激しい喧騒のなかにいるが、不思議にもそれに加担はしていない」とコメントした。おなじ週、ジョン・T・フリンは『コリアーズ(Collier's)』に渋々ながらも尊敬の念をこめて、「ホイットニーはウォール街で最高のブローカー」と書いた。ウォール街の過激な批判家として知られるジョン・T・フリンは一年後、調査を行う上院委員会の職員になる。

ホイットニーとウォール街に対する擁護が高まり、上院議員たちは準備に手間取った。上院議員のなかで金融に精通していたのはジェームズ・カズンズとカーター・グラスの二人だけだったが、彼らの一人はリチャード・ホイットニーを兄と混同し、証人は兄のほうだと思っていた。彼らの無知さぶりはホイットニーに有利に働き、審理は経済学の授業となった。はっきりとした口調で、文法やアクセントにも気を配り、エレガントな物腰で、ホイットニーは彼らに講義し、貴族らしい寛容さで彼らの間違いを正した。証券取引所は自分自身で十分に秩序を保ってきた、だから調査の必要はない、とホイットニーは訴えた。証券取引所には売り崩しを禁止する法律はないが、「市場を混乱させる」ことを目的としたいかなる行動も禁じ、罰してきた。そして、それは明らかに売り崩しを目的としたものであったため、それを禁じた。つまり、前の土曜日に起こったとされる売り崩しは実際には存在しなかったということになる、とホイットニーは冷ややかに指摘した。「売り崩しは」とホイットニーは人を諭すような口調で言った。「ニューヨーク証券取引所の規則違反である。だから、売り崩しなど起こるはずがない」。

それが一角獣やドードーといった絶滅種のような神話を意味するかどうかは彼は言わなかったが、政権を揺るがそうとするウォール街の陰謀説を彼はあざ笑った。忍耐強く解説しながらダラダラとしゃべり続けるなか、彼は自分のことを専業農家だと言って、ニュージャージーで賞を取った牛を引き合いに出してたとえ話をしたりした。空売りについては、彼はそれを擁護する理論を繰り広げ、空売りのない市場は足のない人間と同じだと言った。彼は取引所の空売り管理システムのことを説明し、現在の最大の空売り筋の名前をリストにして提出すると言った。空売りの社会的および経済的なメリットについて彼と意見を異にする人々は賢い人かもしれない、と認めたうえで、「しかし、彼らは間違っている」と批判した。

最初はこうした形で議論は進んだ。しかし、証人席での日数がかさむにつれ、どんなに些細なことにも譲歩しようとしないホイットニーは、だんだんと怒りをあらわにしてきた。国民の保護者も、国民自身も、ホイットニーに次第に暴君の匂いを感じ取り始めた。一度、カズンズ上院議員が、ブローカーは顧客の株を使って市場を下落させることもあるのではないか、と言ったとき、証人は浮かない顔つきになり、「それは否定する！」と言い返した。そしてすぐに自分自身を取り戻し、笑顔で付け加えた――「そんなことをするブローカーはいません」。「あなたはこの国を史上最大のパニックに陥れた」とアイオワ州の農地改革者であるブルックハート上院議員は言い切った。すると、ホイットニーは氷のように冷たい口調で、「私たちは投機を通じてこの国に世界における今の地位をもたらしたのです」と答えた。ホイットニーが証人席に立って九日目の四月二一日、委員会は彼がリストを提出した三五〇人の大口空売り筋の名前を公表した。公表された名前は、委員会にとっては期待はずれだった。ゼネラルモーターズを一万三五〇〇株、ゼネラル・エレクトリックを一万五〇〇〇株、アナコンダを五〇〇〇株……空売りしていたセレン・ベン・スミスを除いて、リストにはただの一人も知った人物はいなかったからだ。「このリストの名前は明らかに架空名義だ」と悔しそうに委員会のメンバーの一人が言った。その日の午後、非生産的なやり取りに業を煮やしたノーベック議長は突然ホイットニーを攻撃してきた。「あなたは市場のあらゆることが非合法であることを認めない。あなたは何も認めようとしない。あなたは救いようがない人だ」。ホイットニーはやさしく微笑んだ。その直後にノーベックは召喚令状によって再び呼び戻すと言って、彼を証人席から解放した。ホイットニーと彼の弁護士であるローランド・レドモンドは驚いた。彼らはすべての記録を取るように抗議した。「あなたがたには必ず戻ってきてもらう」とノーベックは心に誓うような、脅しとも取れる返事を返した。

こうしてホイットニーと取引所は証人喚問を何とか切り抜けた。彼が勝利したのは明らかだったが、それは多くの犠牲を伴う勝利だった。委員会のメンバーの一人は、ホイットニーほど傲慢で非協力的な証人はこれまでいなかった、とのちに述べている。彼の清廉潔白さは動かしがたく、彼は上院議員に対する優越感を隠そうとはしなかった。ホイットニーから自白を引き出すことに失敗した彼らは愚か者そのものだった。これが彼らのフラストレーションと怒りを高め、リベンジの思いを強くした。

ホイットニーもほかの証人もウォール街に戻った。聴聞会は彼らにとっては成功裏に終わった。五月、六月と過ぎ、政治活動と選挙で六カ月間ウォール街を留守にしたあと、彼らは翌年の一月には再びウォール街に戻り、ルーズベルト大統領の就任式前夜までウォール街にとどまった。やがて一九二〇年代のアメリカの金融界の裏側が初めて明らかになる。ベン・スミスと仲間の投機家のトーマス・E・ブラッグは開き直ったようにほくそえんで、一九二八年と一九二九年のラジオ株とアナコンダ株のプールの全貌を明らかにした。国民の多大な損失を招いたクルーガーのマッチ帝国とインサルの電力王国の盛衰の詳細が語られた。記録のなかではあまり注目されなかったが、リチャード・ホイットニーとJ・P・モルガン・アンド・カンパニーとの関係を物語る興味深いエピソードがある。一九二〇年にニューヨーク州最高裁判所によって詐欺罪を帳消しされたハイデン・ストーン・アンド・カンパニーというブローカーは取引所に問責されなかったと、ニューヨーク州ハイランドのグレース・バン・ブラム・ロバーツという女性が一九二九年に取引所に対して指摘した。これに対して、取引所を代表してホイットニーは、最高裁判所の判決に異議を唱えることはなく、したがってハイデン・ストーンに問責することは今後一切ないと答えた。一九三二年一一月と一二月、ロバーツ氏は不満を、ウォール街の善悪を最終的に決定するJ・P・モルガンに直接訴えた。

偉大なモルガン家はリチャード・ホイットニーやチャールズ・ハイデンを恐れる必要などありません。彼らの行為を問責しないということは、あなたがたはそれを認めたということです。ハイデンは詐欺罪を働きながらそれを帳消しにされ、あなたがたはそれに抗議しなかった。ホイットニーはハイデンを擁護し……金融界がこうした詐欺を容認すれば、激しい非難は免れません。この会社の社員がカードやヨットレースでいかさまをやれば、クラブから追放されるはずです。取引所が信用を必要としているときに、ホイットニー氏のウソの証言は一般市民の信用を勝ち取ることができるでしょうか。

一カ月以上が過ぎたころ、ロバーツ氏は次の回答を受け取った。

ロバーツ氏へ

モルガン氏は一一月一六日と一二月一二日のあなたの手紙の受け取り承認をするように私に命じました。彼はあなたが手紙で話していた二人の紳士を高く評価しています。あなたは誤解しているようだとモルガン氏は言っております。

敬具

Ｖ・アクステン（秘書）

ロバーツ氏の訴えとニューヨーク州最高裁判所についてはもはやこれまでだった。しかし、のちに起こる出来事を考えると、彼女がヨットレースのことに触れていたのは非常に興味深い。

八

その年の冬、命運の尽きたフーバー政権は「神々の黄昏」へと急速に近づきつつあった。大統領選に敗北したあと、フーバーは次期大統領に対して危機のときには国益を第一に考えてもらいたいと繰り返し訴えたが、ルーズベルトは、フーバーが求めていることはニューディール政策を放棄することにほかならないとして、彼の訴えをはねのけた。政治指導者たちがつまらない口論をしている間、経済はぐらついていた。ルーズベルトはドルを切り下げるだろうという確信の下、通貨投機家や国際的なことに関心のある会社は米国通貨を大量に金や外国通貨と交換したため、財務省の金保有率はおそろしいほどの速度で減少した。一方、一般市民は銀行預金に不安を抱くようになった。大勢の人々が預金を引き出すために銀行の出納係の窓口に並んだ。小さい銀行のなかには大量の支払い要求に応じられず、閉鎖するところもあった。小銀行が閉鎖すると、人々は開いている銀行に押し寄せ、開いていた銀行も閉鎖に追い込まれるとパニックになった。一九三二年一〇月にはネバダ州政府が銀行休日宣言を発表し、そのあと銀行の倒産は中西部に飛び火した。二月の初め、デトロイトの弱体化した大きな銀行グループが持ち株会社の不安定な構造によって閉鎖に追い込まれたのを期に、事態は収拾がつかなくなった。二月一四日、ミシガン州知事は八日間の銀行の休日を宣言し、人々は一五億ドルという彼らの預金を引き出すことができなくなった。銀行休日は二三日にはインディアナ州に広がり、二五日にはメリーランド州、二七日にはアーカンソー州、二八日にはオハイオ州にも広がった。二月だけで銀行にアクセスできたラッキーな人によって引き出された預金額は九億ドルに上った。二月の初めに流通していた貨幣のおよそ六分の一が引き出された勘定になる。この騒動の末期には、金貨は最後の五ドル金貨まで国民に買いだめされた。

要するに、アメリカという国の信用が地に落ちたのである。硬貨や通貨の信用はなくなり、信用も信頼も消えうせた。カオス、革命、暴政はいつ起こってもおかしくなかった。新しい大統領が就任する前日の三月三日、銀行が開いている州は一〇州のみで、金庫にはドル通貨を支えるだけの金は残っておらず、財務省は公務員に支払う現金が足りず、米国は実質的に破産した。

この大惨事の最中、リチャード・ホイットニーは上院委員会に再び呼び出された。ホイットニーは以前とは少し違っていた。危機と批判が彼を変えたのだ。清廉潔白さは影を潜め、次第に怒りっぽくなっていった。証券取引所の行動に関しては依然として断固たる姿勢を見せたが、社会的および道徳的態度に関しては自由に説明できると感じ、あらゆる機会をとらえて説明した。彼の説明は人々の関心を引かなかった。信頼を回復するためには、国家予算はまず第一にバランスが取れていなければならないと彼は主張した。公務員の給料を減らし、戦争に無関係な障害を負った退役軍人に対する年金を廃止することで連邦支出を減らすべきであると彼は主張した。

この時期のホイットニーを振り返るとき、彼が密かに個人的な問題を抱えていたことを忘れてはならない。公的には優れたリーダーだが、私生活では怠け者というわべだけの人間であることを彼は痛いほど分かっていた。こうした現実は危機時のリーダーの役に選ばれた人間にとって心地良いものではない。人間は完璧に理解などできないように、許容する人間の能力も完璧なものではない。バランスの取れた国家予算を提唱する人物が、恥ずかしくも個人的予算ではバランスを欠いた人間であったことを、一九三三年二月の時点では上院議員も国も知らなかった。しかし、貴族のように話し、百万長者として生きた男が、自分の身内ではなく、自分よりも身分の低い者に対して犠牲を強いたことは分かっていたはずだ。これはどこから見ても、思いやりのある救世主ではなく、ノブレス・オブリージュでもなかった。貴族社会を創出しようとするウォール街の努力はどうやら失敗したようだ。

第7章　ぐらつく金本位制

一

　大統領就任式の前夜、トーマス・ラモント（一八九二年にハーバード大学を卒業）は旧友のフランクリン・D・ルーズベルト（一九〇四年にハーバード大学を卒業）に電話をして、銀行危機に対しては早まった行動を取るべきではないと提言した。それは金曜日の夜だった。ラモントは、ニューヨークの主要な銀行は土曜日の半ドンを乗り切ることができると信じていた。そうすれば次の一日半の間に国民心理は劇的に変わり、月曜日の朝に市場が開くころには信頼を取り戻すことができ、危機的な状況は脱することができるだろうと考えていた。

　しかし、ルーズベルトは当然のことながらこの提言には従わなかった。就任して最初にやったことは、四日間の銀行の「休業」宣言だった。しかし、実際には八日間休業し、多くの銀行はそれよりも長く休業した。ラモントが期待していたのは、ルーズベルト政権とニューディール政策への期待によって市場の信頼を回復することだった。そのあとの出来事を考えると、地獄の淵にいたウォール街が、ニューディールそれ自体が信じる以上に市場を回復させてくれることを信じていたのは何とも奇異としか言いようがない。

ウォール街はとにかく今の苦境から抜け出すことだけを願っていた。それができるのなら、どんな救世主でも構わないという気持ちになっていた。この妄信的な態度は新政権のハネムーン期間（最初の一〇〇日）の間中続いた。そして、全国産業復興法、農業調整法、テネシー川流域開発公社などの公共事業、連邦持ち家法、農業金融法など数々の法案が矢継ぎ早に議会に送られた。投資銀行業務と商業銀行業務とを分離することで長年にわたるマネーパワーの集中（神聖なるモルガン家も例外ではなかった）を解消するための銀行法や、証券の発行人に一般大衆に対してそれらの証券を買うことに含まれるリスクについて詳細に説明することを義務づけた証券法もこの時期に成立した。こうして通常時では考えられないような法律が次々と成立した。八日間の休業を経て最悪の銀行危機が回避されたあと、三月一五日に証券取引所は再開した。リチャード・ホイットニーが市場の再開を宣言すると、休業に飽き飽きしていたブローカーからは歓喜の声が上がり、その日の株価は一五％も暴騰した。一九二〇年代のブームのときでさえこれほど上昇したことはなかった。ブローカーたちは早くも「ルーズベルト相場」と言い始めたが、これには数年前のあの恐ろしい「クーリッジ相場」を彷彿させるものがあった。市場は週を追うごとに一九二〇年代のブームがよみがえってきたような雰囲気を帯びてきた。四月二〇日は過去三年で最多の出来高を記録し、一九二九年のときのようにティッカーマシンの取引記録速度が間に合わないほどだった。四月末には、ブローカーはこの数年間一時解雇していた秘書や事務員やメッセンジャーたちをあわてて呼び戻した。ウォール街は再びブームを取り戻したかに見えた。これはひとえにホワイトハウスの「あの男」の情熱と楽観主義の伝染にほかならなかった。側近の一人の言葉を借りれば、ルーズベルト大統領は「まるで恐れを知らないおとぎ話の王子様のように」自信に満ちあふれていた。七月の半ばには、平均株価は就任式の日の二倍以上に上昇していた。四カ月間の上昇率としては過去最高だった。

二

しかし、陶酔感に酔いしれるなか、ウォール街には奇妙なことが起こり始めた。それは、最初は気づく者はほとんどいなかったが、やがて人々を不安に陥れ、最終的には悪夢と化していった。恒星――マネー――が天空上の定位置を離れ、さまよい始めたのである。それまでドルは、宇宙の法則のように銀行業界で受け入れられてきた力、つまり金本位制によって守られてきた。金一オンスにつきドルは二〇・六七ドルと定められていた。しかし、この大原則はいきなり廃止され、ドルは卑しい通貨や信用の置けない普通株のように、投機家にもてあそばれ、その価値は大きく変動し始めたのである。その一〇〇日は、多くの人にとって身の毛もよだつ一年の始まりになった。その間、金は産業用途または宝石の形でしか保有できなくなった。人々は財産をお金ではなく、土地や商品として持つことを余儀なくされた。ウォール街の空が落ちてきた。

ドルが一見静かに下がり始めたのは、ルーズベルト大統領が金の輸出と蓄蔵を一時的に中止することを宣言した就任二日目だった。これは厳密に言えば金本位制からの離脱を意味したが、あくまで「一時的な措置」であることを強調した。パニックによって金が財務省から海外あるいは国内保有者のマットレスの下にものすごい速度で流れ込んでいたというのに、冷徹な銀行家さえこの一時しのぎの措置に疑問を抱く者はいなかった。銀行が閉鎖している今、金の禁輸措置は大したことではないように思えた。銀行が再開すれば、禁輸措置も解除されるものとだれもが思った。「金本位制から離脱するなんて、バカげているにもほどがあり、国民の誤解を招きかねない」と、大統領の宣言の直後、ウィルアム・ウッドン財務長官は言った。一年半以上も前に金本位制から離脱したイギリスのタイムズ紙は、アメリカがイギリスと同じような道を歩むなんてことは「あり得ない。これは無視すべきだ」と書いた。

ルーズベルトのかたくなな態度の裏には確固とした目的があることを、ウォール街やルーズベルト大統領の金融アドバイザーを含むニューディール政策関係者たちは見過ごしていたのだ。前年の大統領選挙では彼はフーバーと張り合い、「金融の健全さ」をキャンペーンの目玉に挙げた。これはすなわち、金本位制のことを意味した。一方、彼が大統領に当選してから二カ月後の一月、彼はあるジャーナリストに、不況が続けば「ドルは暴騰するだろう」と話した。不況になればドルは下落するのが普通だから、まったく逆のことを言っていたことになる。彼の側近たちは、彼は金融にはまったくの無知で、専門家の英知よりも自分の思いつきの考えのほうが優れていると信じていた、と口をそろえて言ったという。彼は金融の問題には無頓着で、面白いゲームと考えていたふしがあり、時には退屈したり、時には熱中したりした。それは滑稽でさえあった。良識のある側近の一人は次のようにもらした――「われわれは彼を縛りつけて金融のことを真剣に考えることができないようにすることもできないまま、何かをやらなければならないという強迫観念に駆られていた」。

側近たちも玉石混交だった。ウッドン財務長官は気取ったところのないペンシルベニア出身の元やり手の実業家で、彼の奇抜な経済理論について知る人はほとんどいなかった。ルイス・ダグラス予算局長はお堅い健全財政主義者だった。レイモンド・モーリー国務次官補は元コロンビア大学の公法の教授で、ルーズベルトの顧問団「ブレーントラスト」の主要メンバーだった。彼は野心家で傲慢な活動家でもあり、少し冷笑的で、大統領の側近中の側近だった（ワシントンの奇才たちは彼を「全能の神、モーリー」と呼んだ）。ハーバート・ファイスは抜け目のない男で、一九三一年から国務省の正統派経済アドバイザーを務め、フーバー時代からニューディールを引き継いだ唯一の重要人物だった。その年の終わりまで務め上げたのは長官職に就いていなかったヘンリー・モーゲンソー・ジュニアだった。ニューヨーク北部に住むルーズベルトの隣人で友人でもあり、外交には長けていたが、金融に関してはルーズベルト同様、まったくの素人だった。ジョージ・フレデリック・ウォーレンは人前にめったに姿を現さない謎の人物で、コーネル大学の農業経済学および農場管理の教授だった。彼は商品価格とドルの金に対する価値との関係を政府が管理するという、一種変わった独創的な考えを持っていた。モーゲンソーはコーネル大学のウォーレンの生徒で、ルーズベルトはモーゲンソー夫人によれば、モーゲンソーがウォーレンとコーネル大学の仲間の一人を木の植え方を指南してもらうためにハイドパークに連れてきたときにルーズベルトに引き合わされたらしい。「フランクリンとヘンリーが樹木の専門家に出会わなければ、のちの人生は大きく変わっていたことでしょう」とモーゲンソー夫人はのちに回顧している。

そして、最後にウォール街出身の二人の男の話をしておこう。一人は自ら進んでルーズベルトに仕え、もう一人は成り行きでルーズベルトに仕えることになった。

ジミー・ウォーバーグは、二〇代のころは活発で、作曲もするウォール街のロチンバールと称された男だ。三六歳になった今、インターナショナル・アクセプタンス銀行の頭取を務める彼は、旧知の仲であるルーズベルトの息子であるジェームズを通じてモーリーと出会った。一九三三年二月、モーリーはウォーバーグと未来の補佐数人を連れてニューヨーク市の次期大統領の家にやってきた。「アイクスはどなたかな?」とルーズベルトが尋ねたのをウォーバーグは覚えている。のちに内務長官になるウォーバーグは、点呼を受ける兵卒のように一歩前に出て、アイクスは自分だと名乗り、遠慮がちに彼の名前の発音を訂正した。「レイ・モーリーによると、きみはウォール街のホワイトシープ（白羊朝［white sheep］は、チグリス川上流域を中心に東部アナトリアからイラン西部を支配したテュルク系のイスラム王朝。黒羊朝［black sheep］は、イラク北部から東部アナトリアを経てアゼルバイジャン、イラン西部に広がる遊牧地帯を支配したテュルク系のイスラム王朝）なんだってね」とあとでルーズベルトはウォーバーグに言った。ウォーバーグは謙遜して、持ち前の機敏さで、ホワイトシープはむしろ父だと言い、ホワイトシープからは必ずしもホワイトシープが生まれるとは限りません、と言った。彼の受け答えを気に入ったルーズベルトは、それから間もなくしてウォーバーグに財務次官の職をオファーした。ウォーバーグは個人的な理由でこのオファーを断った。しかし、ブラックシープの街で追放処分というリスクを冒すことを承知で、銀行を辞め、非公式で無給の金融アドバイザーとしてルーズベルトたちのお気に入りのカールトン・ホテルに引っ越した。こうして彼はウォール街の古い伝統を打ち破って、崇高な心を持って国に仕えることになった。

もう一人のウォールストリーターは、ベンジャミン・ストロングの後継者としてニューヨーク連邦準備銀行総裁を受け継いだジョージ・レスリー・ハリソンだった。彼はルーズベルト一派に加わることはなく、また選ばれることもなかったので、ルーズベルト一派とは言えない。彼の仕事は表向きは政治とは無関係で、要職への任命・解任はないが、金融と政府を直接的につなぐ唯一の人物だった。彼のオフィスはウォール街の中心街の最も人目を引くビルのなかにあった。それはリバティー通りにあるニューヨーク連邦準備銀行のフローレンス風の豪邸だった。そのなかで、彼は海外取引を一手に担う政府の銀行家として働いた。したがって、彼は新大統領と否が応でも関与せざるを得ない立場にあった。エール大とハーバード大のロースクールを卒業し、ジャスティス・ホームズの弁護士秘書を務め、そつのない官僚で機転の利く外交官だったハリソンは、ハンサムでがっちりとした体形でパイプをくゆらす、老人のような目をした自信に満ちあふれた男だった。幼少時の事故によって足を引きずりながら歩くため、より一層自信に満ちあふれているように見えた。数カ月先には、彼の外交官としての手腕が、ルーズベルトと、ウォール街の怒りっぽい商業銀行家やヨーロッパの傲慢な中央銀行家といった狂気じみた彼の取り巻きたちの滑稽なほど苦悩に満ちた試練を受けるとは想像すらしなかった。

三

四月になると、西から轟音が鳴り響き、それはワシントンでもこだました。農民たちが反旗を翻してきそうな雰囲気があたりを覆っていた。農作物の価格は一九二六年の水準のおよそ四〇%にまで下落し、彼らは絶望的な苦境のなかにあった。作った作物をすべて売っても、家のローンを支払うだけの収入は得られず、何万という農民が家の立ち退きを迫られていた。そんななか、暴力事件が発生した。その月の終わりのある日、アイオワ州ルマスルでは覆面をかぶった農民集団が裁判官を法廷から通りに引きずり出し、差し押さえをやめる約束を取り付けるために、彼をリンチしかけたのだ。しかし、法的権威に暴力を振るったところで、何の意味もなかった。農民たちが望んでいたのは、債務者への救済措置だった。ブライアンがずっと説いてきたような政府主導による計画的な通貨の暴騰こそが、彼らの望むものだったのだ。そうすれば農作物の価格が上昇し、農民たちは高金利で借りた負債を低金利で返済することができる。議会ではインフレを推進せよという議論が熱を帯び、オクラホマ州上院議員のエルマー・トーマスは農業調整法を改正し、大統領が彼の裁量でドル紙幣をどんどん刷ったり、ほかのよく知られたインフレ対策を行うことができるようにすべきだと提案した。

トーマスの改正案はウォール街内外の金本位制を支持する人々にとって、金融上の無秩序を意味した。それはアメリカが一八七九年から採り入れてきた金本位制の死を意味した。しかし、ルーズベルトはトーマスの改正案を歓迎する風でもなく、同様の劇的な動きを期待している様子もなかった。それどころか、金の禁輸令がいくつかの銀行に発令されていたにもかかわらず、四月の前半には政府は金の海外輸出を認めた。これは明らかに金本位制への回帰を意味した。そして、一八日の夜、ルーズベルトはホワイトハウスで会議を開いた。表向きは差し迫った国際金融経済会議について議論するということだった。これはフーバー政権時代から受け継がれたプランだった。会議に招集されたのは、コーデル・ハル国務長官、ウッドン財務長官、「全能の神」モーリー、そして金融界からはダグラス、ウォーバーグ、ファイスの面々だった。しかし、大統領の意図は会議ではなくほかにあった。彼は突然モーリーにトーマスの改正案が議会を通るようにお膳立てするように言ったのだ。そして、閣僚たちに向き直ると、無邪気に、アメリカが「金本位制から離脱」したことを伝え、めでたいことではないかね、と言った。

しかし、モーリーの話によれば、彼らはめでたがるどころか、「大騒ぎ」になったということだ。三人の金融のプロは、ルーズベルト大統領がかくも重要なことをいとも簡単に言ったことにあきれ、二時間にわたってインフレの危険性と恐ろしさについて半狂乱になってルーズベルトに説いてきかせた。しまいには一九二三年のドイツの例まで持ち出した。ドイツでは史上最悪のインフレが国家を混沌状態に陥れ、熟練工が自給八セントをめぐってストライキに入り、六〇万マルクだった昼食のリブ付きチョップの価格が翌日には一五〇万マルクに値上がりした。しかし、ルーズベルトは自分が巻き起こした嵐をむしろ楽しんでいる様子で、断じて聞く耳を持たなかった。ダグラスは閣議からの帰り道、ウォーバーグと夜通し歩きながら、「これで西洋文明は終わった」と嘆いた。

金本位制から離脱したことが国民に知らされたのは翌日だった。ウォール街の反応は壮絶だった。株式市場は荒れ狂ったように急騰した。これは当然と言えば当然だった。ドルが安くなるわけだから、資産をドルから株式に移そうと考えるのは当然だ。ウォール街の価値観を考えると、当然反論が聞こえてきそうだが、驚くべきことに、ウォール街からは怒りの声がまったく聞こえてこなかった。大物銀行家のウィギンとミッチェルは数年前であれば大統領を糾弾したはずだが、恐慌と金融パニックによって疲弊しきり、ホワイトハウスからの思いがけない発表によって彼らの世界が崩壊したにもかかわらず、沈黙を守った。官僚たちにとって「西洋文明の終わり」が意味するものは、「西洋文明」という言葉が大きな意味を持つ人々によって何もコメントされなかったことである。仲介役のジョージ・L・ハリソンは、ルーズベルトがこういったことをしたのは、「議会に行きすぎた行為を取らせないために何かしなければならなかった」からだとFRB（連邦準備制度理事会）の役員に慎重に説明した。役員たちはその説明を素直に受け入れた。しかし、最も驚くべきことは、最も大物の銀行家がルーズベルトの行為をいち早く認めたことだった。ウォール街二三番地からはJ・P・モルガンのメッセージが届いた。これは一九三一年の英ポンドの切り下げのとき以来の公式な声明だった――「私は大統領の金本位制の離脱を歓迎する……不況から脱する唯一の方法はデフレを克服することだ」。

J・P・モルガンが金本位制の離脱を支持したのでは、ウォール街が反論できるはずもない。ウォール街は沈黙を守った。いずれにしても、モルガンの声明は政府と企業の協力体制を強化することを意味した。しかし、一体全体なぜこんなことになってしまったのか。金本位制の推進者、つまり債権者の第一人者が心変わりして、一夜にして通貨膨張論者として知られるウォール街のブライアンになってしまったということなのか。そんなことはあり得ない。クーリッジ政権やフーバー政権のときのようにモルガン家が秘密の陰謀を企て、ホワイトハウスと取引をしたということなのか。絶大な影響力を持ち、モルガン家と親しい間柄にあるウォルター・リップマンは新聞のコラムに、金本位制を維持すれば不況を悪化させるだけだっただろう、と興味深い意見を寄せた。こうした仮説は興味はそそるが、説得力はない。ルーズベルトは選挙運動のときに、「二三番地と手を結ぶわけにはいかない」として、フーバーとモルガン家の関係を痛烈に批判し、友人でモルガンのパートナーで、将来の財務次官補として有望なラッセル・レフィングウェルの意見さえ受け入れなかったという経緯がある。モルガンのこの謎に満ちた行動、モルガン家始まって以来の最大の謎を解くヒントは、数日後にレフィングウェルがルーズベルトに宛てた私信にあった。その手紙には、「金本位制からの離脱は国を崩壊から救った」とあった。寺院を崩壊から救うには異端信仰以外に方法はないと「二三番地」は感じていたようなふしがある。もしそうだとすれば、モルガンの声明は政治的なものであり、これによって古き良きウォール街の伝統は終焉を迎えることになる。

今やドルは投機対象に成り下がり、ボラティリティが上昇していた。ドルはもはや金と交換することはできないが、ヨーロッパ資本の外為市場では、ドルは今でも金本位制を堅持しているフランス・フランと自由に交換できた。ドルが今金でどれくらいの価値に相当するのかは、変動するドル・フランのレートから毎日計算することができた。ルーズベルトの金本位制からの離脱が発表されてから、ドルの価値は八八・五セントに下落した。しばらくはこの水準で推移していたが、トーマスの改正案が議会を通過した五月にはさらに下落し、インフレは加速した。そして六月初めには八三セントにまで下落した。その間、国内の商品価格は若干上昇し、農民は安堵した。しかし、イギリスとフランスの金融当局はショックを隠しきれなかった。イギリスは生き残りのために依存していた世界貿易がドル安によって弱体化することを恐れ、フランスは自分たちもまた金本位制からの離脱を余儀なくされるのではないかということを恐れた。内政を第一に考えていたルーズベルトは国際関係よりも国内の金融システムの安定化を優先させたが、国際金融経済会議への参加については積極的に押し進めた。そして、六月一二日から七月二三日まで、ロンドンの地質学博物館で国際金融経済会議は開催された。

六六カ国の代表団にスタッフや専門家を合わせて総勢千人を超え、第一次世界大戦終結のために開催されたベルサイユ条約以来の最大の会議となった。しかし、会議は期待はずれの結果に終わった。最悪の茶番劇だった。フーバーとイギリス首相のラムゼイ・マクドナルドが当初計画したように、会議では世界通貨の安定と貿易障害の緩和が話し合われたが、期限が設けられることはなかった。アメリカの代表団はまったくちぐはぐな取り合わせだった。代表の団長はハル国務長官で、彼は関税の対等な削減にこだわったが、会議が議題として取り上げるかどうかも怪しかった。代表団にはジェームズ・M・コックスがいた。彼は元オハイオ州知事で、一九二〇年には民主党の大統領候補になったほどの男だった。彼は金融に関しては正統派で低い関税を提唱していた。ネバダ州のキー・ピットマン上院議員はオールドウエストを生き延びた男で、銀の熱狂的信奉者で高い関税を支持していた。かつてヘンリー・フォードのパートナーだったジェームズ・カズンズ・ミシガン州上院議員も高い関税を支持していた。これで関税に関しては二対二だ。そして、どういったメンバーシップの資格も持たないテキサスのラルフ・

W・モリソンや、テネシー州下院議員で米下院外交委員会の議長だが金融には疎いサミュエル・D・マクレイノルズも代表団に含まれていた。代表団のだれ一人として国際会議の経験者はおらず、しかも、ルーズベルトは彼の意図を秘密にしていた。したがって、彼らが何の指示も受けていないのは明らかで、回転木馬に乗っているも同然だった。しかし、代表団には専門家グループがついていた。FRBからはウォーバーグ、ファイス、ハリソン、財務省からはオリバー・M・W・スプローグといった有能な金融保守主義者たちだ。

ロンドンへ向かう船上でも代表団の口論は絶えず、船上の記者は会議は失敗に終わることを予感し、その船を「葬儀船」と呼んだほどだ。会議が始まるや否や、金本位制に固執するフランス率いる金本位制国と、柔軟性を重んじるイギリスとアメリカ率いる金本位制離脱国との間で論争が巻き起こった。ワシントンから何の指示もないまま日が過ぎていくうちに、アメリカの代表団はだんだんと手に負えない状態になっていった。ハルは執拗に低い関税の重要さを訴えたが、彼の話に耳を傾ける者はいなかった。銀による貨幣制度を説く演説を繰り返すピットマンはけんかっぱやく、飲酒していることが多かった。あるときは、アッパーブルック通りの街灯をウエスタンスタイルで撃ち抜いたこともあった。またあるときは、天候のいかんにかかわらず、王族に会うときはレインコートを着てはならないと聞いていたにもかかわらず、宮殿の庭で開かれたパーティーにレインコートを着て行き、大声で「王や王女のために濡れるのはごめんだね」と叫んだ（王と王女は彼と彼のレインコートを面白がったが、表面上だけだったのかもしれない)。マクレイノルズは会議に出席することはまれで、娘が宮中で拝謁を賜ることに懸命だった。代表団のなかには、議会で得たインサイダー情報をニューヨークの仲間に回して投機に利用させていた人物も少なくとも一人はいた。会議も中盤にさしかかったころ、ルーズベルトはロンドンに突然モーリーを送り込んできた。彼のライバルで敵だったハルとモーリーは醜いいざこざを繰り返し、二人は競ってルーズベルトにゴマすりの電報を打った。その間、ヨーロッパの金融当局との間で通貨の安定について実のある話をしていたのは、ウォーバーグ、ハリソン、スプローグだけだった。通貨の安定にたとえ一時的にでも同意し、外為市場の混沌状態に終止符を打とうと努力していたのである。

ロンドンからの特報のみを読んでいたウォール街は実体をつかめずに落ち着かなかった。通貨安定化の合意は近く、ドルは上昇し、株価は下がると噂される日もあれば、安定化の合意はうまくいかず、ドルは下落し、株価は上昇すると噂される日もあったし、まったく噂が流れない日もあり、そんな日はだれもが固唾を飲んで待ち続けた。六月末、通貨の安定化が主要国の間で合意されたとする共同声明が出され、公表に向けて準備が進んでいると発表された。まさに合意というそのとき、会議は突然空中分解した。ルーズベルトが大西洋沖の巡洋艦「インディアナポリス」の船上から会議宛てに爆弾声明ととれるメッセージを送ってきたのだ。彼は通貨の安定化は「見掛け倒しの誤謬」であり、「完全に人為的なもので、一時的な手段にすぎない」と言い、「いわゆる国際銀行家の古い崇拝の対象」だと非難し、アメリカは何があっても通貨の安定化には合意しないと明言したのである。会議はその後も三週間にわたって続いたものの、結局は名ばかりの会議で終わった。

金本位制国の代表は驚きのあまり口もきけなかった。マクドナルド首相がひどく動揺しているのを見かねて、王がルーズベルトのことを「わが国の首相をこれほどまでに苦悩させるとは許せない」と言って、首相を慰めたほどだ。努力が徒労に終わったアメリカの代表団は、通貨の安定化などどくそくらえだと思っていたピットマンを除いて、みんな意気消沈した。一流の経済学者たちのなかで、「ルーズベルトはまったく正しい」と言ったのは金本位制に反対するジョン・メイナード・ケインズただ一人だけだった。呆然として幻滅したウォーバーグにとって、ルーズベルトのメッセージは、「愛し褒め称えることを学んだ人から発せられる言葉」とは思えなかった。それから三日後、ウォーバーグはロンドンからニューヨークへと向かう船上で、「われわれには海図もない。そんな航海の船長を私はとても務められそうもない」と言って、代表団の財政顧問を辞任した。外為市場では、不安定なドルの価値は二日で七三・四セントに下落し、南北戦争以来の安値を記録した。

四

ルーズベルトがなぜあんな無謀なことをしたのか、ウォール街は三カ月間分からないままだったが、七月、側近たちはその真意を理解し始めていた。彼はロンドン会議を故意にぶち壊したのだ。その後の彼の行動から、彼はドルが金の価値を基準として表示されることも、英ポンドや仏フランの価値を基準として表示されることも望んではいなかったのは明らかで、今にして思えば、彼の行動は会議が始まる前から計画されていたようだった（会議の前の六月中旬、彼は密かに一英ポンド＝四・二五ドルという案を提示したが、それは明らかに虚勢を張った数値にすぎず、却下された）。ルーズベルトが通貨の安定化に反対したのは、彼の国内での行動が制限されてしまう可能性があったからだ。通貨が安定すれば、外為市場に秩序が取り戻され、国内にインフレを引き起こすことは不可能になる、と彼は考えたのだ。今はインフレと聞くと恐怖を想像するが、当時はデフレこそが問題で、インフレ、もっと正確に言えばリフレは必要なものだと大多数の人が考えていた。ルーズベルトはどんなことをしてもインフレを引き起こしたかったわけである。

やがて彼の国内政策が明らかになる。それは七月の終わりに経済顧問の一人になったコーネル大学のウォーレン教授の理論と密接な関係があった。ウォーレンはアメリカの労働者階級の出で、あらゆる点で堅実な人物だった。一八七四年、ネブラスカの農民の家に生まれ、農場管理の学位を取得しネブラスカ大学を卒業した。『アルファルファ（Alfalfa）』『アップル・オーチャード・サーベイ・オブ・オーリンズ・カウンティー（An Apple Orchard Survey of Orleans County）』『サム・サジェスションズ・フォア・シティー・パーソンズ・フー・デザイア・トゥー・ファーム（Some Suggestions for City Persons Who Deire to Farm）』といった農業関連の本をたくさん著し、一九二〇年からコーネル大学で農業経済と農場管理の教授として教壇に立ってきた。一九三三年、六〇歳を前にした彼はずんぐりとした人当たりの良い男で、細い黒ぶちの丸メガネで覗き込むように見るのが癖だった。その空虚なまなざしはどことなくカルビン・クーリッジに似ていた。コートの胸ポケットには、芯を上にした鉛筆の束がいつも入っていた。服装にはこだわらず、やぼな洒落を飛ばし、「ここに農場があり、農民がいる。これこそが真実だ」といった簡潔な言葉をよく口にした。彼はこういったアメリカの田舎の格言を、まるできらりと光る風刺詩のように語る天才だったが、つかみどころがないため都会人にはあまり受けなかった。感覚に対して遠回しにアプローチしては、またそれてしまう、とでも言えばいいのだろうか。例えば、「納屋の屋根は保護するためにペンキを塗りなさい。家は売るためにペンキを塗りなさい。そして、納屋の側面は見るためにペンキを塗りなさい――もしそれができるのであれば」と言った格言がそうだ。ウォーレン自身、イサカ郊外に広い農場を所有し、四〇〇〇羽のニワトリを飼い、自らを「自作農」と呼んだ。

ルーズベルトを魅了したウォーレンの理論は、コーネル大学の若い同僚であるフランク・A・ピアソンとの共作『プライス（Prices）』という本のなかに出てくる。彼らは商品価格は金の価格に連動して上下動すると仮定し、一九世紀半ばのカリフォルニアやオーストラリアのゴールドラッシュからスペイン人による征服以前にさかのぼる数々の統計やチャートを証拠として挙げ、商品価格をコントロールするには金の価格をコントロールすればよいと結論づけた。もしこの理論が正しければ、政府が徐々に高い価格で金を買えば、ドルの金に対する交換価値は徐々に下がることになり、商品価格の上昇という目標は達成できる。究極の目標は「コモディティードル」だった。コモディティードルは、政府が金の価格を操作することで、金本位制のときのように金に対してではなく、商品に対して一定に維持される。

ルーズベルトの経済顧問のほぼ全員に当たる正統派の経済学者にとって、ウォーレン理論は間違っていた。商品価格が常に金価格と連動して動いてきたことは認めたが、問題は、ウォーレン理論が「金の需給が一国の物価水準の最も重要な要因だ」としているのに対して、本当は商品価格が金価格に影響を及ぼすという点だった。この役割を逆転させれば（金価格が商品価格に影響を与える）、エレベーターの階数ボタンをあれこれ押して、エレベーターを各階に止めるようなものだ。これではうまくいかず、メカニズム全体が崩壊してしまう。正統派の経済学者にとってウォーレンは、ずうずうしく生き残っている金融マニアにほかならなかった。もちろん、正統派の経済学者たちは論点を経験的に証明することはできなかった。なぜならウォーレン理論のようなものはこれまで実践されたことがなかったからだ。一八六九年、マシュー・ジョセフソンがウォール街のメフィストフェレスと呼んだジェイ・グールドは、グランド大統領の義弟に賄賂を贈り、金の買い占めを支援した。彼は、金価格を上昇させるための市場操作は、西部の穀物価格を上昇させるためで、農民にとって利益になると言った。しかし、グールドの本当の狙いは農民の幸福なんかではなく、自分が金持ちになることだった。彼の策略は、農民に利益をもたらすどころか、アメリカ史上最悪の恐慌の引き金になった。

グールドの市場操作は政府によるものではなく、個人的なもので、ウォーレンの理論を早まって採り入れたためと言い訳をした。各国政府は一九三三年以前も以後も頻繁に市場に介入し、自国通貨の「防衛」に努めてきた。つまり、競争力を得るために自国通貨の相対価値を往々にして意図的に下げたということである。しかし、金準備が十分にあるときに、国内でインフレを引き起こし、債権者を助けるためだけに自国通貨を下げようという国などなかった。彼らがそうしなかったのは、その考えがあまりにもとっぴで、いままでそんなことをしたことなどなかったからだ。もしそうしていれば、それは頭をハンマーで繰り返しなぐり、やめたときにホッとするような感覚を経済担当相たちに与えるようなものだったはずだ。

ルーズベルトがウォーレンに魅了されたのは就任式以前のことで、それは就任式から最初の一カ月間続いた。ウォーレンの誠実さを疑う者はいなかった。その年の三月、ワシントンはニューディールを改革運動とみなす「政治改革運動家」たちにとってのメッカとなった、とモーリーはのちに書いている。不満を抱く者たちはだれでもこの運動に参加できた。モーリーはウォーレンのことを政治改革運動家とは言っていないが、そう思っていたのは明らかだ。四月と五月にはウォーレンの光は弱まったかに見えたが、再び輝きを増し始める。六月中旬、ニューヨーク連邦準備銀行の為替担当責任者であるフレッド・I・ケントは、ドルの金に対する交換価値を下げることで農作物価格を上昇させるのは原理的に間違いであり、もしこんなことをすれば国を崩壊させかねないと警告したほうがよいと感じたが、政府の間で受け入れられていない理論をケントがわざわざ攻撃するまでもない。そのときには公職になかったウォーレンは、真夏には大統領側近の要職を得た。ウォーレンは大学を休職して、ワシントンの商務省のビルに自分のオフィスを構え、自分のチャートを詳しく調べた。まるで世捨て人のように、電話に出ることもなく、ドアをノックする音には「留守だ！」ときっぱりと言い放った。彼はだれにも見られることなくホワイトハウスに出入りしていたと言う人もいた。

五月、六月とドルの市場価値が下落すると、農作物価格は急上昇した。ルーズベルトはこれに満足していることを少数の側近のみに話した。なぜ満足しているのかは話さなかったが、理由は容易に想像できた。彼の新たな持論が予想どおりうまく行っていたからだ。あるいは少なくともその年の前半はうまく行っていた。しかし、七月の中旬になると、物事は逆転し始める。ロンドン会議の失敗を除いて目ぼしい理由もなく、ニューヨーク株式市場が突然大暴落したのだ。この一年余りで最大の下落だった。これで「ルーズベルト相場」はあえなく終焉を迎えた。ドルの金に対する交換価値は若干上昇した。最悪なのは、農作物価格が突然方向転換したことだった。七月一八日から二一日にかけて、小麦は一ブッシェル当たり一・二四ドルから九〇セントと、ここ数年に見る最大の下げを記録し、綿花は一ポンド当たり一一・七五ドルから八セントに下落した。轟音がまた西のほうから聞こえてきた。ルーズベルトがドルをいじったのは間違いだったことは明らかだった。もはや自由市場でドルの金に対する交換価値を下げ続けることは不可能だった。こうなるとウォーレンの理論の第二部を実行する必要性が出てくる。つまり、財務省がドルの売り崩しに乗り出すということである。

そのときルーズベルトの計画にうすうすでも気づく者はだれ一人いなかった。ウォーバーグは、会議のあとでも自分の銀行に関する知識を政府のために使うべきかどうか考えあぐねていた。しかし、ルーズベルトの経済顧問のなかで銀行業務を実際に経験したことのある人物は彼だけだったため、現実離れした理論家とのバランスを取るためにも政府に参加したほうがよいのかもしれないと感じていた。彼が初めてウォーレンの書いたものを読んだのは会議から帰る船の上でだった（それらはルーズベルトから送られてきたのではなく、ウォーレンがおよそ一年にわたって緩くかかわっていた熱狂的な通貨膨張論者の組織である国家委員会から送られてきたものだった）。ウォーレンの理論に関する彼の意見と、ロンドンを離れる直前に彼にウォーレンの理論は「ナンセンス」だと言ったあの偉大なケインズの意見とが一致したのは特に驚くには当たらなかった（ケインズは通貨膨張論に多少偏ってはいたが）。七月の終わりにホワイトハウスの昼食会に行き、大統領のオフィスに通されたとき、大統領が最近懇意にしている人物のことを知り、ウォーバーグは彼の懸念が現実のものになったことに愕然とした。大統領はウォーレンと、ウォーレンの理論に若干の手直しを提唱しているエール大学のジェームズ・ハーベイ・ロジャーズ教授と話をしていた。ルーズベルトがウォーバーグを二人に紹介して、二人がオフィスを去ると、ウォーバーグはすぐに大統領がロンドンに宛てたメッセージについて抗議を始めた。ルーズベルトは最初は怒ったが、すぐに陽気になった。ウォーバーグの日記には、「彼は通貨の問題を軽く考えすぎている」と書かれている。

別れ際、ルーズベルトはウォーバーグに、翌週中にウォーレンとロジャーズと話をして、その結果を八月に報告するように言い渡した。ウォーバーグは意を決して、翌日の夜、ニューヨークで教授陣と話をした。FRBの血盟の友であり、「FRBの父」の息子であるウォーバーグにとって、その夜は地獄に落とされた思いがしたが、悪魔は思ったほど悪くはないことを発見して少し慰められた。ウォーレンとロジャーズは恐れているほど過激ではなかった。しかも、ウォーレンは「真面目で善意に満ちており」「人助けの精神旺盛で」「独善的でもなければ傲慢でもない」ことも分かってきた。大統領の指示に従って一〇日後にハイドパークに行くと、大統領のそばにはウォーレンとロジャーズがいた。ウォーバーグは少し顔をしかめた。二人の教授はいたものの、それはウォーバーグにとっては楽しいひとときになった。ウォーレンはティッシュペーパーに「あらゆる曲線と図表を描き」、ロジャーズは謎の笑みを浮かべてうなずいていた。三人の経済学者は対立する考えを議論し合った。揚げ句の果て、大統領はウォーレンとロジャーズには一カ月かそこらヨーロッパに行って、アメリカの金融政策についてヨーロッパの意見を探ってきてもらいたいと言い、ウォーバーグにはこれから設立される大統領の特別金融研究グループの主要メンバーになってもらいたいと言った。これはウォーレンとロジャーズを国外に追放するということなのか。あるいは、ウォーバーグに対するその場しのぎの言い逃れなのか。彼らは知る由もなかった。大統領のオフィスを後にしたあと、ウォーバーグとウォーレンは駅まで一緒にタクシーに乗った。それまで金融家あるいは農民としてアメリカの金融界を牛耳ってきた二つの敵対勢力の縮図がそこにはあった。ウォーレンはウォーバーグに「あなたは私のプランを台無しにした」と悲しげに言った。するとウォーバーグは、「そんなことはない。あなたの勝ちだ」と答えた。無邪気な株式市場は、ハドソン川の神々に運命をもてあそばれることに気づくこともなく、安定状態を保っていた。

一方、穀物価格は下落し続けていた。九月の前半、ルーズベルトがインフレを誘発するような「何か」をやろうとしているという噂が飛び交い、ドルは急落した。一八日、ドルの金に対する交換価値は六三・七五ドルの安値を更新した。穀物価格は再び上昇してきたが、大統領を満足させるには至らなかった。その月の終わり、ウォーバーグはウォーレン理論を採用しないようにと最後の嘆願をするためにホワイトハウスを訪れた。ルーズベルトはその進言に対して、「小麦や綿花の価格を上げ続けなければ、農民はデモをやるだろう」と言い、ウォーバーグに食ってかかり、穀物価格を上げるためにやろうとしていることを言った。特効薬はなかった。通貨に関するこのいらだたしい不確実性を取り除いてのみ達成できる全体的な回復のみが残された道だとウォーバーグはルーズベルトに言った。しかし、ルーズベルトはこの案には興味を示さなかった。すると、ウォーバーグは大統領に、大手銀行や生命保険会社を通してインフレに反対する国民感情をかき立てる措置を講じたら、大統領は反対するかどうかと尋ねた。つまり、ルーズベルトの好む経済政策に対して国民が反撃してきたらどうかということである。大統領は、「そんなことをすれば国民を混乱させるだけだ」と罵声を浴びせるように激しく言った。ウォーバーグは、もう二度と大統領に会うことはないだろうと固く心に誓ってホワイトハウスを後にした。ウォーバーグは全体的に見ればニューディールに反対しているわけではなかったが、今や不機嫌なウォール街のルーズベルト嫌いの急先鋒に立とうとしていた。そして、のちには一九三〇年代の国民的英雄となる。その日、ウォーバーグがルーズベルトのオフィスを去るとき、それはまるでノラが人形の家を出て行くときのような大きなインパクトを残した。

それ以降、ルーズベルトを制止するものはなくなった。ハイドパークの会議から一週間かそこらたった八月の中旬、ルーズベルトは当時農業金融局長になっていた友人のモーゲンソーに、財務省に金をオープン市場で買って価格を上昇させてほしいと話していた（モーゲンソーがそれはだれのアイデアかと聞くと、ルーズベルトは表情を変えずに「私のアイデアだ」と答えた。それがだれのアイデアであるかは二人ともよく分かっていたため、彼が自分のアイデアだと言ったのは、経済的に評判の悪いウォーレン理論に従っていることを恥ずかしく思うと同時に、自己防衛でもあった）。ルーズベルトはそのプランの執行に対する法的障害をはねのけて、財務省に直接金を買わせるのではなく、間接的にＲＦＣ（復興金融公社）に金を買わせることで、そのプランを推し進めようとしていた。一〇月にドルが七二セント辺りまで上昇すると、問題が顕在化してくる。ディーン・アチソン財務省長官補佐官の頑なな反対にもかかわらず、一〇月一九日、ルーズベルトはＲＦＣによる金の購買がいよいよ始まることを側近に話した。ディーン・アチソンはそれから一カ月もしないうちに怒って辞任した。ルーズベルトが側近に話をしてから三日後、彼はラジオでウォーレン理論（ウォーレンについては語られることはなかった）を簡単に説明したあと、「炉辺談話」でそのプログラムを一般に公表した。ドルを下げ、穀物価格を上げるために、ＲＦＣはアメリカで新たに採掘されるすべての金を「適宜決定する価格」で買い、必要なら、ニューヨーク連邦準備銀行を通して世界市場でも買うと彼は発表した。そして、無情な国際銀行家と金本位制支持者たちからわずかな慰めも奪い取るかのように、「これは政策であって、急場しのぎの措置ではない」と付け加えた。こうして、国家経済がウォーレン教授の試験管となる準備が整った。ケインズはこれを「大酒を食らった金本位制」と呼び、ニューヨーク・タイムズ紙は「非現実的な感覚」と書いた。五年後、ニューヨーク・タイムズ紙は追記として、「これほど大胆な経済的実験は史上例を見なかった」と書いた。

五

ルーズベルトの演説に国民は困惑した。これにかかわった側近たちの反応は予想どおりだった。例えば、通貨膨張論者の上院議員トーマスは大喜びし、シカゴの友人の家で「炉辺談話」

を聞いていたウォーバーグはボディーブローを食らったような気持ちになった。しかし、一般国民や新聞の間では意見は二分した。ウォール街さえ、憤慨するというよりも戸惑っているように思え、一瞬ぼうぜんとした。ニューヨーク・タイムズ紙によれば、大物銀行家の多くは「そのプランの真の趣旨を理解しかねていた」。銀行家が理解できないものをだれが理解できるというのだろう。彼らの一人は、「大統領の演説のなかには正当な金融原理から発生したものは何一つ見つけることはできない」と、禅を思わせるような発言をした。それは、演説同様、突拍子もないほど非論理的な反応だった。モルガン家は沈黙を保ったままだった。ニューヨークの金融界のスポークスマンであるトーマス・ラモントもリチャード・ホイットニーもオットー・カーンも、史上まれにみる啓発的な演説に言葉を失った。実はルーズベルトのプログラムはそれほど分かりにくいものではなかった。ウォール街がこれまで最も神聖視してきた健全通貨に対する直接的な攻撃を意味していたにほかならなかった。もちろん警戒するなりの理由はあった。ウォール街とルーズベルトは株式市場の連邦規制を巡ってすでに正面から対立し、第二戦線を開始するには時期が悪かった。ワシントンは何かを学び取っていたが、恐慌のさなかにあるウォール街では、無愛想で年を取ったライオンたちが騒ぎ、嵐が巻き起こりかねなかった。

一〇月二五日、偉大なる実験は始まった。その日の朝とそれに続く平日の朝、ルーズベルトとモーゲンソーとＲＦＣ総裁のジェシー・ジェーンズは、ときにはウォーレンも交えて、大統領のベッドルームで会合を開いた。大統領が朝食を取っている間に、彼らはその日の金価格を決めた。最初は価格操作は国内だけにとどまっていた。世界の金市場は、介入せずともアメリカ政府の価格に一致することを望みつつ、放任されていた。ルーズベルトの小グループは前日の自由市場の価格よりも数セント高めに金価格を勝手に決めた。そして金価格を決定すると、ＲＦＣがアメリカで新たに採掘されるすべての金に対して支払う価格を世界に対して発表した。つまり、アメリカで売られる金を個人的に秘蔵することは違法ということになる。

最初の日の朝、金価格はその日の世界の金価格より二七セント高い、一オンス当たり三一・三六ドルに設定された（昔の金本位制では二〇・六七セントだった。この差は四月以降ドルの価値が下がった分に相当する）。そして理論に忠実に、穀物価格は上昇した。二日目、金価格は一八セント上昇したが、穀物価格は「下落」した。これは一体どうしたことなのだろうか。試験管のなかで何か間違った反応が起こってしまったのだろうか。あるいは一時的な例外なのだろうか。政府は落胆してはいないと発表した。翌日、金価格は二二セント上昇した。穀物価格も上昇した。しかし、憂慮すべき現象が現れ始めた。世界の為替市場がＲＦＣの価格を無視し、ドルの金に対する交換価値を独自に算出し始めたのだ。つまり、国内の金のＲＦＣ価格は重要性を持たず、永続的な影響を及ぼさなくなったということである。ドルの価値は二つ存在することになった――ウォーレン理論に基づくドル価格と外為市場におけるドル価格である。ＲＦＣは国内操作をやめ、世界市場に出て行かなければならない可能性が高まり、警戒感は高まった。これはイギリスやフランスにとって経済戦争を意味した。その翌日の日曜日、金価格はさらに六セント上昇し、穀物価格は再び下落した。ウォーレン教授の所在は分からなくなった。彼が当惑していたのは明らかだった。

そのころウォール街は依然として混乱していた。否定的な感情に支配されていた。最新の決算発表はひどいものだった。ドルが安定化する見通しは立たず、そのため株式市場は若干上昇した。ウォール街のだれもが暇を見ては、金価格の日々の上昇は一体どのようにして決められているのだろうかと考えた。彼らには真実を知っているという安心感はなかった。真実は数年後のモーゲンソーの日記から知ることになる。ある日、彼は毎日行われる朝食会にいつもどおりにやってきて、一九セントから二一セントの上昇を提案した。ルーズベルトは二一セントを提案した。「二一はラッキーな数字なんだ」と彼は陽気に説明した。「なぜって、二一は七の三倍だから」。おそらくはプログラム全体に数霊術がはびこっていたのだろう。

しかし、ルーズベルトはウォーレンとの個人的な協議では生意気に振る舞うことはなかった。理論がなぜうまくいかないのか、彼はウォーレンを問い詰めた。すると、ウォーレンは断固として、理論が効果を出すには、金の購買を世界市場にまで広げる必要があると答えた。その政策が始まって五日後の一〇月二九日、ルーズベルトはＲＦＣにニューヨーク連邦準備銀行を通じてロンドンとパリの為替市場でも金を買わせることを発表した。こうして、ウォーレンの試験管にはさらに危険な薬品――下手をすれば爆発しかねない薬品――が投じられることになった。イギリスとフランスからは自国通貨が不利になるとして、激しい抗議の声が上がった。「もしこれ以上続ければ、私たちとしても商取引の観点から何か措置を講じざるを得ない」と、イギリスの元蔵相のロバート・ホーン卿はニューヨーク債券クラブに警告し、「私たちは本気だ。しかし、報復という形を取るつもりはない。断じてそうではない。しかし、われわれは商業上、自分たちの立場を守らなければならない」と付け加えた。この如才ない元蔵相が言わんとしていたことは、イギリスも自国通貨を守るために英ポンドを売り崩すことを余儀なくされるかもしれないということである。頭をハンマーで殴るのは、二人いなければできないゲームなのである。

ここから仲介役のジョージ・L・ハリソンの苦悩は始まった。善良な官僚として、彼はそのとっぴな政策を実行するという責務があった。その一方で、激怒したヨーロッパの銀行家に対してそれを説明し、納得させると同時に、困惑したウォール街の銀行家の抗議をできるかぎり鎮め、あらんかぎりの影響力で大統領にその政策をやめさせようとした。特に最後の仕事に関しては心を砕いた。健全で伝統的な銀行家としては、彼は大統領の政策は個人的には好きではなかった。ウォーバーグが姿を消した今、彼はルーズベルトの側近のなかで健全通貨を提唱する唯一の人物だった。

一一月二日、アメリカは初めて世界市場で金を買った。最大の効果を狙い、投機家たちに情報を漏らさないために、注文価格と量は秘密にされた。そして、計画どおり、ドルは外為市場で下落した。ハリソンはイギリスとフランスの報復を防ぐためにリバティー通りから国際電話をかけ続けた。フランス銀行のロバート・ラクーア・ガイエは電話でハリソンにワシントンで何が起こっているのか分からないと言った。彼はフランスのメディアに新しいアメリカの政策を説明するように求められたが、彼自身まったく理解できていなかった。ハリソンが彼に提供できるせめてもの慰めとして、金の購入はできるだけ秩序だてて行うことを告げること以外になかった。イギリス銀行のノーマン頭取はその計画を四日前に初めて聞いたとき、カンカンになって怒った、とのちにハリソンは業務日誌に書いている。今日はフロアに戻ってきたハリソンだったが、彼の深い懸念は消えなかった。一一月の間中、一日を除いてアメリカ政府のドル攻撃は続き、金の購入は国内市場でも世界市場でも定期的に行われ、価格は上昇の一途をたどった。世界市場での購入が一週間ほど続いたあと、ドルの金に対する交換価値は六三・四セントに下落し、南北戦争以来の安値を更新した。パリとロンドンは神経質になり、不透明さのなかで、国際取引は実質的にまひ状態に陥った。ヨーロッパの株式市場もアメリカの株式市場も相変わらず混乱状態が続き、上昇するのか下落するのかだれにも分からなかった。賢明で尊敬すべきニューヨーク・タイムズ紙の金融記者兼編集者のアレクサンダー・ダナ・ノイズは、彼の言うところのアメリカによる世界市場の「単に不必要な不法占拠」について書き立てた。ワシントンが何を意図しているのかを理解しようとする真剣な内外の銀行家たちの絶望を縮小する役割を果たすはずの世界市場が、今まさに混とん状態に陥っていたのだ。その一方で、穀物価格はあまり上昇せず、アイオワ州では農民のストライキによって鉄道橋が燃やされ、通行中の列車が襲われた。ウォーレン教授は電話にさえ出なかった。

重大局面を迎えたのは九日だった。アメリカ政府のドルを下げようとする動きに投機家が加担すると、世界市場でドルが突然六二セントを下回るまでに下落したのである。国内の穀物価格は急上昇したが、ノーマン頭取はドルに対する英ポンドが史上最高記録の五ドルに達したのを見て、再びカンカンに怒った。イギリス政府は辛抱強く報復を控えていたが、アメリカの商業銀行や投資銀行に対して、電話、電信、手紙などあらゆる手段を使って、アメリカの銀行に一体何が起こっているのか、どの程度まで進んでいるのか分かりやすい説明を求めた。アメリカの銀行も皆目見当もつかず、彼らの問いに答えることはできなかった。その週の終わりには、ウォーレン理論は外国からの干渉を受けてもまったくうまく機能しないことが統計的に明らかになった。金の購入が始まってからドルの世界価格はおよそ七％下落する一方で、国内の小麦価格はわずか二％しか上昇せず、綿花価格は一・五五％しか上昇しなかった。

しかし、ルーズベルトは気を落とすことはなかった（彼は海の向こうから聞こえてくるうめき声には多少心を動かされはした。モーゲンソーからノーマン頭取が激しく抗議していることを聞かされると、二人はいたずらっぽく大声をあげて笑った。余談だが、ルーズベルトはノーマンのことを「年老いたピンクのほおひげ」と呼んでいた）。一二日の日曜日、ルーズベルトはホワイトハウスで金融会議を開いた。参加者は、モーゲンソーとハリソンとウォーレンだった。農民の暴動は回避されたようだし、これまでの金の購入プログラムには満足しているとルーズベルトが言ったあと、ハリソンは、ドルがこれ以上下落すると、政府の信用問題に発展しかねないため、ドルの下落はスローダウンさせたほうがよいと言った。すると、ルーズベルトは、この問題には二つの側面がある、ドルが弱くなりすぎたときは、ＲＦＣは世界市場で金を売ればよい、と答えた。ルーズベルトの提案をハリソンは熱烈に称賛した。ここらで金を少し売ったほうがよいだろう、善は急げだ、とハリソンは言った。会議は大した成果もなく終わった。次の週、イギリス銀行とフランス銀行からの絶え間ない抗議をかわすため、ハリソンはルーズベルトにつきっきりでアドバイスした。彼のアドバイスはほとんど受け入れられなかったため、報われない仕事だったが、ウォール街の銀行家としては異例なことだった。

翌朝、ハリソンがリバティー通りに戻るとルーズベルトから電話があった。大統領が知りたかったのは、外為市場がどうなっているかということだった。ルーズベルトが外為市場のことを聞いてくるということは、自分が外為の専門家に転身したという証拠だ。ハリソンはそれに気をよくして、ドルの展開を報告し、この機に乗じてさらに金を売ることを提案した。ルーズベルトはこのことについてははっきりとした返事はしなかったが、ハリソンに市場で毎日どういったことが起こっているのか報告してもらいたいと言った。翌日の午後早々、ハリソンはホワイトハウスに電話で報告した。ドルは英ポンドと仏フランに対して大きく下落しているので今こそ金を売ってはどうか、あるいはヨーロッパの取引は終わってしまったので、翌朝、金を売ってはどうかと打診した。意外にも、ルーズベルトはその意見を受け入れ、金を二〇万ドル売ることを提案した。そんな量では少なすぎる、パリとロンドン市場のそれぞれで五〇〇万ドルではどうか、とハリソンは言った。ルーズベルトはこれに同意し、ハリソンは気をよくして電話を切った。正気がマネーシーンに戻ってきそうな気配がした。

しかし、その日の四時二〇分、ハリソンはジェシー・ジョーンズから電話を受けた。海外で金を売ることが合法なのかどうかもう少し時間をかけて調べたいので、翌日は金は売らないと大統領が言ったというのである。保守主義のハリソンは、「驚いた」と業務日誌に書いている。何しろ、三時間前の口約束を取り消したのは大統領自身だった。さらに、金の売りが合法かどうかは海外プログラムが始まる前にすでに徹底的に議論されていた。金の売りを最も強く望んだハリソンは、三時間はらわたが煮えくり返るような思いをしたあと、七時一五分にルーズベルトに電話した。ホワイトハウスのオペレーターはFRBのオペレーターに、ハリソンに少し待つように言った。そのとき大統領の元にはジョーンズが来ていた。数分後にやっと電話がつながり、ルーズベルトはいつものように穏やかな声で、怒りを鎮めてくれ、と言った。アメリカが海外で金を売ることに関する法律的な問題について、ジョーンズは何も分かっていなかった、とルーズベルトは報告している。ハリソンははっきりしたことだけを指摘した――こうした取引はすでに二週間にわたって行われてきたが、法律的な問題はまったく発生しておらず、売りに関してもおそらくは買いと同じ法律が適用されるはずだ。あとでかけ直すと言ってルーズベルトは電話を切った。しかし、数分後にかけ直してきたのはジョーンズだった。「これは金の売りの許可を一時的に取り消すことを伝えるものだと考えてくれ」と言った。そして、「きみがなぜそんなに金を売りたいのか理解できない」と付け加えた。

イーストエンドアベニューのアパートで眠れない夜をすごしたハリソンは、翌朝、最終的な指示を聞くためにホワイトハウスに電話したが、ルーズベルトはつかまらなかった。しばらくの間側近から側近へとたらい回しされた揚げ句、昼近くになってようやくモーゲンソーとつながった。彼は、大統領は着替えをしているから今はつなぐことはできないと言った。一方、外為市場は再びパニックの様相を呈していた。ドルは六〇セントを下回り、崩壊寸前にあった。ノーマンとラクーア・ガイエは再びホワイトハウスに電話をかけてきた。モーゲンソーとの会話を終えたあと、ハリソンは緩衝役に早変わりし、ヨーロッパ側にアメリカの農業地帯の状態はまだ悪いことを説明し、ルーズベルト大統領のインフレ政策は今のところ横ばいであることをそれとなくほのめかし、彼らをなだめた（混乱が激化し、大統領が優柔不断であることからインフレ対策が横ばいであることは明らか。ハリソンに分かるのはこれだけだった）。昼ごろ、ジョーンズはハリソンに電話をして、このけんかはハリソンの勝ちであることを伝えた。法律上の問題はまた無視され、パリとロンドンで合計一〇〇万ドルの金を売る許可が下りたのだ（そのころにはヨーロッパの市場はすでに閉まっていたので、取引はできなかった）。午後になってようやくルーズベルトと電話がつながった。ハリソンが上機嫌だったのにはほかにも理由があった。ノーマンとラクーア・ガイエの怒りを鎮める別の手段が見つかったのだ。大統領がウォール街のブローカーはこの時点で彼のプログラムをどう思っているのかと尋ねると、ハリソンは、六～七人にできるかぎりの説明をしたと言った。ハリソンが「彼らは少し安心したようです」と言うと、大統領は「よくやった。その調子で頼むよ」と言った。

ハリソンは本当に勝利したのだろうか。その時点でははっきりしなかった。翌日の一一月一六日、予定どおり金は売られ、それに従ってドルは上昇した。市場を落ち着かせるには、プログラムの結果に満足していることを公表することだというハリソンの言葉にルーズベルトは同意したが、ハリソンが翌日にロンドンとパリで少なくとも一〇〇万ドルの金を追加的に売る許可を求めると、大統領はこれを却下した。一八日には逆に金の買いが再び始まった。しかし、ルーズベルトの態度には明らかに変化が表れていた。原因の一つは、ハリソンから常にプレッシャーをかけられていることだった。もう一つの理由は、外為市場の混乱を大統領自身が招いたこと、そして最大の理由は、アメリカのビジネス界からついに大きな抗議の声が上がり、この問題が新たな局面を迎えたことだった。国内の農民を重視しすぎれば、ヨーロッパとの経済関係やアメリカビジネス界との関係が悪化する。この両方のバランスをうまく取る必要があった。一一月二一日、モーゲンソーとジョージア州ウォームスプリングに滞在するためにルーズベルトはワシントンを発った。ハリソンと距離を置くことで、ハリソンに対する依存度はさらに増すだけだった。ルーズベルトは今やハリソンにほぼ完全に頼りきるようになっていた。距離を置いていても親密な関係が二人のまったく異なる人間の間に芽生えていた。家柄の良さと身体的な障害という取るに足りない二つの要素を除いて、二人に共通点はなかった。

二一日、ハリソンはルーズベルトに数日間は海外で金を買わないようにとモーゲンソーを通じて説得することに成功した。仏フランの競争力が大幅に落ち、フランスが金本位制から離脱せざるを得ない状況に陥っていたからだ。そうなれば、金本位制を取る主要な通貨はなくなり、世界の金融界の将来は不確実性が増すことになる。ハリソンの嘆願は功を奏した。ハリソンはその日、RFCから金を買う注文が出されていないことを確認して安堵した。翌朝早く、ルーズベルトはイーストエンドアベニューの自宅にいるハリソンを電話でたたき起こした。モーゲンソーからメッセージを受けていたルーズベルトは、フランの不安定化を考慮して、きみのアドバイスを聞いてよかったよ、と言った。ルーズベルトは確かに変わっていた。その日の午後、ハリソンがリバティー通りからウォームスプリングスに電話でその日の市場報告をしたとき、大統領は考え事をしている様子だった。二人はウォーレン理論について話し合った。

ドルが下落しても、国内の小麦価格と綿花価格はほぼ一一月の初めの水準にあることをハリソンは指摘した。もちろんルーズベルトは反論し、ゴムとスズの価格は上昇しているではないかと言った。ハリソンはこれは何の証明にもならないと言った。ゴムとスズは大部分が輸入されており、価格は金に対して固定化されている。だから、金価格が上昇すれば、ゴムとスズの価格も自動的に上昇するのだと説明した。この論理を理解したルーズベルトは、その週の残りの3営業日は外為市場では金を買わないことに同意した。

二人の間ではそのあともこうした会話が続いた。「価格というものはときにはすべてのルールに逆らうこともあるというのは何とも面白い」と、大統領は理解に苦しみながらも考えにふける場面もあった。長距離電話はいつしか経済セミナーになっていった。もちろん教える側はハリソンで、彼が優勢になることが多かった。二三日、ドルは上昇し、小麦価格は一ブッシェル当たり三セント下落したが、ルーズベルトはその週は金は買わないという約束を守った。彼らは再び議論を始めた。ルーズベルトが、価格が計画どおりに改善されていることを示すチャートがあると言えば、ハリソンは、価格が上昇しているのは輸入穀物がほとんどで、それは無視しなければならない、と前日の要点を繰り返した。ハリソンは業務日誌に、ルーズベルトは安定化の原理をようやく理解し始めているようだ、と書いた。「総体的には彼との会話は励みになった」と彼は業務日誌に書いている。彼は教え子はついに基本原理を理解したのかもしれないとルーズベルトを褒めた。

六

セミナーが続いている間、全国からの抗議は最高潮に達した。一一月一八日、米国商工会議所は米国が金本位制に復帰することを求めて激しく抗議した。二〇日にはルーズベルトの長年の支持者であるバーナード・バルークがサタデー・イブニング・ポストに論文を発表し、「金の購入によるインフレはニューディールのほかの成果をすべて台無しにする」と反論した。二一日にはオリバー・スピローグが財務省の職を辞任し、ルーズベルトのプログラムを攻撃してきた（「スピローグはうるさいやつだ」とルーズベルトは側近の一人に漏らしている）。同じ日、一流の商業業界誌は、世間から姿を消して久しく、議論にも上らなくなったウォーレンを、「米国金融の独裁者」と非難した。二三日には、デュポン、ゼネラルモーターズ、メイシーズの社長も反対派に名を連ね、二四日には、仲が良かったときはルーズベルトが「困難に屈しない人」と呼んだアルフレッド・E・スミスもバトルに加わり、ルーズベルトは「ゴールドドルをたわけたドルにした張本人」と言い、アメリカ人全員を実験台にしたワシントンの「狂人とクオーターバック」を非難した。積極的に発言した同族に勇気づけられると同時に辱められたウォール街は、公には慎重に沈黙を守り続けていたが、裏では組織全体で反対派を煽りたて、八カ月前は温かく迎え入れたニューディールに対して静かに態度を変え始めていた。ニューヨークの銀行やブローカーは全国産業復興法に署名していたが、一一月二四日に新聞記者がウォール街全域を視察すると、窓に青の鷹を掲げているところは三カ所しかなかった。抗議者のなかで際立っていたのが、本国に呼び戻されたウォール街の反逆者のジミー・ウォーバーグだった。九月にルーズベルトと論争を巻き起こしたあと、彼は国を挙げての反インフレキャンペーンへの地盤固めを黙々と始めた。「あちこちでビジネスマンの小グループが結成され、今何が起こっているのかを理解しようと互いに助け合った」とウォーバーグはのちに回顧している。「私はシカゴのビジネスマンと経済学者のグループによる抗議運動に参加し、友人たちにも加わるように呼びかけた。ボブ・ロベットはニューヨークの各新聞社が状況を理解する手助けをし、ジョン・シフはニューヨーク商工会議所に警告し……私自身は大手生命保険会社の社長と話をした」。一一月二二日、ウォーバーグはフィラデルフィアのアメリカ政治および社会科学アカデミーの前に姿を現した。彼は、以前は崇拝していた大統領を感情や外交関係のもつれから個人的に攻撃するのを避けながら、ウォーレン理論とそれをルーズベルトに強く勧めた議会や政権関係者を激しく非難した。ウォール街が公の場で意見を公表したのがニューディールを批判する声だったのは何とも皮肉だった。

金の購入に反対するグループや委員会は時間を追うごとに増えていった。そして、二七日の晩、彼らの抗議は米国労働総同盟の協賛を得て、カーネギーホールで「健全通貨」総会となって頂点に達した。同じ日の晩、一三ブロック南のヒッポドローム競馬場では、金の購買を「支持」するさらに大きな総会が開かれていた。この総会は外の通りをうろついていた人々も巻き込んで、一万五〇〇〇人の大集会となった。その急先鋒に立ったのは、モーゲンソー、トーマス上院議員、当時ルーズベルトの熱烈なファンだったラジオで説教するチャールズ・コグリン司祭だった。しかし、不運なことに総会は空転した。民衆の扇動役であった反ユダヤ主義のコグリン司祭が「ロワーマンハッタンのトーリー党銀行家たちのプロパガンダ」を痛烈に批判し、インフレを「われわれを脅すごまかしの言葉」とわめき散らし、行きすぎた言動を取ったのである。コグリン司祭の組織であるラジオ・リーグ・オブ・リトル・フラワーが、その間ずっと金と銀の投機を行って（銀を彼は恣意的に「非ユダヤ教」の金属と言っていた）、私腹を肥やしていたことが発覚し、コグリン司祭の品位が疑問視されたのは七カ月後のことだったが、ヒッポドロームで見せた彼の悪態が民衆の波をウォーレンのプログラムから遠ざけた唯一の要素だったとウォーバーグはのちに結論づけた。ルーズベルトは一一月二八日に金価格を九セント上げ、一一月二九日には再び八セント上げた。これは最後の抵抗のように思えた。そしてついに、ルーズベルトはギブアップした。一二月五日、金とドルの交換の禁止が解除されると、人々の心はお金から離れ、この話題は新聞の一面を飾ることもなくなった。九日、ルーズベルトは、「今はあらゆる分野で平穏を保ちたい」とハリソンに打ち明けた。ハリソンは耳を疑った。それはつまり、実験が終わったことを意味していた。一二月の残りの期間を通して、金価格はほんのわずかだけ一度上げられただけだった。

一九三四年一月中旬の一般教書演説でルーズベルトは、ウォーレン理論は間違いであったことを正式に認め、ドルの金に対する交換価格を現在のオープン市場価格で安定化させると宣言した。法案が議会を通過したその月の最終日、修正された金本位制への復帰を布告した。ドルは元の金本位制の価格の五九・〇六％で固定化されることになった。この中途半端な数字は金の公式価格として一オンス当たり三五ドルになるように決められたものだ。こうして、一カ月にわたって大統領が朝食を取っている間にでたらめに決められていた金価格は永遠に固定化されることとなった。だが、いつまで固定化されるのか、当時はだれにも分からなかった。一世代以上たった一九六八年まで、ドル価格を一オンス三五ドルに維持するために、各国首脳は地球をほぼ半周回るほど動き回り、女王は大臣たちと会談し、世界の中央銀行は大変な苦労をすることになる。

七

こうして、史上最も大胆な経済的実験は終わり、アメリカは金本位制に復帰した。およそ四〇％下落し元に戻っていた株式市場は安堵感から急上昇した。ウォーレンはいつの間にやらコーネル大学に戻り、農民の学生と四〇〇〇羽のニワトリの世話をしていた。その年の一〇月、彼は一日だけワシントンに戻り、ルーズベルトと昼食をともにしながら、ドルの下落について話をした。政府との非公式なつながりを再開するかどうか聞かれると、ウォーレンは、「私の知るかぎりでは、商務省での私の元のポジションはまだ空いているようですね」と答えた。世界の為替市場はこのニュースを受けて下落したが、下落幅は小さかった。そして、ウォーレンが政府に戻ることもなかった。彼がその生涯を終えるまでの残りの三年半の間、彼の噂が聞かれることはなく、信用をなくした彼の理論はありとあらゆる経済専門家によって分析され嘲笑されるという不愉快な経験に黙って耐えるしかなかった。しかし、イサカのこの農夫は、金融界の独裁者として成功していなければ、歴史には登場しなかったことは確かだ。

ウォール街は勝利したが、大きなコストを伴うものであった。ニューディールとのハネムーンは、新郎の好む理論が間違いであったことを新婦が証明することに失敗したことで終焉を迎えた。実際には、新郎も新婦も敗北した。ニューディールはウォール街が卑屈に従属する形で始まったが、ウォール街はワシントンの狂人たちに疑いの目を向け、一年で考えを翻し、今や反論を唱えるまでになっていた。そして、ニューディールもまた同じように敵意をむき出しにした。

大統領就任から一年間、ドルをいじり回してきたルーズベルトを振り返ってみて言えることは何だろう。彼の物事に対する理解は滑稽なほどに表面的で、彼の態度もあきれるほど思いつきによるものが多かったことは明らかだ。彼はこの国で一番教養があり信任されたマネードクターのアドバイスをことごとく無視し、やぶ医者の意見を聞きいれたのである。しかし、どうにかこうにか農民たちは飢えることもなく、革命を起こすこともなく、そして、信じられないことだが、ドルは一世代以上にわたって安定化した。賢明ではあったが脅えたウォール街が妙案を提示することはなかった。ウォーレンの理論は不健全ではあったが永遠に害を及ぼすことはなく、少なくとも次の行動を促し、希望を与えてくれたのは確かだ。

まぐれか天才かは分からないが、ルーズベルトは国に元気を取り戻してくれた。ウォール街だったら同じことができただろうか。

第8章　ワシントンの試練

一

J・P・モルガンのひざの上に乗った小人の写真を覚えていない者はいないが、その話の結末まで覚えている者はほとんどいない。それは実に悲しい話だった。まずはこれから話していこう。

それは一九三三年六月一日の朝、上院幹部室で起こった。パートナー、弁護士、補佐らに囲まれたモルガンは革張りの椅子に座り、上院銀行通貨委員会の前で証言するのを待っていた。記者、カメラマン、傍聴人がひしめき合うなか、職員が止める間もなく突然、リングリング・ブラザース・バーナム・アンド・ベイリー・サーカスの広報係は、スクリップス・ハワードの記者、レイ・タッカーと共謀して、モルガンのひざの上にサーカスの小人をひょいと乗せた。カメラマンたちはとっさに椅子によじのぼり、写真を撮る位置を確保するために人々を押しのけた。

当時のモルガンは六〇代半ばで、威厳があり善意に満ちあふれていた。サーカスのその小人はリャー・グラフという女性で、身長は七〇センチ足らずだが、ぽっちゃりとして均整の取れた体つきをして、ダークブラウンの髪と光り輝く黒い瞳を持つ清涼感あふれる小作農民のようなかわいらしい子だった。ひだ飾りのついたブルーのサテンドレスに身をまとい、魚網模様の赤い麦わら帽子をかぶっていた。モルガンの取り巻き連中は凍りついたようにこわばった。しかし、モルガン自身は違っていた。委員会から一週間にわたって敵意に満ちた質問を浴びせられこわばっていた顔は一瞬ゆるんだが、困惑した様子は隠せなかった。しかし、やがてもじゃもじゃの黒い眉とほとんど白くなった口ひげのなかにはやさしい笑みが浮かんだ。

「私にはあなたより少し大きな孫がいるよ」と彼は言った。

「でも、私のほうが年がいってるわ」とグラフは答えた。

「あなたはいくつなのかね?」

広報係は二一歳と答えたが、グラフは修正し、「まだ二〇歳よ」と言った。

するとモルガンは、「そんな年には見えないよ」と言った。

カメラマンたちがもう一枚写真を撮らせてくれとせがむと、広報係はグラフに帽子を取るように言った。すると、「帽子は取らないでくれ。そのほうがかわいいよ」とモルガンは言い、彼女をひざから抱え上げて、やさしく床に降ろした。うろたえて見ていたパートナーたちは大きく息をして、椅子に崩れ落ちた。事態の収拾を図るため、リチャード・ホイットニーは広報係とグラフをシッシッと追い払った。モルガンは弱々しくも相変わらず笑みを浮かべていた。

翌日、その写真は世界中の新聞を飾った。

　その事件で得をしたのはモルガンとウォール街だった。その日から一〇年後に死亡するまで、モルガンはその貪欲さと残忍さが国をあわや崩壊へと導きかけた悪魔としてではなく、温和で弱々しい老人として人々の心に刻まれた。モルガンは、計算ずくか本能的にかは分からないが、それを利用して、「人情味あふれる」イメージを作り上げようとしたのだ。翌日、彼の性格に新たに興味を抱いた記者から、事件について一言お願いします、と乞われると、彼は無表情に、「尋常ではなく、いささか不愉快」だったと答えた。でも、カメラマンは自分の仕事をしただけなので非難はしないと言った。彼が時計のお守りとして身につけていた黄金のクレッセントにはめられたブラッドストーンについて聞かれると、彼はながながとしゃべった。「ああ、これのことか。教えてあげよう。私の父の母はJ・ピアポントの娘で、これは彼女が作ったんだ。片側にピアポントの紋章が入っているだろ。彼女はそれを父親にあげたんだ。父親は毎日それを身につけていた。身につけない日はなかった。そして私の父がそれを私にくれた。まぁ、こういうわけなんだ」

「あなたのお父さんのお父さんがそれをあなたのお母さんのお兄さんにあげて……」。記者はだんだんこんがらがってきた。

「違うよ」。モルガンはクスクスと笑い、先祖にまつわる訳の分からない話をまた始めた。「私にはちょっと……」と記者は言ったが、モルガンはそんなことはお構いなしに話し続けた。こんな男をだれが憎めるだろうか。

しかし、リャー・グラフにとっては何の得もなかった。小人としての普通のサーカスの役には耐えられたが、恥ずかしがりやで傷つきやすい彼女にとって、有名人としての役は耐えがたいものだった。二年後、有名になった彼女は記者に追いかけ回され、ついにアメリカを離れ、故郷のドイツに戻った。彼女には半分ユダヤ人の血が流れていた。一九三七年、彼女は「無益な人間」として逮捕され、アウシュビッツに送られ、それから彼女の噂を聞くことはなかった。彼女にはどこにも居場所がなかった。アメリカで利用されるだけ利用され、故郷で抹殺された。大金持ちで有名な老人との邂逅が、彼女から心の平静を奪い、しまいには彼女の命まで奪ったのだ。

この話は、一枚の写真を除けば、おとぎ話として終わっていただろう。写真のなかでグラフは誇らしげに笑っていた。彼女のぽっちゃりとした手はモルガンのコートの袖をしっかりつかんでいた。グラフもモルガンも幸せそうだった。それだけにこの話の結末は悲しすぎる。

二

早くも三月には、上院委員会の新しい顧問官によって株式市場の調査が続けられるという話がウォール街に伝わってきた。新しい顧問官はニューヨーク市の若い地方検事補のフェルディナンド・ペコラで、焦点はJ・P・モルガン・アンド・カンパニーに当てられた。ある日、トーマス・ラモントとモルガンのパートナーのJ・パーカー・ギルバートはリバティー通りにある連邦準備銀行のジョージ・ハリソンを訪れた。彼らの態度には、モルガン家に似つかわしくなく、人目を避けるような様子が見られた。いずれにしても、彼らは異例の任務を負ってハリソンを訪れたことはすぐに明らかになった。モルガン家は今やホワイトハウスともキャピトル・ヒルともパイプはなかった。ラモントとギルバートがハリソンを訪れたのは、ウォール街と新しい政権とのけっして楽ではない橋渡しの役を依頼するためだった。ペコラは前の週ウォール街二三番地を訪れ、さまざまな私文書の閲覧を求めた。召喚令状についての話もした。これが意味するものは一つしかなかった。J・P・モルガン・アンド・カンパニーは通常の手順に従って連邦準備銀行に最新のバランスシートを提出したとラモントは言った。連邦準備銀行は要求すればそのバランスシートをペコラをはじめとする上院調査委員会の関係者に見せないように協力してくれるだろうか。

ハリソンはそんな保証はないと答えた。

ハリソンのその日の業務日誌には衝撃的な記述があった。モルガン家は、二〇年前の創設時に手を貸した銀行に、このことが公にならないように嘆願した。絶大な力を誇ったモルガン家も地に落ちたものだ。いずれにしても、結論の出ない会話の最後に、ハリソンは今言われたことは口外しないように言われているのだと感じた。ラモントはモルガン家の微笑みを見せた。ハリソンは、「もちろん」と言った。

委員会はバランスシートを入手し、調査は進んだ。これが始まる五月末、J・P・モルガン・アンド・カンパニーは冷静さと威厳を完全に取り戻していた。モルガンのパートナーとその取り巻きは防衛的な様子はなく、罪悪感を感じている風もなく、征服した国を占領するルネッサンスの廷臣のように、調査を受けるためにワシントンに乗り込んできた。ホテルの請求書だけで一日二〇〇〇ドルにも及んだ。聴聞会では、彼らはコソコソと隠し立てすることを潔しとしなかった。今や彼らは新たな段階に入っていた。オープンで堂々とした態度を取り、ばつの悪い質問にも進んで答え、不名誉になるような文書も惜しむことなく素直に提出し、良心の呵責などみじんも見られなかった。尋問の最中、率直さが傲慢さに変わることもあった。これは一種のノブレス・オブリージュ（財産、権力、社会的地位の保持には責任が伴う）だった。

モルガンは最初の証人で、彼とペコラの対決は断続的に一週間以上続いた。それは単純で美さえ感じさせた。国民の関心が寄せられるなか、偉大な男が証人台に立った。モルガン家の人間が国民の前にさらされるのは、J・ピアポントがプジョー委員会から厳しい尋問を受けた一九一二年以来のことだった。国民は複雑な思いで彼を見つめていた。モルガンは王であり、大泥棒でもあったわけである。彼はどちらのイメージを打ち出すこともなく、ただ紳士であり、ビジネスマンであろうとした。最初にピンチに立たされたのは紳士としての彼だった。幼少のときにシチリアから移民としてやってきたペコラはモルガンと対照的だった。ペコラは背が低くて四角い顔をしていたが、モルガンは背が高く、威厳があった。ペコラは浅黒かったが、モルガンは色白だった。ペコラはエネルギッシュで、野心家だったが、モルガンは弱々しかった。ペコラは誠実で知的だったが、モルガンは奢侈文弱だった。どちらも互いのことを恐れてはいなかった。まさにキップリングの小説を地で行くような対照的な二人だった。

尋問に対して、モルガンは冷静に、彼の会社のパートナーシップの独裁的な条項を説明した。パートナー間の紛争はシニアパートナー――つまり、モルガン自身――の決定に委ねられる。つまり、モルガンが「最終的に解決する」ということである。シニアパートナーはいつ何どきでもパートナーシップを解消することができる。年間利益は五〇対五〇で分割する。つまり、半分がモルガンのものになり、残りの半分をすべてのパートナーで分け合うということである。新しいパートナーは資本を拠出する義務はない。

会社のビジネスのやり方について尋ねられると、モルガンは意気揚々とした様子で、満足げに答えた。会社は自己宣伝をしたことがあるか？　つまり、一般大衆や銀行業界に対して名前を知らしめたことがあるかという質問に対しては、「ドアに名前が書いてあります。それだけです」と答えた。名前だけか？　会社のビジネスを暗示するようなことは何も書いていないのか？　という質問には、「何も。名前だけです」と答えた。

ペコラ氏　モルガンさん、会社の名前はオフィスの外のドアに書いてありますか？

モルガン　外のドアには書いていません。内側のドアにのみです。

ペコラ氏　通りを歩く通行人からは見えないということですか？

モルガン　見えません。でも彼らの大部分はオフィスの住所を知っています。

ペコラ氏　銀行に対して自己宣伝していないとなると、銀行業界における評判を欠くことになると思いませんか？

モルガン　そうは思いません。

　会社の財務状況が預金者に伝えられたことがあるか、という質問に対しては、モルガンは「いいえ」と答えた。「預金者から要求されたことはありませんから」。銀行は受容できる担保を提示した人にはだれにでもお金を貸すのか、という質問に対しては、モルガンは、「いいえ。お金を貸すのは顧客に対してのみです。預金の受け入れについても同じです」と答えた。

議長（七五歳のダンカン・U・フレッチャー・フロリダ州上院議員）　しかし、預金者を却下することはないのでは？　つまり、顧客を選ぶことはないのではありませんか？

モルガン　いいえ、選びます。

議長　そうですか。

モルガン　はい、私たちは顧客は選びます。

議長　もし私が一万ドル持ってあなたの銀行に行ったら、あなたは預金として受け入れるのではありませんか？

モルガン　そんなことはありません。

議長　そうですか？

モルガン　はい……紹介状がないかぎり受け入れることはありません……これは私たちの長年にわたる規則ですから。

議長　そうすると、私は一万ドル借りることもできないわけですね。

モルガン　紹介状がないかぎりできません。

そのあとモルガンはこの規則について詳しく説明した。「私たちは……融資はします。彼らにはお金を返す能力があると信じているからです。その紳士（顧客）が望めば、融資はします。彼らは私たちの友人ですから。彼らは善人で、まっとうな人たちですから」

この古めかしい階層的民間銀行の哲学、つまり社会的制度によって規定される経済的信用への依拠についての供述は、モルガンとペコラにとって重大な山場となった。先祖代々経済界の貴族として君臨してきた男と民主主義的な地中海農民の息子——二人は意見交換を行い、互いの意見に興味さえ感じたが、モラルに対する考え方の違いから真に理解し合うことはできなかった。モルガンはのちにペコラについて友人に話している。少し不機嫌に、さげすむように、威厳を保ちながら、「ペコラは礼儀をわきまえている。検察官としての礼儀をね」と言った。一方、ペコラは一九三九年に出版した本のなかで、証言台に立つモルガンを、「礼儀正しく、協力的だった」と書いている。「罪深い秘密を隠し持つような人間ではけっしてなく、会社とその仕事に対してプライドを持っていた。ウソ偽りのない気持ちだったと思う」。二人の話からすれば、農民の息子が貴族に負けたことを疑う者はいないはずだ。

しかし、ペコラとモルガンのやり取りは単なる幕あいでしかなかった。J・P・モルガン・アンド・カンパニーに対する真の攻撃は一つのエピソードに集約することができる。それは一九二九年のアレゲーニー・コーポレーションの株式発行についてのエピソードだ。ペコラの質問に答えたのはモルガンではなく、彼のパートナーで、ほとんどはジョージ・ホイットニーが答えた。いつもながらスリムで一点の曇りもなく、ハンサムでチェーンスモーカーのホイットニーはモルガンの会社の完璧なる後見人だった。彼は常に事実と数字を準備していた。証言台に立ったパートナーは詳細を話すことができなくて途方にくれることが再三あった。そんなときは、ジョージに聞くと解決できた。ジョージは何でも知っていて、書類を常にブリーフケースに入れ、数字も頭のなかに叩き込まれていた。彼は辛抱強く嫌がる様子もなく次々と情報を提供した。委員会や、恐慌に飽き飽きしてスケープゴートを求める一般大衆に情報が理解されないときも、私有財産の管財人の狼狽振りを、涼しい顔で勝ち誇ったように眺めていた。

三

一九三三年のウォール街にとっては遠い昔のように思える一九二九年一月、クリーブランドのバン・スウェリンゲン兄弟は東部と中西部の鉄道会社群を運営する持株会社としてアレゲーニー・コーポレーションを設立した。普通株三五〇万株のうち、二二五万株を彼ら自身が保有し、残りの一二五万株を一株二〇ドルでJ・P・モルガン・アンド・カンパニーと一般への分配のために発行した。これはモルガンが普通に扱うような株ではなく、紛れもなく投機株だったが、モルガンはどういうわけだか、それを引き受けた。分配の方法もちょっと変わっていた。一般大衆に大きなリスクを負わせることはできないとして、直接売るのではなく、モルガンのパートナーがほぼ半分を引き受け、残りの五七万五〇〇〇株が、「リスクを冒す」ことができると判断された一七〇人の裕福な友人や顧客に売られた。一九三三年当時、ペコラ、上院議員、そして国が特に興味を持ったのは、この「リスク」の度合いと性質だった。一九二九年二月一日に新たな株の発行が発表されるや否や、株はほぼ三週間にわたって入手不能になり、「発行日基準」（手に入り次第受け渡す）で店頭取引され始めたのである。その当時の熱狂的な投機的雰囲気のなかで、株価はたちまちのうちに三五ドルまで上昇した。つまり、モルガンが友人や顧客に二〇ドルで売った株はたちまちのうちに三五ドルになってしまったわけである。友人や顧客は一瞬のうちに八〇〇万ドル以上の利益を手に入れることができることになる。

この棚ぼたの株券が手渡された友人や顧客のリストを見ると、当時のアメリカの支配者階級の抄録を見るようだった。ウォール街からは三人の名前がリストに載っていた――ファースト・ナショナル銀行のベイカー、ナショナル・シティー銀行のミッチェル、チェース銀行のウィギン。彼らに提供されたのは一万株ずつで、換金すれば一五万ドルの無リスク利益を手に入れることができる。モルガンは個人的に四万株所有（潜在利益は六〇万ドル）し、パートナーたちもモルガンよりも少ないがそれぞれに株を所有した。例えば、トーマス・ラモントは一万八〇〇〇株、モルガンのブローカーのディック・ホイットニーは一〇〇〇株、モルガンの個人的な弁護士で、ウォール街の法廷では言わずと知れたジョン・W・デイビスは四〇〇株といった具合だ。アメリカの大手企業の社長も名を連ねていた。共和党と民主党の権力者の名前もあった。例えば、民主党全国委員会のジョン・J・ラスコブ議長が二〇〇〇株、共和党全国委員会のジョセフ・R・ナット財務部長が三〇〇〇株といった具合だ。過去と未来の閣僚の名前もあった。ウィリアム・ギブス・マカドゥー元財務長官（五〇〇〇株）、ニュートン・D・ベイカー元陸軍長官（二〇〇〇株）、やがて海軍長官になるチャールズ・フランシス・アダムス（一〇〇〇株)、のちに財務長官になるウィリアム・ウッドン(一〇〇〇株)らがそうだ(アダムスが含まれていることを委員会に説明するとき、ジョージ・ホイットニーは、アダムスが含まれているのはフーバー内閣で重要なポストに就くことになっていただけでなく、J・P・モルガンの息子の義父だったからであり、モルガンコードから言えば当然のことだ、と憤然として言った)。それに、国家的ヒーローのチャールズ・A・リンドバーグとジョン・J・パーシング将軍も含まれていた(それぞれ五〇〇株ずつ)。前者はおそらくはドワイト・モローの娘と結婚したため、後者はおそらくは記念のためと思われる。

モルガンのパートナーたちが株券の分配を知らせるために二月の初めに選別者に送った手紙や電報は、時を隔てた一九三三年の夏に委員会に記録された。時の流れはこれらの電信文を皮肉のこもった名作へと変えた。

電文の一例を挙げておこう。

親愛なるウッドン氏へ

……アレゲーニーの株は公募で売り出すような証券ではないので、売り出すつもりはありませんが、私たちの親しい友人たちのなかに、私たちが買った価格、つまり一株二〇ドルで引き受けてくれる人がいないかどうかお伺いする次第です。

この株は市場で売れれば、一株三五ドルから三七ドルになります。つまり、投機対象ということです。
もし購入をご希望であれば、あなたのために一株二〇ドルで一〇〇〇株ご用意しております。
この株券には付帯条件は一切ありませんので、いつでも売ることができます……この件について御一考いただければ幸いです……。

敬具

ウィリアム・ユーイング（モルガンのパートナー）

ウッドンがアレゲーニーの株価に、人間の投機に対する衝動の興味深い例以外の「意味」を見いだしたかどうかについては記録されていない。いずれにしても、彼はオファーを受け入れ、一〇〇〇株のために二万ドルの小切手を送った。トーマス・ラモントがアルバート・ウィギンに宛てた電報は、ユーイングがウッドンに宛てた手紙よりも短く、ラフな雰囲気で、公共リスクに対するモルガンの会社の罪の意識は省かれている。

クリーブランドのバン・エスの息子たちがアレゲーニー・コーポレーションを設立しました……私たちは普通株の売り出しは行いませんが、私たちが支払った価格、つまり一株二〇ドルであなたと親しい仲間のために一万株取ってあります。今の市場価格は三五ドルです。もしご希望ならすぐに返事をください。私は今夜パリに発ちます。
それでは。

トム

ウィギンは喜んで引き受ける旨をすぐに電報で返答した。実際、選定された一七〇人は驚くべき速さでオファーを受け入れた。彼らのほぼ全員が、暗示的あるいは明示的に、全員が真顔で、あまり裕福ではない投資家にとっては不当なビジネスリスクを負うことになることに納得していた。ただし、例外が一人だけいた。ラスコブだ。彼は精巧な金融の世界よりも単刀直入な政治の世界に慣れていたため、手紙の真意を理解しかね、まったく違ったふうに理解した。彼はパームビーチからジョージ・ホイットニーに宛てて手紙を書いた。

親愛なるジョージへ
お世話になっています。私のことを覚えていてくれてうれしいかぎりです。アレゲーニーの株券への支払いとして四万ドルの小切手を同封します……あなたやあなたのパートナーにはいつもよくしていただいて感謝しています。これからもどうぞよろしく。天気は快晴です……。

幸運をお祈りいたします。

ジョン

その年の夏、ラスコブはレディーズ・ホーム・ジャーナル誌に「だれもが金持ちになるはずだった」と題して論文を書いている。彼はなぜ自分が金持ちになれなかったのか理解していないのは明らかだった。

ペコラ委員会がアレゲーニーのお得意さまリストを公表すると、モルガン家が立ち直ることは絶対にない、と国民は怒りまくった。ウォール街の高慢な公爵どもが、最も低級でひねくれた下っ端政治家のように、将来的な利益を期待して利益供与を受けたことはだれの目にも明らかだった。リストにまつわるジョークが国中を席巻した。お堅い共和党の新聞までがからかった。しかし、ペコラらは度を越してけなした。冷静に考えると、アレゲーニーの株券に対するモルガンの扱いはそれほどとがめるようなものではなかった。一つには、株券の購入はリスクを伴うものであったことが挙げられる。一九二九年の夏に五七ドルでピークを付けたあと、アレゲーニーの株価は暴落し、大恐慌の底では株価はわずか一ドルまで下落した。したがって、二〇ドルで買ってすぐに売らずにずっと保有していたお得意さまリストの面々は大きな損失を被ったわけである。ウィギンもその一人だった。しかし、オファーの手紙を見ると、モルガン家はすぐに現金化することを許可していただけでなく、それをむしろ勧めていたことが分かる。したがって、損をしたことは議論の対象にはならない。重要なのは、手続きについて例外的なことが露ほどもなかったことだった。それは一九二九年当時の投資銀行が恒常的にやっていたことで、株の一般大衆への分配が第一次世界大戦中とその直後に始まって以来、ずっと行われてきたことだった。事実、モルガン家は時代精神に従って生きていたのではなく、それ自身のもっと厳しい倫理規範に従って生きていた。さらに、モルガンの会社はこれまで投機的な普通株は売ったことがない。ついでに言えば、いかなる普通株も売ったことがない。したがって、アレゲーニーの株でこの伝統を破らなければならない理由はない。モルガンの会社がやったことは、友人や顧客を仲介役として一般大衆に株を分配し、取引所への上場資格を満たそうとしただけである。そもそも一般大衆に直接株を売らない会社が株の分配を請け負ったことを考えれば、この手法は十分に公正な方法だった。利益を未亡人や孤児に分配することなどほとんど不可能なことだった。

もちろんペコラはこれを知っていた。しかし、頭脳明晰でひたむきで政治的野心を持つ革新派の彼は、査問官というよりもむしろちょうちん持ちの役割を演じた。彼は敵対者をできるだけ悪者に仕立て上げた。憤慨しイラついていた国民も、これを望んでいた。彼はこの件は大げさに扱った。恐慌の初期におけるモルガンのパートナーの不正とまでは言えないまでも、バカバカしいほどに低い所得税の納税については、ペコラは情け容赦なく責め立て、のちに「一九三三年当時、国に脱税と節税とを明確に区別しようという雰囲気はなかった」と説明している。つまり、法律違反と法律順守とを明確に区別しようという雰囲気はなかったということである。しかし、形勢は逆転した。一九二九年に崇拝された不合理なビジネス習慣は、同じくらい不合理な侮蔑の対象となった。そして、人権擁護的な面が強かったペコラは、扇動的な査問官としての一面も見せ始めた。

四

モルガンの取り調べはさておき、ペコラ委員会は、夏にはあらゆる事が掘り返され、不快なことがすべて明らかになると踏んでいた。プール、株式操作、ミッチェル、ウィギン、インサル、バン・スウェリンゲンの詐欺行為。新事実は次々と明らかになった。ロワーマンハッタンに開いた穴の底はまだまだ見えそうもなかった。しかし、聴聞会の雰囲気は常に重苦しいというわけではなかった。ゾウがネズミに痛めつけられるという逆転劇によってその場が軽くなることもしょっちゅうだった。何人かの証人の「操作」や「プール」といった言葉に対する態度ほど面白いものはなかった。これらの言葉は一九三三年には恐慌の責任をウォール街になすりつけようとする国を挙げての取り組みのスローガンになり、尋問されるウォール街関係者にとってはどうしても避けたい言葉だった。

チェース証券のマリー・ドッジ副頭取にとって恐怖の対象となる言葉は、「プール」でも「操作」でもなく、「グレイビー（あぶく銭）」という言葉だった。一九三一年四月、ドッジはボスのウィギンに、のちにペコラの手に渡ることになる秘密のメモを書いた。そのメモは交渉中のある映画会社の引き受けについてだった。「ハルシー・スチュワートが撤退すれば、クーン・

ローブ商会に融資をお願いしてみることもできますが、グレイビーが減るので、やむを得ない場合を除き、私はあまり気が進みません」。「グレイビー」とはどういう意味かとペコラはドッジにさりげなく聞いた。

「それは……」とドッジは時間稼ぎをしながら、のらりくらりと答えた。「……つまり、ハルシー・スチュワートが撤退したあとクーン・ローブ商会に行けば、私たちは守りの体勢になるわけでして……だから、〝グレイビー〟というのは一定額の……」

定義の壁にこれ以上逆らい続けることはできず、ドッジは口ごもった。そこへ情け深いカズンズ上院議員が口をはさんだ。「説明が難しいのではないですか？」

「そうなんです」とドッジは言った。彼は冷や汗をかきながらさらに口ごもり、うまい言葉を探そうと焦った。そして、ついに勝利の言葉を思いついた。「名声！」。「私が言おうとしていたのは『名声』という言葉なんです。そう、それは『名声』を意味するのです」と彼は言った。

「それ以上の説明はないでしょう」とカズンズ上院議員は言った。「そこまでにしておきましょう」。ドッジは胸をなでおろした。

ウィギン自身は「プール」という言葉に不安感を募らせていた。彼が参加していたプールについてペコラに質問されると、ウィギンはプールに参加していたこと自体は否定しなかったが、プールという言葉を使うのはやめてくれるようにペコラに嘆願した。「投資口座」といった言葉もやめてほしいはずなのに、なぜ「プール」という言葉だけなのか。ペコラは疑問に思った。「その言葉の持つ風評が気になるのです」とウィギンは言った。何か悪い含みがあるのではないのか、とペコラは追及した。「よく分かりませんが、『プール』という言葉を聞くと気分が悪くなるのです」とウィギンは言った。ペコラはウィギンの残りの尋問時間はプールという言葉を使うのは極力避けたが、一九二八年にブローカーのW・E・ハットン・アンド・カンパニーからウィギンの私法人の一つに宛てられた手紙を記録することに抗うことはできなかった。手紙の全文は以下のとおりである。

「一〇万五四六七・二九ドルの小切手を同封しました。ハドソン・カー・カンパニーのプール口座へのあなたの出資金と利益分です」。ウィギンは、この手紙を受け取ったとき、小切手にもカバーレターにも気分を害することはなかったと言った。

しかし、彼の「プール」という言葉に対する態度の奇妙さは、別の証人である、チャールズ・ライトという取引所のスペシャリストの態度と比べたら物の数ではなかった。チャールズ・ライトは当時、白ロシア人の王子の代理として運営していたプールを含め、派手なプールをいくつも運営していた。ペコラに「プール」と「プール口座」の意味について聞かれると、ライトははっきりと、「ペコラ査問官、私はこれらの言葉については知りません」と答えた。しかし、次の瞬間には、プールのメカニズムを詳細に説明するばかりか、いろいろなプールの違いについて学識高く語り始めたのだ。

ライト　オプションで運営するプール口座もあれば……株を直接買い、再分配する形のものもあります。あるいは、だれかが望む株を買い集めるプールもあります……。
ペコラ　そして、プールには取引している株をカバーするオプションもありますね？
ライト　そのとおりです。
ペコラ　オプションはだれのルールに従って設定されるのですか？
ライト　あるときは個人、あるときは会社の役員、あるときは大口株主、あるときは企業によって設定されます。彼らは大量の株を保有しているので、それを処分したいのです。

　ペコラのショーマンとしての手腕は完璧だった。ライトに彼が最初にしゃべったことを思い出させないようにし、この茶番劇を早々に切り上げた。笑いを求めていた国民はウォール街の犠牲の下で笑いを得た。過去に人々からあくどいやり方でパンを取り上げたウォール街が、今は気前良くサーカスを見せてくれていた。
　しかし、その夏、最後に笑ったのはウォール街だった。それは、ペコラがプールや操作の話を証人から忍耐強く引き出し、ウォール街の過去の悪事を一般の怒りと冷笑にさらしていたまさにその週に起こった。その日、オット・H・カーンが証人として現れ、ウォール街の最も責任ある公共心あふれる構成員に代わって、プールを通しての操作は「作為的で反社会的、かつ違法な行為であり、だまされやすい一般大衆を食い物にして栄えるものである」と宣言したのだ。そんなある日、史上最悪の株式市場のプールの一つがペコラの熱心な調査スタッフと責任あるウォール街関係者の眼前で、激しく吠えたてた。それは社会的不祥事の最たるもので、ウィリー・サットン（アメリカで最も有名な銀行強盗）なら、あっぱれと喜んだであろう。その仕掛け人で最も利益を得た者は、ラッセル・R・ブラウンというニューヨークに本社を置くメリーランド州の会社であるアメリカン・コマーシャル・アルコホール（ACA）の会長だった。折しも、憲法修正第一八条（いわゆる禁酒法）の無効が州の批准を待っている状態だった。酒類株のスターはその夏燦然と輝いていた。飲料用アルコールの大幅な販路拡大を見込んで、ブラウンとその同僚たちは彼らの会社の株価が急上昇することを期待していた。彼らはまず二万五〇〇〇株の支配権を得て、株を売るために作った二つのダミー会社――ファーガンという人物率いるマイスター・ラボラトリーズとキャップデビルという人物率いるノクソン――と株式交換するという複雑怪奇な手法を使って、それをおよそ二〇ドルで売った（実在人物ではないように思えるが、ブラウンの会計士の友人にK・B・ファーガンという人物がおり、モラス［スコットランドの糖蜜から作る蒸留酒］のブローカーにもC・C・キャップデビルという人物がいた。また、アメリカン・コマーシャル・アルコホールに雇われているドイツ生まれのワイン作りの専門家で、マイスター博士という人物もいた。彼はビタミンの秘密の製法を発明したことになっていた。ノクソンは明らかに実在しなかった）。ブラウンは仲間とACAの株を操作するために八人でプールを構築し、それを運営するために、二万五〇〇〇株のオプションを名うての相場師のトム・ブラッグに与えた。ブラッグはプールのマネジャーとしてだれに従事したのかというと、一文無しから大金持ちになった、あの有名な空売り筋であるセレン・ベン・スミス以外には考えられなかった。一九二九年の大恐慌から最初の数カ月で大金を稼いだあのスミスだ。彼は、一九三二年の春、彼が運営した過去のプールについて上院委員会にいささかの良心の呵責を見せることもなく正直に証言した。

そのころには第二の天性となっていたテクニックを使って、スミスは一九三三年五月三日に市場操作を始めた。新聞や連邦議会議事録でペコラ委員会での彼の証言を読めば、彼のそのテクニックに対する記憶力はよみがえったかもしれない。彼は価格をつり上げ、それが常にティッカーに表示されるように仕組むことで一般大衆をだまして、ACA株を買わせた。彼の取引の記録はのちに明らかになるが、目まいがするほどの目まぐるしさだった。例えば、五月四日に三七〇〇株売り、翌日には六〇〇〇株買った。五月八日には五〇〇〇株買って、一〇〇〇株売った。売った以上に買った三日後の一二日には、突然一一〇〇株売り、一六日と一七日にはそれぞれ一六〇〇株と三三〇〇株売った。そして再び買い、五月二九日には、ティッカーがけたたましく動いている最中に、八二〇〇株買って、四八〇〇株売った。その月の終わりには、買った総数は一万三三〇〇株、売った総数は二万二一〇〇株に上った。彼は大量に売ることで、ニックネームにたがわない生き方をしてきたにもかかわらず、ティッカーでACAを知らしめることに大成功し、一般大衆は彼の誘導にしたがってＡＣＡを大量に買ったため、株価は二〇ドルから三〇ドルを上回るまでに上昇した。しかし、これはほんの始まりにすぎなかった。ブラッグやブラウンなどがプールに加わり、ＡＣＡを彼ら自身で操作し始めたのだ。六月の間、スミスはＡＣＡの株を回転売買し、そのため株価は徐々に上昇し、四〇ドルを超えた。七月の前半、バイオリンの名手がクレッシェンドに達するように、彼は一般大衆に狂ったように買わせ、プール操作はクライマックスに達する。そして、七月一八日、ＡＣＡは八九ドル八分の七の高値に到達した。スミスがプラグを抜いたのがその日だった。その日は偶然にもロンドン会議の分裂によって、市場が大暴落した日だった。そういった状況が重なり、事態は手が付けられない状態になり、計画どおり上昇してきたＡＣＡは、スミスやプール参加者が考える以上に急速に下落した。ＡＣＡのスペシャリストでプールにも参加していたチャールズ・ライトは、「思いだしただけで体が震える。価格がいきなり暴落したのだから……まさに悪夢だった」とのちに語っている。プールがもはや買ってくれないため、一般大衆は失望した。市場は崩壊状態で、七月一八日からの三日間でＡＣＡは八九ドル八分の七から三〇ドルを下回るまでに暴落し、プール口座は閉鎖された。悪夢にさいなまれたＡＣＡスペシャリストのライトは一三万八〇〇〇ドルの利益を手にし、ブラッグとセレム・ベンはマネージャーとしての手数料とトレード利益を手にし、ファーガンとキャップデビル（たとえダミーでも存在するかぎり報酬を得ることはできる）を含む八人のプール参加者は何百万ドルという利益を手にした。最終的にはペコラはすべての悪だくみをかぎつけ、ブラッグとスミスを召喚しようとしたが、彼らはそれを察知して、そのころにはブラッグはホノルルに逃亡し、スミスはさらに慎重に、オーストラリアのメルボルンに逃亡していた。

株式市場の操作としてはＡＣＡプールは三流の代物で、警察が来てパーティーがお開きになる前の最後の浮かれ騒ぎだった。しかし、タイミングがタイミングだけに、興味のある事件だった。理由は二つある。一つは、どんなスピーチや声明よりも、ペコラ委員会とその不当な扱いに対する、ウォール街の奔放で危険な反応を、より雄弁に語ってくれたことだ。もう一つは、それは常に不足している物――低俗な茶番劇――を提供してくれたことだった。

五

人々のフラストレーションのはけ口となることが査問会の唯一の真意ではなかった。その背景には、議会の行動に関する疑問があった。それは、株式市場を規制する法律についての疑問だった。この問題はやがて矢面に立たされることになる。何百日か前にさかのぼる一九三三年の初め、ルーズベルトは二〇年前のプジョー査問会のヒーローである尊敬すべきサミュエル・アンターマイアーに密かに法案を作らせた。しかし、アンターマイアーの草稿にルーズベルトは満足がいかず、法案化されることはなかった。そしてこの年の一二月、新しい法案に向けての作業が本格的に始まった。それはペコラ委員会が公式記録のなかで暴露した最もおぞましいものだった。今回の立案者は新世代の男たちで、ハーバードロースクールのジェームズ・M・ランディス教授、内務省のテルフォード・テイラー、貴族出身のブレーンのアイザック・ニュートン・フェルプス・ストークス二世、ニューヨークの法律家のベンジャミン・V・コーエン、RFC（復興金融公社）のトーマス・G・コーコランだった。全員が頭脳明晰でエネルギッシュな二〇代と三〇代の若者で、ニューディールを背負って立つ有望な人材としてワシントンに収集された若き知性派グループの中核メンバーだった。彼らはそのために借りたワシントンのダウンタウンの目立たないアパートで、ペコラとその主席捜査官であるエネルギッシュで才能ある改革派でジャーナリストのジョン・T・フリンに助言を求めながら、法案に向けて冬の間秘密裏に作業に取り組んだ。最終的な草案を書いたのは主としてコーエンとコーコランだった。一九三四年二月初旬、国会が再開されると、フレッチャー上院議員は即座に法案を要求した。若者たちはまだ作業の途中だったが、理想を追い求める彼らは不眠不休で草案作りを急いだ。そして、四八時間後、草案は完成した。二月九日、ペコラ委員会には非協力的で、証券取引所の規制に賛成ではなかったルーズベルトは、議会に即座に法案を求める旨のメッセージを送った。その直後、若者たちの汗の結晶である五〇ページにわたる難解な技術文書が提示された。それは、株式操作をどんな形態であれ違法とし、株式市場を政府の管理下に置き、ウォール街の警察として連邦取引委員会に広範にわたる権限を与えるもので、フレッシャー・レイバーン法案として議会で承認された。こうして、株式市場に対する政府の意図がついに明るみに出たのだった。

リチャード・ホイットニーは準備ができていた。彼は証券取引所に対する政府の規制には断固として反対した。彼の融通の利かなさと鉄の意志は、一〇月の一連の事件によってさらに頑なさを増した。ペコラはホイットニーに取引所の会員から秘密にしておきたい情報を引き出すために質問状を送るように指示していた。ホイットニーはそれを延ばし延ばしにしていた。事態は急を要したため、ペコラはホイットニーとの個人的な面談を要求した。しかし、どういうわけだか、ペコラがホイットニーに会おうとすると、決まって先約があった。土曜日か日曜日に面談を求めると、社会事業への参加を理由に面談を断られ、月曜日に面談を求めると、仕事を理由に面談を断られた。最終的にはホイットニーは親友で取引所の法律事務所の代表社員であるローランド・レドモンドで脇を固め、ペコラの二人の特使を受け入れた。その一人はジョン・フリンだった。

それは一年半前にコリアーズ誌にホイットニーのことを「ウォール街最高のブローカー」と書いたあのジョン・フリンだった。この一年半の間にフリンはペコラの最もやり手でアグレッシブな捜査官になっていた。この一年半でコリアーズ誌にホイットニーのことを書いた人物とはまったく違う人物になっていた。ホイットニーもまたジャーナリストの心にもないお世辞にうんざりしていた。いずれにしても、今やフリンがホイットニーのオフィスに顔を出すとホイットニーは青ざめ、訳の分からないことをつぶやき、部屋を出て行くのだった。そして、数分後、冷静さを取り戻して戻ってくるのだが、彼からは分別のある言葉は聞けなかった。ホイットニーはすっくと立ち上がり、冷淡に傲慢にやっとの思いで、それ以来、敵は忘れることを許してくれないのだ、と言った。「あなた方は大きな過ちを犯している。取引所は完璧な組織です」

数日後、聴聞会でペコラは、「取引所は協力してくれると思っていたのだが、協力は望めそうもない」と言った。一〇月一六日、ホイットニーは「質問状で求められる情報は市場の慣習とも取引所の会員の行動とも直接的な関係はない」とするレドモンドの法律上の見解を引き合いに出して、質問状の配布は行わない旨の手紙を正式にペコラに送った。ホイットニーは、取引所は委員会に協力しなかったということはない、と公然と主張した。「ペコラ氏は取引所が会員に質問状に応えるように強要することを求めた」とペコラを非難し、そういった行為は会員から憲法で認められている黙秘権を剥奪するものだと付け加えた。ペコラはこれに対抗して、取引所の会員となっているリーダー企業の社長に召喚状を送った。質問状から得られなかった疑問について直接聞くためだった。

そして、ウォール街に最初の亀裂が走った。召喚されたなかには、E・A・ピアス・アンド・カンパニーの経営者であるE・A・ピアス、大成功を収めていたチャールズ・E・メリル・カンパニーを最近吸収合併した有名なブローカーが含まれ、のちにはニューオーリンズの会社のフェナー・アンド・ビーンも加わった。これはのちに明らかになるのだが、ピアスはホイットニーとビジネス上親密な関係にあったが、個人的にはそれほど親しくはなかった。二人は性格も違えば、やり方も違っていた。彼らはクラブの会員だったが、まったく異なるクラブに属していた。彼らは取引所のランチョンクラブで顔を合わせる以外は、クラブでほとんど会うことはなかった。メーン州出身で、メーン州のボードンカレッジを卒業したピアスは、地味な幼少時代を送り、若い時は五年ほど木こりをやっていた。ウォール街では下っ端の仕事からスタートした。貴族をきどることもなく、「社交界」に顔が利くこともなかった。しかし、彼とホイットニーには共通点もいくつかあった。二人とも、仕事に行くときにも正装することを好んだ。これからは華麗さを懐かしんでいるようなところがあったことがうかがえる。そして、二人ともウォール街の政治家になりたいという願望があり、貫禄のある体つきをしていた。ホイットニーは運動選手のような断固とした決断力を持ち、ホイットニーより四歳年上のピアスは、メーン州特有のテキパキとした話しぶりで、ふさふさとした白髪をなびかせ、経験と円熟した英知をうかがわせた。ペコラ委員会のほかのメンバーからフリンとホイットニーが対立していることを聞いたピアスは、ホイットニーのほうが理不尽だと確信した。英知の度合いは二人ともほぼどっこいどっこいといったところか。ピアスは委員会と取引所との仲介役を買って出て、ウォール街の声を代弁した。

ピアスがルールを設定すると、みんなはそれに従った。これはホイットニーに対する個人的な嫌悪がその根っこにあったのは確かだ。これはウォール街の分裂を意味した。一般大衆が株式市場に参加するようになった結果、ウォール街の分裂は一九二〇年代に一気に進んだ。一方には、スペシャリストやフロアトレーダーといった保守派がいた。彼らは対面で株取引をし、だれを打ち負かし、だれに打ち負かされたのかを知り尽くしていた。彼らは、グールドやフィスクやドリューといった、一九世紀のバトルで国を崩壊に導いたブルとベアの役割を引き継いた人々だ。彼らは今でも取引所を牛耳っていた。そのリーダー格がホイットニーだった。しかし他方には、取引所のフロアを見たこともなく、対面で株取引をしたこともない一般大衆に奉仕する多くの支店を持つブローカーがいた。彼らの仕事は、細い電信線だけでウォール街とつながった遠くの都市や町にいる他人のために取引を成立させることだった。彼らの生活は一般大衆にかかっているだけに、保守派とは違って、一般大衆の利害に背を向けることもできなかった。社会の変化によって生まれたこの新たなウォール街のリーダーは、のちにウォール街の巨大組織になるメリルリンチである。

ピアスはペコラに、株式取引にはある程度の規制が必要だと証言した。ホイットニーのほうはホワイトハウスでの約束を取り付けた。二人のグロトン・ハーバードの男――米国大統領と大統領より六歳年下のNYSE(ニューヨーク証券取引所)の理事長――は四五分にわたって協議したあと、ホイットニーは、証券取引所の投機について話し合った、とマスコミに簡潔に説明した。「私たちは忌憚のない意見を述べ合った」。一二月中旬、取引所の規制法案が可決しそうだという噂が流れた。ホイットニーは、取引所はこれに対抗する大々的な宣伝キャンペーンを計画中だと言ってその噂を否定した。

ルーズベルトが二月九日に取引所の規制を求め、そのあとフレッチャー・レイバーン法案を可決させたことにホイットニーは驚きを隠せなかった。これからすると、彼が噂を否定したのは本心からだったのは明らかだ。しかし、彼はそのショックからすぐに立ち直った。ホイットニーに急き立てられて、取引所はただちに自ら創案した投機規制法を可決させることで、その法案つぶしにかかった。その直後、ホイットニーは取引所の主要会員企業三〇社の社長を招集して、作戦会議を開いた。彼らは、ニューヨーク、シカゴ、フィラデルフィア、サンフランシスコ、ボストンで法案に反対する組織的なキャンペーンを展開することになった。同じころ、取引所の責任者として、全会員企業と取引所の主要な上場企業八〇社の社長に宛てて回覧状を送った。回覧状で彼は、フレッチャー・レイバーン法案は取引所と議会で取り上げられた上場企業に影響を及ぼす重大な法案であり、会員企業とその顧客にとっても「壊滅的な結果」をもたらすものになると強く主張した。

彼は企業の経営陣たちに警鐘を鳴らした。「この法案で与えられるパワーは絶大なものであり、上場企業の経営は連邦取引委員会にコントロールされる可能性がある」。会員企業や企業の経営者が取るべき具体的な行動については何も指示することなく、この手紙と法案の複写は要求すれば送る、と述べて手紙を締めくくった。一方、ワシントンではコーエンとコーコラン率いる法案の起草チームを代表して、トミー・コーコランがその法案の複雑さについてペコラ委員会に詳細に説明していた。

ホイットニーが企業に送った手紙はホイットニー率いる反対運動のほんの序章にすぎなかった。運動はやがて激しさを増し、ルーズベルトは「彼らは私が出したほかのどんな法案に対してよりも、取引所の規制に対する有効な法案に対して組織的に反対しているようだ」と抗議した。ホイットニーらは委員会を設立し、総会を開いた。反フレッチャー・レイバーン代表団を乗せた特別列車が各地からワシントンに集まり、大学の教授の支持を取り付ける運動も始まった。そして、取引所からは四三の都市にある会員企業のオフィスに前の手紙に続くメッセージが送られた。今回は、より緊急性を帯びた強迫めいた内容だった。メッセージの一つは以下のような内容だった。

あなたの地域の貯蓄銀行、上場・非上場企業、保険会社が彼らに対抗するために連帯行動を行っている組織的な努力を知らせてください……。もしこの法案が可決すれば、あなたの会社の従業員の多くが失業するという事実を彼らは知っていますか。彼らは地域の上院議員や下院議員に法案が可決されないように請願書を書いていますか。もしまだ書いていないのであれば、すぐに書くべきです。会社の便箋ではなく、自分のノートの紙に自分の流儀で書くことが重要です。この旨、彼らにお知らせください。

ワシントンには彼らからの手紙が殺到した。

一方、バトルも佳境に入り、今度はホイットニーがコーコランへの反論を公に宣言する番がやってきた。前年のモルガン家のように、証券取引所は堂々とワシントンに乗り込んできた。ホイットニーはスタッフを全員引き連れて、立派な家に本部を設置した。ピアスと彼の穏健派はカールトンホテルに別の司令部を設置した。穏健派はホイットニーとともに挙国一致の姿勢を維持していた。ピアス派の一人は、この法案は企業を崩壊させる力を政府に与えるだろうとマスコミに話し、ピアス派の弁護士の一人もこれに同調して、この法案の合憲性に疑問を持っていると言った。ピアス自身も、「ホイットニー氏と彼の仲間たちは正直だと思っている」と言って、ホイットニーの反対意見に賛成であることを示した。しかし、舞台裏では、カールトングループは法案の改正について政府にひそかに協力していたのである。彼らは来る日も来る日も何週にもわたってレイバーンと法案の書き直し作業に明け暮れていた。彼らは金融条項をさらに向上させ、ウォール街にとって不公平な条項を排除しようとしていたのだ。このことを知ったホイットニーは激怒し、弁護士の一人に夜中の三時にピアスに電話をかけさせ、厳しく叱責した。これは功を奏した。結局、ホイットニーは証券取引所の独裁者であり、理事会は彼の命令には忠実だ。ピアスをメンバーから追放し、彼から生計の道を奪うかどうかはホイットニーの思いどおりになるということである。ピアスに電話した弁護士は本気で脅しをかけたわけではなかった。もしそうだとしても、夜中に人をたたき起こして叱責するという横柄さを理解するためには、話を先読みする必要がある。その時点で、ホイットニーはピアスの会社におよそ一〇万ドルの借金があった。

六

しかし、証人席のホイットニーは威厳があり、冷静で力強く、説得力があり、証言の内容もほとんどが納得できるものだった。「証券市場の運営を法律によって細かく規制するいかなる試みも達成することは不可能だ」と彼は言った。フレッチャー・レイバーン法案は政府に証券取引所を「管理・運営する全権」を与えるものだった。彼は条項を一つひとつ取り上げ、利益よりも損害をもたらす可能性が高いことを忍耐強く示していった。彼は、ウォール街には能力があること、そして、ワシントンには金融の専門的な知識がないという厳然たる事実を強調した。「この法案は起草者には金融の高度な知識があり、私たちには知識がないことを前提とするものだ」。彼は自由なアイデアに反対するわけではないことを匂わせたあと、「政府が私たちの取引所を管理・運営することがリベラリズムだとは思わない……改革は誤用の修正にとどめるべきで、愚かな規制によって回復を遅らせるべきではない」と言った。「『完璧な組織』は完璧な人間からなるものではない。といっても、私たちのメンバーが純粋な白ユリというわけではないので誤解のないように」と譲歩する姿勢も見せた。彼は大衆を扇動することは避けた。「この法案は人間性に反しており、廃止されても惜しむ者もいない禁酒法の兄弟のようなものだ」

「規制したがる人は、酒も飲まないお堅い人種と同じだ」。そしてついに三月中旬、彼は偉業を成し遂げた。ホイットニーはペコラと上院議員たちに、「みなさまがたに感謝いたします。私たちはいつでもあなた方の意のままになります」と述べた。

「ウォール街の長老たちは、政府が自分たちの領域に警察を立ち入らせることを拒むためにすさまじい戦いを挑んだ」。ウィル・ロジャースはホイットニーの証言が終わるとすぐにこう述べた。それはロジャースらしい的を射た言葉で、国民の気持ちと言葉を代弁するものだった。彼らがすさまじい戦いに挑むことができたのは、大きな影響力を持つ大企業を取り込むことができたからだ。政府は攻撃を受けて後退した。フレッチャー・レイバーン法案は断念され、コーエンとコーコランは穏健派のピアスグループだけでなく、妥協しないホイットニーグループの反対も考慮した以前よりもマイルドな新しい法案を下院に提出した。それは明らかに妥協であり、新たな法案はフリンらの血気にはやる改革派を激怒させた。フリンはウォール街への寝返りにほかならないと、新しい法案を激しく非難した。しかし、ホイットニーは満足しなかった。彼は、新しい法案は実際的ではなく、前の法案よりも複雑だと直ちに発表した。「もちろんそうだとも。ホイットニーの反対意見をすべて取り入れれば、法案なんてできっこないからな」とペコラは言った。

証券取引所は力のかぎり法案に反対した。新しい法案を攻撃する委員会がリチャード・ホイットニーのスローガンに似たスローガンを掲げ、あちこちで設立された。三月二三日、ウォール街で働く電話交換手でさえ数百人が結集して反対運動を起こした。もしこの法案が可決されれば、ウォール街の通りにはぺんぺん草が生え、彼らはみんな職を失うことになるのだから必死だった。この話は三月二五日には新聞各社に伝わり、それから二日後、ブロード通りとウォール通りの角で何千人というブローカーの従業員が反対の大集会を開くことになり、ウォール街関係者たちの住むニュージャージー、コネチカット、ロングアイランド、ウエストチェスター郡のベッドタウンでも同様の大集会が開かれる予定だった。しかし、奇妙なことに大集会が開かれることはなかった。証券取引所の発表は最後の虚勢であったことは明らかであり、その虚勢が見破られたのである。ウォール街関係者で証券取引所に味方する者はもはやいなかった。これは敗北を意味した。軍隊が将軍に反旗を翻したのである。

こうして、最終的にはホイットニーは敗北した。五月五日、上院は圧倒的多数の賛成で法案を可決した。それから一週間かそこいらで、上院はその法案の少し異なるバージョンも可決した。六月初めには、二つの法案は一つにまとめられ、六月六日、ルーズベルト大統領は一九三四年の証券取引法に署名して法を成立させた。するとホイットニーは、品位を保つためか、急場しのぎかは定かではないが、すぐさま敗北を認めた。それは彼らしくなかったのは明らかだ。そして、証券取引所は「この法令の管理・運用に……できるかぎり協力する意向だ」と発表し、「この法令は賢明に管理・運用すれば建設的なものになると思っている」と言い添えた。しかし、彼がこのように陽気に振る舞ったのには訳があった。五月一四日、彼の反対運動の敗北が色濃くなってきたとき、彼と彼の保守派の取り巻きは拍手による投票でもう一期証券取引所の責任者に再選されたのだ。戦争には負けたが、敗軍は解散させられなかったのである。

可決したこの法律の妥協案の骨子は、まったく新しい管理体制を構築し、それにすべての責任を押し付けるというものだった。連邦取引委員会に法律を管理させるという案は廃棄され、その代わりに、大統領によって任命され、議会の承認を得た五人の人員からなるＳＥＣ（証券取引委員会）を発足させ、この委員会が法律の管理・運用を行うことになった。投機防止と操作防止の条項もほとんどが廃棄され、より一般的な指令に置き換えられた。つまり、ＳＥＣにはガイダンスのみを与え、ＳＥＣ自らが規制条項を作成するということである。この法案が可決するとフリンはすぐさまコメントした――「この法律は現状では禁止・要求条項がほとんどないため、証券市場を統治する法典は、委員会が作成・採択・公布するまでは存在しないと言える」。しかし、ウォール街の将来にとって重要なのは、証券市場に関する大きな権限を持つ委員会が設立されたということだった。この歴史的な瞬間はほとんど認識されることはなかった。ウォール街の角には武装警官が配備されている。そんな状態だった。

こうした状況のなか、警察官がだれなのか次第に明らかになる。名目上は超党派を名乗るルーズベルトは委員会の理事に二人のニューディール関係者と二人のリベラル派の共和党員を任命した。ニューディール関係者はペコラとランディス、そして共和党員はウィスコンシン州のジョージ・C・マシューズとバーモント州のロバート・ヒーリーだった。二人の共和党員もウォール街に言わせればニューディール関係者だった。電撃的だったのは指名された委員長だった。委員長はペコラかランディス、あるいはモーリーになるとの憶測があったが、一般には、ウォール街関係者以外の人物で、ニューディールに忠実な人物がなると思われていた。移り気なルーズベルトが任命した人物はジョセフ・P・ケネディ（ジョン・F・ケネディの父親）だった。ケネディはウォール街関係者ではなかったが、投機家であり株式市場の操作者でもあった。しかし、セレム・ベンほど悪名高くはなかった。ルーズベルトの側近たちは愕然とした。ケネディは金融手腕にすぐれ、プールを規制するよりもプールに参加することを好むとは言わないまでも、前年の夏、リビー・オーエンズ・フォード株のプールに参加して大儲けしたことで知られていた。彼は株式市場の規制は言うまでもなく、一九三二年のルーズベルトの大統領選挙で財政支援を行った功によって初代証券取引委員会委員長のポストを手に入れたのだ。「そんなのはウソだ。あり得ないことだ」とフリンは放心状態で言い放った。フリンのような非妥協的な態度を示す者だけでなく、ニューディール関係者たちも激怒した。ニューリパブリック誌は、大統領は他人の不幸を熱心に願う者たちの予想を上回る人物を任命した、と書き立て、ワシントンのニュース誌は、大統領は彼に最も忠実な支持者たちに平手打ちを食らわすようなことをして、ただで済まされるわけがない、と書いた。しかし、ケネディの任命がやがて吉に転じるという考えは、ルーズベルトの冷静な現実主義からきた洞察だった。もし大統領が政治的負債を完済し、もっとも皮肉的で幻滅させるような方法でウォール街をなだめたければ、ウォール街の新たな道を切り開き、もう二度と後戻りさせないような、活気にあふれ人の注目を引く公僕を選ぶようなことはしなかっただろう。

証券取引法は一九三四年七月一日に発効し、それから数日後、五人の新しい理事が初めて証券取引所にやってきたときは警官がウォール街を取り巻いた。口をつぐんだディック・ホイットニーは、ブローカーが訪問客に害を与えないようにフロアに警備隊を配備し、彼らを館内に案内した。ブローカーたちは冷ややかなまなざしで理事たちを見ていた。取引はほぼ中断された。この鎮圧された敵意のなかで、新しい時代は始まった。

七

ホイットニーの個人的な財務状況は危険な状態にあった。一九三二年、彼はウォール街の国家的シンボルとして依然として大金持ちのような生活をしていたが、彼には支払いきれない二〇〇万ドルの借金があったため、巨大な負債者だった。次の数年はうまくいった。しかし、結局はフロリダの肥料会社の損失からの奇跡的な回復はあきらめ、新たなもっと有益と思える投資へと切り替えていた。禁酒法の時代、彼が不動産を所有するニュージャージーの丘で密造されていたのが「ジャージー・ジン」だった。それは禁酒法以前から何世代にもわたって蒸留されてきたアップルジャックだった。もちろん、禁酒法が始まってからも、人里離れたうっそうとした丘や谷で、法に反して秘密裏に大量生産されていた。信じられないことだが、このあか抜けして洗練された男は、禁酒法が廃止されれば、ジャージー・ジンは国中に広まり、スコッチやバーボンのように標準的な国家的な飲料になると信じて疑わなかった。これが魅力的な投資になったのは、それほど熟成させなくても飲料になるという商業的な利点を持っていたからだ。一九三三年初期、禁酒法廃止の兆しが見えてくると、ホイットニーとブローカー仲間の一人は、ニュージャージーとニューヨーク州南部の蒸留酒製造所を買収し、禁酒法が廃止されたらアルコール飲料を製造・販売する目的で、ディスティルド・リカー・コーポレーションを設立した。会社の主要製品はもちろんアップルジャックだった。ホイットニーとリチャード・ホイットニー・アンド・カンパニーは最初この会社に一株一五ドルで一万株から一万五〇〇〇株分出資した。

もちろん、これには新たな資金が必要だった。古い借金の返済日が迫っていたため、借り換えが必要だったうえ、この会社への新たな出資金が必要だった。一九三三年九月二二日、ホイットニーは信頼のおける旧友で、長年にわたり取引所時代の自分を支えてくれたハーバート・G・(〝デューク〟)・ウェリントンを訪ねた。ウェリントンもホイットニーと同じくブローカーの経営者だった。「デューク」、とホイットニーは切り出した。「これはとても言いにくいことなんだが、今日が借金の返済日なんだ。でも、入ってくるはずのお金が入ってこなくなったたんだ。金は必ず返す。だから、私を助けてはくれないだろうか?」。そして、ホイットニーはウェリントンに三〇日の期限で無担保で二五万ドル貸してくれるように頼んだ。

ホイットニーはウェリントンにフロリダのベンチャーのことを話し、彼の新しいアップルジャック会社のことも、はっきりとは言わなかったが、それとなく話はした。おそらくはウェリントンを不安にさせないために、市場に新たに乗りだそうとしていることははっきりと言わなかったのだろう。ホイットニーは、金持ちで、成功している寛大な兄のことも話した。「ジョージは今まで私に本当に良くしてくれた。でも、彼からはこれ以上お金を借りるわけにはいかないんだ」。しかし、ウェリントンは最悪の事態に陥った場合、最後の手段としてプライドなどかなぐり捨てて、ディック・ホイットニーはウォール街二三番地の兄のところに行くだろうと思っていたとのちに語っている。そういったことも念頭に入れたうえで、ウェリントンは、二五万ドルには応えられないが、無担保で一一万ドル貸すことに同意した。期限は要求どおり一カ月だったが、ホイットニーが返せるときに返すという暗黙の了解が交わされた（補足説明すると、ウォール街では金を貸すときには金利については話さないのが常道だが、金利は当時の名目金利である二％というのが普通だった。ホイットニーとウェリントンの場合、年間利息はたかだか二二〇〇ドルなので、議論の必要などなかった）。

一〇日ほど過ぎた一〇月二日、ホイットニーは、ダウンタウンでの長きにわたる友人であり、ニュージャージーの隣人でもあったロジャー・D・メリックからも無担保で一〇万ドル借りた。

メリックがホイットニーにお金を貸したのは、「長年の知り合いで、尊敬もしているし、いいやつだと思ったからだ」とメリックはのちに述べている（モルガンはペコラに「私たちは……融資はします。彼らにはお金を返す能力があると信じているからです……彼らは私たちの友人ですから。彼らは善人で、まっとうな人たちですから」と話している）。それから二週間もしないうちに、ホイットニーのその年最大の借金の手腕が発揮された。ホイットニーがペコラの質問状の配布を正式に断り、E・A・ピアスがホイットニーの敵対者として露見したまさにその週の一〇月一四日、E・A・ピアス・アンド・カンパニーがホイットニーに一〇万ドル貸したのである。担保は、NYSEの会員権一席と、ホイットニーと彼の会社が持っているニューヨーク場外取引所の会員権一席だった。ホイットニーのことをよく思っていなかったピアスはなぜホイットニーにお金を貸したのだろうか。おそらくは、しっかりした担保があったからだろう。「ビジネスはビジネス、政治は政治」というわけだ。ピアスは実務にすぐれた人物だった。あるいは、元正直な木こりに似つかわしくなく、ピアスはホイットニーにお金を貸し、担保を所有することで、ホイットニーを支配したかったのかもしれない。あるいは、ホイットニーの魅力がそうさせたのかもしれない。

いずれにしても、取引はうまくいった。しかし、それはホイットニーの借金の重大な転機となった。今や彼は親戚や友人といった身内以外からお金を借りるようになっていた。彼を傷つけたと思っている人々からお金を借りるようになっていた。借金とはいえ、今や彼にはお金があった。一二月、禁酒法がついに廃止された。ディスティルド・リカー社は競馬馬がスターティングゲートを飛び出すように、勢いよくビジネスを開始した。酒類株のブームに乗って、一九三四年の春には、同社の店頭株は四五ドルにまで上昇した。ホイットニーは彼と彼のブローカー会社とで同社の株を買い集め続け、彼の保有株の金額は一〇〇万ドルをはるかに超えた。

もし彼が別人だったら、その株を全部、あるいは一部売って、身内である兄とモルガン以外の借金をすべて返済し、新たなスタートを切っていたことだろう。しかし、彼はギャンブラーの誤謬に陥っていた。彼は株を保有し続け、借金は返さなかった。ジャージー・ジンが国中で飲まれ、電車からオフィスへの五分の道のりを急ぐ通勤客にわんさかと買われ、ファッショナブルなバーやカントリークラブで出される日が必ず来ることを信じて疑わなかった。そうすればホイットニーは金持ちになり、今までどおりの生活ができる。彼が証券取引法で敗北した春、混乱した私生活から彼を救ってくれるビジネスの奇跡はあと一歩で夢に近づくところまで来ていた。

第9章　失墜した白馬の騎士

一

一九三四年のウォール街はほとんどゴーストタウンと化していた。営業マンは空っぽの店でぼんやり過ごし、ブローカーたちは取引所のフロアで怠けて冗談を言い合い、出来高も一九三三年の水準の半分を下回っていた。「ルーズベルト相場」の歓喜も、新規巻き直しを目指すニューディールの失敗によって消え失せ、市場には無力感が漂っていた。株式の取引はされこそすれ、値動きはほとんどなく、活気はなかった。プロの投機家はサイドラインに立ち、次に何が起こるのかをじっと待ち、一般大衆は投資するお金もなく、投資に対する関心も薄れていた。証券会社は再び社員を一時解雇した。「アップルウィーク」と題して、四週に一週無報酬の週が設けられ、社員たちはリンゴを売った。投資銀行も状況は同じようなものだった。新たな資金が調達できず、資本市場は死んだも同然だった。新たな社債発行が国全体でわずか一〇〇万から二〇〇〇万ドルという週が続いた。一九三三年に施行された銀行法によって、以前は商業銀行業と投資銀行業の両方に携わっていた会社はいずれかを選択することを余儀なくされ、これによってチェース銀行とナショナル・シティー銀行は「系列証券会社」を手放さなければならなかった。ウォール街の社会構造の視点から言って最も重要だったのは、モルガン財閥さえ商業銀行と投資銀行とに分離されたことだった。顔をしかめながらも、モルガンは商業銀行になる道を選んだ。モルガンの威厳は保たれたままだったが、力と影響力は低下した。最大の痛手は、クーン・ローブ商会との対決で不利になったことだった。クーン・ローブ商会は商業銀行業務に従事したことがなかったため、失うものは何もなかった。

この解体と経済不況のなかで、金融資本主義はもう終わったのではないかという話が話題になった。

ウォール街の権力者さえ経済の落ち込みを感じていた。その一方で、ビジネス界の権力者たちには不況の間も年間報酬が三〇万ドルから四〇万ドル支払われた。しかし、一般社員たちは報酬をカットされ、株主には配当は支払われなかった。一九三四年、七六歳になり、大衆イメージとは違って苦労の絶えないJ・P・モルガンは会社への積極的関与から手を引くようになった。その年の冬、彼は個人が所有する世界最大のヨット「コルセア号」で英領西インド諸島とガラパゴス島を巡るクルーズに出た。翌年の春、彼はヨットの維持費にお金がかかりすぎるため永久的に係船し、フラ・アンジェリコ、フラ・フィリッポ・リッピ、ルーベンス、フランス・ハルス、ハンス・ホルバインなどの有名な絵画コレクションを売った。日曜午後のラジオ番組のスポンサーにならないかという申し出を、「日曜日の午後三時はみんなポロをやっている」という理由でデュポンが断ってきたのは、一九三四年か一九三五年のことだった。ちょうど同じころ、ユニオン・リーグ・クラブのウォール街関係者たちは、かつては数百万ドルの価値があったものの、今では何の価値もない証券が壁紙として貼られたクラブの部屋に憂鬱そうに出入りして不慣れな贅沢にふけっていた（一九三六年、事態が好転し、証券が以前の価値を取り戻し始めると、クラブは壁から証券を剥ぎ取って、元の所有者に返した）。

一九三四年当時、ダウンタウンで最も活気を帯びた場所の一つは、「証券の墓場」と呼ばれる場所だった。それはビージー通りの一室にあり、アドリアン・H・ミュラー・アンド・サンというオークション会社が倒産した会社の無価値となった株券を定期的に競売にかけていた。そこによく出入りしていたのは、怪しげな割安株狙いの投資家たちだった。不況という暗い海に浮かぶ狂気じみた楽観主義のガラクタどもがわんさかと押し寄せた。彼らは、いつか蘇ってくれることを期待して、何十万株という株券を低価格で入札していた。そのなかの一人にイギリス人のハロルド・デイトンという男がいた。彼はまるで儀式のようにオファーされる各ロット（一〇〇株または一〇〇〇株）を一ドルで入札した。ときには落札することもあったが、彼が金持ちになることはなかった。

二

取調べを受け、あざ笑われ、ののしられ、さげすまれ、貧困化したウォール街はますます黙り込み、その憎悪はウォール街を悩ます元凶であるニューディールに向けられた。ジョー・ケネディの証券取引委員会委員長への任命はウォール街にとって一時的な慰めにすぎなかった。この年老いた相場師は、ニューディール陣営におけるウォール街の代表者としての任務を果たすことなく、それとはまったく逆のことをやったのだ。彼はまず、慎重にしかし毅然として、国の二四の証券取引所、その二四〇〇の会員、五〇〇〇の上場企業を登録するという壮大な仕事に着手した。次にやったのは、最大で最もパワフルな証券取引所にトロイの木馬的情報網を設置することだった。彼は集めた情報を利用して、改善されない株式操作者に対してSECとして初めて法的措置を講じた。その一方で、証券の新規発行者は一般大衆に会社について真実を述べなければならないという証券取引法の新しい条項の執行をしっかりと統轄した。ウォール街は新しい法律はうまくいかないだろうと思っていたが、ケネディはそれをうまく機能させた。彼は被害者の意見も支持者の意見も意に介することなくこれをやり遂げた。証券取引所規制へのケネディの最初の注意深いが明らかに効果のないアプローチを、ディック・ホイットニーはのんきに「良識があり健全」と言ったが、月日がたち、ケネディが彼の仕事に真剣であっただけでなく、長けていたことが明らかになると、ホイットニーの協力的な態度はSECのあらゆる動きに対する妨害へと変わっていった。

ジョー・ケネディは自分のことを一体何者だと思っていたのだろうか。ジョン・ハーツのプールを運営していたころ、ケネディは気高い雰囲気は一切見せなかった。ホワイトハウスの「あの男」は彼の階層に対する裏切り者だったが、信じられないことに、ジョー・ケネディもまた彼の階層に対する裏切り者だった。銀行家やブローカーが傷をなめ合うクラブやパブではそう噂された。

一九三四年の秋、ウォール街とワシントンの関係が改善に向かったときが一瞬だけあった。しかし、その瞬間は瞬く間に終わり、事態は逆方向に向かっていった。ちょうどそのころ、米国銀行協会（ＡＢＡ）の年次総会が一〇月の第三週にワシントンＤＣで開かれた。テーマは政府と企業の協力で、ルーズベルト自身が演説した。銀行家たちは困難と闘いながらも、油断は見せなかった。上院査問会がミッチェルやウィギンをさらし者にし、神聖なモルガン財閥までもやり玉に挙げたのはつい数カ月前のことだった。前年のシカゴでの年次総会では、銀行側はＲＦＣ（復興金融公社）のジェシー・ジョーンズを招いたが、彼は銀行家たちをまるで邪悪な子供のように叱責（「一度くらい賢くなれ。政府とパートナーシップを組むのだ」）し、気配りのかけらも見せずに、やりたいようにやったって失敗したじゃないか、と指摘した。総会に出席していた銀行の半分はその時点で破産していることを、ジョーンズは彼らに思い出させたのだった。

追い詰められていた銀行側は政府がさらに規制してくることを恐れて、一九三四年の総会の地にワシントンを選び、政府を慎重になだめてくれると思われるルーズベルトを主賓講演者に選んだのだった。まるで出席することが栄誉と言わんばかりに、前例のないほど多くの銀行が集まった。破綻した住宅ローンを抱え、預金と言えば一〇セント硬貨や二五セント硬貨ばかりのちっぽけな銀行――映画『おれたちに明日はない』のボニーとクライドが襲うような銀行――の頭取から、ウォール街の大手銀行の頭取まで、およそ四〇〇〇行がワシントンに集結した。モルガンのパートナーのラモントとギルバートまでやってきたのは前代未聞だった。モルガンのパートナーはこれまでＡＢＡの総会を高く評価したことはなかったからだ。

総会は表向きは計画通り懇親会の様相を見せた。しばらくはおとなしく謙虚であったほうがよいだろうと考えていたウォール街の大物たちに牛耳られていた銀行家たちは、田舎者で規則に従わない数名を除いて、政府に対する憎しみを抑えていた。ＡＢＡの会長は、この組織は「健全な銀行主義に違反することなく、また（銀行）預金者たちの利害を危険にさらすことなく復興を成し遂げるため」のものだ、と宣言した。紳士的で尊敬すべきニューヨーク・ファースト・ナショナル銀行の頭取、ジャクソン・Ｅ・レイノルズはルーズベルトを紹介する演説でさらに踏み込んだ発言をした。「降伏をするつもりはない」と前置きしたあと、恐慌前の銀行家たちの至らなさを認め、国全体が疲弊しているときにすぐに均衡のとれた国家予算を期待するのは状況にそぐわないことであり、銀行業界は今「過ちに気づいている」状況であると述べた。そして最後に、「疲労困憊した銀行業界を助け、再建への道を切り開いてくれた」ルーズベルトに「感謝する」とへりくだって言った。それは降伏のように聞こえた。ルーズベルトはゆったりとしかし陽気に、銀行業界と政府が一致団結することが「強いアメリカチーム」を作るのだと答えると、大喝さいに湧いた。翌日、銀行家たちは、できるだけ早く均衡予算を確立するという解決案に投票することでプライドをつなぎとめ、善意に満ち溢れた気持ちで家路についた。

　そのときはそう思えた。しかし実は銀行家の多くは内心面白く思っていなかった。廊下やホテルの部屋では、レイノルズはやりすぎだ、平和に解決されたかに見えるが、われわれの名誉は踏みにじられた、と不満の声を上げた。そのあと、秘密の裏切りが行われていたことが徐々に明らかになった。実は、レイノルズは事前に内密に降伏していたのである。ルーズベルトはレイノルズの提案のコピーを彼が登壇する条件として見ることを主張していた。レイノルズが提出した草稿ではルーズベルトとローマ時代の軍人、スキピオが茶目っけたっぷりに比較されていた。スキピオは、カルタゴの将軍ハンニバルに差し出された月桂樹の枝を拒否した結果、「亡命して死亡した」人物だ。また、ジャクソン・レイノルズがコロンビア大学ロースクールの若き教授で、フランクリン・ルーズベルトが学生の一人だったという大昔の意地の悪い話にも言及していた。ルーズベルトは特に利発な学生ではなかったとレイノルズは微笑みながら言おうと考えていた。この二つのパラグラフが含まれていれば、レイノルズの発言のトーンはまったく違ったものになっていただろう。しかし、ルーズベルトは断固として、銀行家の月桂樹の枝を受け入れる代償として、これら二つのパラグラフの削除を要求した。
征服された者が皮肉を言う機会さえ与えられないのは屈辱以外の何物でもなかった。銀行家たちはこのことを知ると、冷ややかな態度を取った。やがてウォール街では反ルーズベルトの時代が始まる。

三

しかし、組織的な反ルーズベルト運動が始まったのはウォール街ではなかった。それが始まったのは全国銀行協会の会議の二カ月前の一九三四年八月のことだった。金持ちの保守派民主党とトップレベルの共和党ビジネスマンがアメリカ自由連盟という、「人権と財産を尊重する必要性を知らしめる」ための政治組織を結成したのだ。名目上は超党派のアメリカ自由連盟は最初は「反ルーズベルトではない」と宣言した。ルーズベルトは言葉に気をつけながら、リーグの発表された指針に全面的に同意すると述べ、アメリカ自由連盟の諮問委員会に次の国家予算の調整をさせるつもりだと言った。これはルーズベルトが好む政治的コメディーだった。彼も一般大衆も、アメリカ自由連盟がニューディールを廃止し、オールドディールを復活させるために結成されたことは最初から分かっていたのだ。時間がたつにつれて、リーグのメンバーは増えていった。一九三五年半ばには三万六〇〇〇だったのが、一九三六年の大統領選挙戦のときには最大の一二万五〇〇〇にまで増大し、自己中心的で貪欲な国家的シンボルである富裕者階級による反ルーズベルト派の急先鋒へと発展した。支持者が明らかに富裕者階級であったため、アメリカ自由連盟は政治的には逆効果でしかなかった。歴史家のジョージ・ウルフスキルは、「ニューディールのスポークスマンはリーグの考えに反論する必要はなく、出席を取るだけでよかった」とのちに書いている。しかし、リーグはけっして金持ちとは言えないアメリカの少数派に対する同情的な意見を表明した。その演説事務局が国中の企業やサービス組織に派遣した雄弁家は、反ニューディールを政治的およびイデオロギー的に罵倒するリーグの中核となる人物たちだった。個々のメンバー（必ずしもリーグの管理職ではなかったが）は、一九三〇年代中ごろのルーズベルトの醜聞をネタにした、悪意に満ちた下品で滑稽な反ルーズベルトのゴシップをまき散らした。ルーズベルトの祖先はユダヤ人だ（バン・ローゼンフェルト大佐に始まるユダヤ系と言われるが、彼は家系図を偽造していた）。彼の笑顔は整形手術によるもの。狂人のような笑いからも分かるように、彼は正気ではない。彼と彼の家族はしらふのときがないほどいつも酒におぼれている。労働長官のフランシス・パーキンスと浮気している。ルーズベルト夫人は共産主義者で、大統領を引き継ぎ、国をロシアに売るつもりだ。こういったバカげた感傷的な話がアメリカ自由連盟のメンバーの間でいつも交わされていた。話のなかには広く信じられているものもあった。ある国営通信社はかつて購読者に「極秘背景報告」と題して、大統領が梅毒にかかっていることを示唆するニュースを流したことがある。卑劣な精神は病気のように金持ちの間に広がり、やがて彼ら以外にも広く広まっていった。

ウォール街はその病気が蔓延していくのを感じていた。国の問題についてはコソコソ動く傾向があったため、ビジネスマン全体に広がるという最悪の事態は避けられた。ウォーレンが金を購入する直前までそれが秘密にされたのもおなじ理屈だ。しかし、クラブや立会場という個室では、ウォール街関係者は顧客や政府との関係を危険にさらすことなく思う存分本音を言い合うことができたため、満足のいくまで反ルーズベルト論議を繰り広げた。例えば、アメリカ自由連盟は主要銀行やブローカー全員を入会させることを秘密裏に計画していた。結局入会したのはウォール街関連の匿名の貢献者や秘密の同調者が多く、一般会員は数えるほどしかいなかった。しかし、末端のブローカーでは、わいせつな話や宗教的な偏見をターゲットにした低俗な反ルーズベルトの醜聞は自由に繰り返された（時にはウォール街の有力者たちの優雅でスポーツ好きのプロテスタントのクラブでも繰り返し語られた）。ウォール街最大の銀行の一つの頭取は、ニューヨーク・タイムズ紙のエリオット・V・ベルに、ルーズベルトは文字どおり「病的」だったと打ち明けている。ルーズベルトの写真を掲載した新聞は、J・P・モルガンの心疾患を心配して、彼には見せないようにしていたらしい。

モルガンはすでに老齢の域に達していた。ルーズベルトの醜聞ほど彼の心を痛めるものはなかった。ウォール街にまだモラルがあり賢明な権力者によって率いられていた時代、そして反ルーズベルトの時代、モルガン財閥はウォール街をどう指導したのだろうか。不思議なことに記録は錯綜している。モルガン自身はアメリカ自由連盟の活動にときどきおおっぴらに献金していたが、モルガンのパートナーはアメリカ自由連盟には加わらなかった。当時、実質的にモルガンの会社のトップだったトーマス・ラモントは一九三四年一〇月、ハリー・ホプキンスに、彼はルーズベルトを「唯一の希望」で「健全な政治の防波堤」と考え、さらに、ニューディールの貧困者救済金は過剰だとは思わないと語っている。しかし、ラモントは会社の外交官だった。生涯にわたって民主党で通したラッセル・レフィングウェルはルーズベルトに忍耐強く激励の手紙を送り続け、彼に助言をし続けたが、ルーズベルトは常に助言を無視し、手紙に対して次第に冷ややかな態度を取り始めた。一九三六年、レフィングウェルともう一人のモルガン派である民主党のギルバートは、ルーズベルトの第二期の選挙戦に多大な資金を援助した（ウォール街関係者で援助したのはW・アベレル・ハリマンとポール・シールズだけだった）が、モルガン財閥とジョージ・ホイットニーら共和党陣営の援助金に比べるとはるかに少なかった。つまり、レフィングウェルはもはやルーズベルトの熱狂的なファンではなくなっていたわけである。「ラッセルは非常に寛容な男で、みんなの受けもよい」とウォール街の民主党仲間の一人は言った。「しかし、彼がニューディール支持派だとは噂にも聞いたことがない」。

抑圧された怒り、スムーズな外交、注意深い助言、悲痛の沈黙。これらはモルガンのリーダーシップのモットーとするものだ。彼らは口汚く罵ることはなかったが、起こるべくして起こったルーズベルトへの抵抗という形でウォール街が自らの信用を落とすことを食い止める気もなかった。けっして公にすることはなかったが、モルガン家がウォール街に対して抱く個人的な嫌悪は人間心理に根ざしているように思われた。銀行家やブローカーは一九三三年、ルーズベルトによって崩壊をまぬかれた。彼らはそのことはよく分かっていた。しかし、ルーズベルトが彼らのことを語るとき、あるいは彼らに接するとき、彼は決まって見下すか、軽蔑のまなざしを向けた。ウォール街を見下し軽蔑する救済者は、強い自尊心を持っている人々以外にとって余計なもので、当時、ウォール街二三番地を除いてウォール街には強い自尊心を持っている人などいなかった。

ウォール街の反ルーズベルト派の一人で、ずけずけ物を言い、彼らのなかで最も愛された男はまさに所を得たと言えよう。

以前崇拝していた大統領の金融政策に幻滅し、ワシントンの職を辞したジェームズ・P・ウォーバーグは、ウォール街の銀行の仲間を説得して休暇を延長し、一九三四年初期、カリブ海の長い船旅に出、ロンドン会議とウォーレンプログラムにまつわる本を書いた。その著書『マネー・マドル（The Money Muddle）』は一躍話題となり、ベストセラーとなった。それはルーズベルトの政策を友好的に批判する意図で書かれたもので、そのように受け取られた。ウォーバーグは「心から好意を持って」、親愛と尊敬の意を込めて、出版前の原稿を大統領に送り、大統領から「親愛なるジミーへ」という手紙を受け取った。手紙には、本は「興味深く」読ませてもらった、いつか会いに来てくれ、本について語り合おう、と書いてあった。しかし、ウォーバーグがルーズベルトを訪れることはなかった。著者として突然大衆の支持を得て、少しばかり浮かれたウォーバーグは、前作のテーマを掘り下げて続けざまにもう二冊の本を書いた。一冊は『イッツ・アップ・トゥー・アス（It's Up to Us）』という本で、ニューディール政策の三つの要となる銀行法、全国産業復興法、金準備法の改正の必要性を述べたものだった。ウォーバーグはこのときも出版前の原稿を大統領に送り、大統領から返事をもらっているが、このときの大統領の言葉は歯を食いしばりながら出たような雰囲気が感じられた。

もう一冊は『ヘル・ベント・フォア・エレクション（Hell Bent for Election）』で、これはパンフレットを拡大したようなもので、最初は『ヘラルト・トリビューン』紙で連載され、一九三五年夏に本として出版された。このときは出版前の原稿はホワイトハウスには送られなかったが、それも不思議ではない。ルーズベルトへの幻滅が深まるにつれ、ウォーバーグは抑制の効かない反ルーズベルト派と付き合うようになり、知らず知らずのうちに、彼らのなかに引き込まれていった。『ヘル・ベント・フォア・エレクション』は、ウォーバーグは認めたがらなかったが、友好的な批判などではなかった。「色覚異常の兄が蒸気機関車の運転手をしているようなものだ」とウォーバーグは書いている。「私はこの先も兄を愛し続けるが、その雇主に彼に他人の命を委ねさせよと言うのは正しいことではないかもしれない」。ウォーバーグは、ルーズベルトが彼自身の選挙公約ではなく、社会主義者の候補者ノーマン・トーマスの選挙公約を実行したことを特に非難し、ＮＲＡ（全国産業復興法）を「大失敗」と言った。もっと許しがたく、友好的とは言えなかったのは、ウォーバーグがルーズベルトの性格と動機を攻撃したことだ。ルーズベルトには「演技の才能」があり、「政治家というよりもショーマン」であり、「ヒーローになりたい」という強い願望があり、「多くの国民に愛され、尊敬されたい」と思っていると批判した。そして、「現政権は百害あって一利なし」であり、ルーズベルトは「なるべく早く辞任すべきだ」と結論づけた。

『ヘル・ベント・フォア・エレクション』は一〇〇万部の大ベストセラーになり、反ルーズベルトの宣伝活動に使われ、ウォーバーグは反ルーズベルトの寵児となった。彼はレトリックとその歓喜の雄たけびに流されるように、遠く離れた岸へと運ばれていった。その岸の先にはアメリカ自由連盟があった。連盟は一九三六年一月、夕食会を開き、ルーズベルト再選を阻止するキャンペーンを立ち上げた。その席でアル・スミスは、ニューディールには共産主義ロシアの不潔な息づかいが感じられる、色覚異常に苦しむ運転手の兄は、ロシアに手を貸そうとしている、と言った。こうしてついにウォーバーグのルーズベルト派からの離党は完結した。彼には有名な漫画家ピーター・アーノの漫画に出てくる常にだれかのあら探しをしている人を彷彿させるものがあった。彼はルーズベルトを批判するニュース映画を作った。

しかし、ウォーバーグは反ルーズベルト派へと傾いていくなか、知らず知らずのうちに不安を募らせていった。そして、その不安は確信へと変わった。共和党がランドンとノックスを指名したとき、ウォーバーグはあまり乗り気がしなかった。彼は罪悪感にさいなまれ悲痛な夏を過ごし、一〇月にはついに関税低減に反対するランドンの演説をもっともらしい理屈と言い、ハル国務長官に、今や考えを変えて、ルーズベルトに投票するつもりだと書いた公開状を送った。

こうして、ジェームズ・P・ウォーバーグの政治的遍歴は終わった。選挙のあと、彼は銀行や政治への積極的関与をやめ、残りの人生は執筆業と世界平和に尽くした。彼のウォール街における反ルーズベルト派としての流星のようなキャリアについては、なぜそうなったのかを彼自身がのちに語っている。彼がやってきたことは、精神分析学によってその動機が明らかになった、と彼は自伝に書いている。一九三二年、愛する父が亡くなったあと、彼はルーズベルトに父親像を見た。しかし、「残念ながら、ルーズベルトは父が支持してきた心理学的象徴を攻撃した。伝統的な銀行構造……正貨という概念……。ルーズベルト大統領は私のなかでは父親同然だった。しかし、彼の行動は……私のなかに疑念を喚起しただけでなく、私の愛する父を裏切ったという無意識の感情も喚起した」。彼は偽りの父親を激しく拒絶した。しかし、過ちに気づくのが遅すぎた。

何という素晴らしい弁解だろう。政治的独白としては独特で、ウォール街の反ルーズベルト派の見解としても独特だ。早口でしゃべり、伝説的人物のニュース映画を作って非難したほかの年老いて無愛想なクラブ会員たちも、精神科医にかかれば同じように改心しただろうか。少なくとも逆は考えられない。こんなことをいろいろと想像してみるのは実に楽しい。

ウォール街を覆う不安な気持ちは証券取引所にも伝染した。それはリチャード・ホイットニーと彼のかたくななブルボン体制への反乱という形で現れた。しかし、反乱は弱々しく、史上最も消極的な反乱だった。

四

問題は単純で、証券取引所がこれまでのようにプライベートクラブとして運営し続けていくのか、あるいは公的な組織になるかどうかだった。そのころには、証券取引所は公的な組織としての機能を求められていた。一九三四年の終わり、依然として保守派のプライベートクラブ派が権力を握っていた。その年の選挙でホイットニーは連続五期目の会長に選任され、彼と一緒に選ばれた理事もいつも通り、ホイットニーが都合のいいように選んだ者たちだった。一般大衆と取引し、一般大衆の利益と直接的な利害関係がある委託ブローカーは取引所の会員権を半分以上所有していたが、管理委員会の席はわずか三分の一しか占めていなかった。管理委員会の「席」は年ごとの推薦と選挙によって決められた。

証券取引法の執筆で政府に協力したことでホイットニーに反旗を翻した委託ブローカーたちは気が気ではなかった。彼らのリーダーシップは長い間「エルダーズ」と呼ばれる小さなグループが牛耳ってきた。エルダーズは証券取引所の陰の内閣のようなもので、定期的に昼食をともにし、ホイットニー派の勝手気ままさについて不満を漏らし、戦略を議論した。彼らのなかにはウォール街の一匹狼的存在のE・A・ピアスがいたが、彼らはリベラルなグループではなかった。メンバーの一人、グレイソン・M・P・マーフィーはすぐにアメリカ自由連盟の出納係になり、グループの弁護士、ラウール・E・デスバーナインは自由連盟の法規部門の部長になった。彼らは一九三四年と一九三五年のウォール街の改革派だったが、改革派に関して言えば、ウォール街はえり好みはできなかった。

実のところ、エルダーズはディック・ホイットニーとジョー・ケネディの間で板挟みになっていた。つまり、彼らにはリーダーがいなかったのだ。ホイットニーに立ち向かい、彼と彼の選挙のシステムを打ち砕くような人格者のリーダーが。ピアスやポール・シールズは選挙戦の対抗馬としてすでによく知られていたため、リーダーとしては適役ではなかった。一九三五年初期、指名候補はひょんなところから現れた。一九三四年の後半、ケネディは政府が乗り出さなければならなくなる前に証券取引所の改革をスタートさせるために何度も取引所に働きかけていたが、ホイットニーは彼を拒絶した。ケネディはエルダーズにも働きかけてみたが、エルダーズはぐずぐずと先延ばしにした。ついに堪忍袋の緒が切れて、ケネディは取引所に一点の改革プログラムを遅延なく制定させる最後通達を出した。いつものようにホイットニーは鼻であしらうかのようにそれを無視した。すると、ケネディはその一件をエルダーズのところに持ち込んだ――「あなた方は私の友人だとあなた方は言っているではないか。すぐにプログラムに署名してもらいたい」。ケネディにけしかけられたエルダーズは決議してケネディのプログラムに署名し、迅速な行動を促した。次の会議で管理委員会のメンバーが憤然としてこの反抗的な行動を非難したとき、エルダーズを擁護する声は聞かれなかった。なぜなら、エルダーズの主要なメンバーはだれ一人としてその場にいなかったからだ。ホイットニーがそう仕向けたのだ。しかし、四二歳の比較的若いエルダーが一人出席していた。彼はジョン・ウェスリー・ヘインズで、チャールズ・W・バーニー&カンパニーのシニアパートナーだった。彼は欠員を埋めるために最近管理委員会の仮任命を受けていた。ヘインズは立ち上がり、柔らかいノースカロライナ訛りでプログラムを擁護し、取引所の保守派たちをリチャード・ホイットニーの目の前であえて攻撃した。彼が座ると、みんな呆然として沈黙した。あとで理事たちはヘインズの爆弾発言を「異説」だと言った。

つまり、改革派にはヒーローがいたわけである。しかし、何というヒーローか。何という改革者か。ジョン・ウェスリー・ヘインズは自由連盟には属していなかったが、型どおりの改革派だった。ウィンストン・セーレムで大規模な繊維メーカーを営む彼の家はレイノルズ・タバコ・カンパニーの元々のオーナーで、今だにレイノルズ・タバコに深く関与し続けることで富を不動のものにしていた。ジョン・ウェスリー・ヘインズはエール大学を卒業後、投資銀行に入り、不利な戦いに挑むことなく、成功を手に入れた。一九三〇年代の中ごろ、彼は北部ビジネスに徐々に切りこみ、企業人としての地位を確立した、穏やかで礼儀正しい南部人の一人だった。彼は偽善的で感情に訴える人物ではなく、真のやさしさをもった人物だった。彼はモルガン家を崇めた。彼のなかではモルガン家こそが正しく正当なものだった。彼にとってラモントやレフィングウェル、ジョージ・ホイットニーとの友好関係は最も誇れるものだった。彼の追求するものは純粋なる経済的自由主義だった。この不安定な世の中で人を前進させるものは報酬以外にない。彼はそう固く信じていた。南部の良き民主党員で、民主党幹部とも親しい間柄にあり、一九三二年の党大会にもハリ・バードに随行して出席したが、彼はルーズベルトには投票しなかった。一九三二年の大統領選でも投票しなかったし、ニューヨーク州知事選でも投票しなかった。彼は晩年は馬のブリーダーになり、あの偉大なナシュア（競走馬）の共同オーナーになった。彼のデスクには聖書と競馬のトロフィーが常に飾られていた。タバコ会社を営み、保守的な南部の良き紳士だったジョン・ウェスリー・ヘインズは過激な改革者だったのだろうか。彼がウォール街にいたのは一九三五年だけだった。

ヘインズと彼より四歳年上のリチャード・ホイットニーは長年にわたっていろいろな関係を培ってきたが、友だちと言えるような間柄ではなかった。彼らが連絡を取り合ったのは、娘どうしがフォックスクロフトでルームメートだったからだった。しかし、ヘインズはホイットニーの証券取引所の運営に関しては反対で、さらに、人の話によれば、彼らはあまり仲がよくなかったらしい。一九三二年、ヘインズは、ホイットニーの政策は世論にあまりにも鈍感で、ウォール街のイメージに深刻なダメージを与えているという結論に達していた。翌年、彼はモルガン家に赴き、この考えを友人や崇拝するラモントやジョージ・ホイットニーに話した。ジョージ・ホイットニーは、「私に言ったって仕方ない。ディックに直接話しなさい」と言った。そこでヘインズはそうしたが、ディック・ホイットニーは素っ気ない態度を取った。彼は批判されると決まってこうした。そして、一九三四年、ビジネス上のライバルであり、悪意を感じていた二人の仲はついに決裂した。その年、ほかの多くの投資会社同様、バーニー・アンド・カンパニーも支払い能力の危機に陥った。投機家たちが寄ってたかって悪い噂を流し、この会社を倒産の危機に追い込もうとしたとき、ホイットニーは、証券取引所理事長として介入してほしいというヘインズの懇願を冷たく却下した。結局、乗っ取りは失敗に終わったが、のちにヘインズは南部人らしい気高さをもって、ホイットニーのよそよそしい態度はけっして仕返しなんかではなかった、と言った。しかし、一九三五年初期、管理委員会と首の太い委員長の前で、やさしい声のなかにも燃えるような激しさを含ませながら異説を述べたとき、彼はこの事件を覚えていなかったと言えただろうか。彼は異説を述べたことでウォール街の過激派の旗手となった。

五

ホイットニーは戦いに向けて再び兵力を結集した。エルダーズが彼に反対していることが明るみに出た直後の二月七日、彼はプラザホテルでの公のディナーの席で激しい口調で言った。「今日、新しいボスが誕生した。それは証券取引委員会だ。彼らは私たちに対して何だってできる……私たちは非難されるだろう。特に私は、気まぐれで、彼らに敵対し、非協力的だと言われるだろう。しかし、証券取引所とその重役が唯一やろうとしていることは、協力である……」。おそらくは。しかし、ホイットニーとその仲間たちは証券取引所内の反対派に対して協力しようとする気配すら見せなかった。プライベートなクラブと同じように、役員を指名するのは指名委員会であり、毎年彼らに反抗しない候補者が提示され、満場一致で選出される。このシステムはもちろん伝統的なもので、その伝統によって寡頭政治が続く。しかし、ホイットニーは彼らのワナにはまり危機的状況にあった。前年の証券取引法が可決したあとの混乱のなかでいつの間にか権力を握った指名委員会は、リベラルな反ホイットニー派が大多数を占め、取引所の評判をしきりに気にしていた。プラザホテルでのディナーから指名委員会が一九三五年の候補者名簿を提示するまでの二カ月間、ホイットニーの勢力は取引所のフロアで全力でパワーポリティックスを繰り広げ、委員会のメンバーを直接的に支配しようとした。圧力をかけたり、取引を持ちかけたり、脅したりもした。あるとき、フロアでは次の選挙でホイットニーに投票することを誓わせるカードが公然と配られた。指名委員会は何としてもホイットニーを理事長の候補から外したいと思っていたが、あえて外すことはせず、三月、三人の候補を指名し、会員による公開選挙で選ぶことを思いついた。指名されたのはホイットニー、ヘインズ、チャールズ・R・ゲイの三人だった。チャールズ・R・ゲイは、温和で好感の持てるブローカーで、どちら側ともうまくやっていけると思われたため、完璧なる妥協候補者だった。しかし、この計画はすぐに頓挫した。扇動者と噂されるヘインズが熟考の末、取引所の理事長にはなりたくないと言い出したのだ。彼はホイットニーと戦うことを避けたかったのかもしれない。いずれにしても、彼はいきなり候補から降り、管理委員会のメンバーにのみ立候補すると言ったのである。妥協候補者のゲイは、ホイットニーに、もし継続して理事長になりたいのであれば、喜んであなたに投票すると言って、事態をさらに混乱させた。彼はホイットニーが続投を望んでいることをよく知っていたのである。こうして、過激なトラは戦うことを辞退し、温和なトラはライオンへの支持を表明した。取引所のウスバカゲロウたちにとって悲しむべき状況になったのは間違いなかった。

しばらくはホイットニーが現職にとどまるかに思えた。しかし、指名委員会はケネディやエルダーズに支えられ、勇気を奮い起こして、ホイットニーに理事長の座を去ってもらうことを決めた。ホイットニーと彼の支持者をなだめるために、指名委員会はホイットニーには管理委員会のメンバーの席を用意した。次なる問題は、指名を放棄することを決めたゲイに理事長への指名を引き受けるように説得することだった。「チャーリー、きみが理事長になるべきだ」と、指名委員会委員長のR・ローレンス・オークリーは熱心にゲイに働きかけた。「どうか受けてくれ」。熱心に訴えられたゲイは不安ながらも同意した。のちに彼はホイットニーに理事長の指名を引き受けたことを謝罪している。「だれが勝つかなんて私にはどうでもいいことだ。でも、私はラリー・オークリーに、こんなことにかかわるのはこれが最後だと言ったんだ」。指名委員会も事の次第をホイットニーに説明するのに苦労した。その役を買って出たのはオークリーだったが、彼とて良心の呵責がないわけではなかった。今度は彼が緊張する番だった。「ディック、悪気があるわけではないんだ」と、彼を候補から外すことをホイットニーに報告したあと、「これは広報活動の一環なんだ」と弁解した。ホイットニーは首筋をぴくつかせながら、無所属で立候補したほうがよさそうだね、勝つ自信はあるから、と冷静に答えた。こうして事態はのっぴきならない方向へと進んでいくことになる。

条例に基づく選挙の一カ月前の四月初旬、指名委員会は候補者を発表した。理事長にはゲイ、財務部長には中立派のベンジャミン・H・ブリントン、管理委員会の一一の欠員リストには、反ホイットニー派が八人（そのなかにはヘインズとウィリアム・マッチェスニー・マーティン・ジュニアというセントルイスの無名の二八歳のブローカーが含まれていた）含まれ、ホイットニー派はホイットニーを含めてわずか三人しか含まれていなかった。ホイットニーは、優雅に負けを認めるか、無所属で理事長選に出るか決断を迫られていた。彼はいつものように兄のジョージにこのことを相談した。ジョージは、国民の間でのウォール街の評判が地に落ちているときに無所属で立候補するのは不和の元だとはっきり言った。これにはトーマス・ラモントも同意した。ホイットニーは兄の言葉にがっかりした。証券取引所やワシントンでは敵に敢然と立ち向かうディック・ホイットニーだったが、兄には逆らえなかった。ウォール街二三番地からは自己憐憫に浸って、「ブルータス、おまえもか」モードで逃げるように帰ってきたが、彼はすぐに立ち直った。彼はまだあきらめてはいなかった。悔しさから学ぶべきことはあった。ジョージとラモントは理事長選への無所属立候補を禁じただけだ。管理委員会の欠員への無所属立候補者として彼の忠実な支持者を後援して、改革派に対して力量を試すことは自由にできた。おそらく彼の支持者たちは公認の候補者に圧勝するだろう。そしておそらくは、大殺戮で虐殺されたうちの一人、ジョン・ヘインズは、好むと好まざるとにかかわらず改革のシンボルになるだろう。そしておそらく、そう、おそらくは、ディック・ホイットニー自身は、ゲイの票よりも多くの票を獲得することで、本当のボスがだれなのかを知らしめることができるだろう。要するに、敗北したかにみせかけて、真実の勝利を勝ちとるということだ。

圧力をかけられたフロアでは、ホイットニーへの誓約どおり、ホイットニーの仲間に票が入った。次の理事長としてゲイを支持すると見せかけて、彼らは会員たちにゲイに投票しないように促した。ホイットニー派は、管理委員会のメンバーシップ選では公認候補に対抗して三人の無所属立候補者を擁立した。国民が注目するなか、戦いの火蓋は切って落とされた。保守派と白馬の騎士（ホワイトナイト）の一歩も引かない争いを金融ページの読者たちは固唾をのんで見守った。それはウォール街の新たなドラマの始まりだった。

投票は五月一三日に行われ、証券取引所の会員はいつもの二倍の人員が投票に参加した。投票ブースはトレーディングフロアに設けられ、投票の秘密が守られるように厳重に管理された。これは初めてのことだった。結果はホイットニーが望んでいたとおり、ホイットニー派の圧倒的勝利に終わった。管理委員会のメンバー選に出馬した三人の無所属候補は八四万四八九八対九一八で大勝した。ゲイが理事長候補として獲得した票は一一三一票、ホイットニーがメンバー選で獲得した票は一一四六票で、ゲイの票を上回った。管理委員会のメンバー選で惨敗したのはジョン・ウェスリー・ヘインズだった。三七一票はこれまでで最低の得票数だった。

六

証券取引所の新しい理事長は、かっぷくがよく眼鏡をかけたメソジスト教徒で、敵を作らない六十歳のたたき上げの男だった。ブルックリンで生まれたチャーリー・ゲイは公立学校を出たあと、ブルックリン技術専門学校に学んだ。彼がウォール街で仕事を始めたのは一八九〇年代で、最初は週給三ドルの集金係だった。「成功は勤倹努力と独立心から」というアルジャー流勤労観を持った彼は賢明に働き貯金をし、一九一一年に証券取引所の会員になった。一九一九年にはホワイトハウス・アンド・カンパニーのシニアパートナーになり、一九二三年からは証券取引所の理事をずっと務めた。経歴と社会的地位ではディック・ホイットニーには遠く及ばなかったが、フロア会員として彼は必然的にホイットニー派に入り、ホイットニーとはビジネス上の友人として長年にわたり親しく付き合ってきた。問題は、ゲイはどの程度までリベラル派を貫き、ホイットニーの政策を変えるべきかだった。答えが出るまでに長くはかからなかった。選挙の翌日、新しい管理委員会はゲイの提案によって、副理事長としてE・H・H・(〝ハリー〟)・シモンズを選んだ。彼はホイットニーの前任の理事長で、ホイットニーに忠実な人物として知られていた。保守派は新しい体制のなかで徐々に権力基盤を固めていった。法律委員会さえも彼らの手の内にあった。SECやエルダーズが求めていた組織改革は行われる気配すらなかった。SECの扱いに関しては、ホイットニーよりもフレンドリーで、傲慢さはなかったが、切羽詰まると、けっして妥協しないホイットニーよりも非協力的であることが分かってきた。そしてついに、改革運動の熱心な支持者だったポール・シーズルはピアスとともにゲイをディナーに誘いだし、信頼に背いたことを非難した。

「ほかにどうやれというのですか」とチャーリー・ゲイは弁解した。「私は手かせ足かせをはめられているのですよ」。

彼の言うことにも一理あった。その年の選挙では議席のわずか四分の一しか投票で争われず、管理委員会の議席の大部分はホイットニー派が持ち越した。さらに、その年の終わりには、彼らは証券取引所のすべてを支配し、ゲイにリベラルな主導権を発揮する隙さえ与えなかった。選挙で敗北したあと、改革運動は勢いを失い、ゲイは少数派の理事長のまま、ホイットニーの操り人形と化していった。ホイットニーは実質的に勝利し、証券取引所のボスが依然として彼であることを知らしめた。

彼が満足したのにはもう一つ理由があった。偽りの引退によって、彼は国民から絶賛され、ウォール街では大きな支持を取り付けたのだ。選挙から数週間後、彼には証券取引所と証券取引所ランチョンクラブのおよそ二〇〇〇人に及ぶ従業員の署名入り表彰状が手渡された。表彰状には、「過去五年にわたりリチャード・ホイットニーは彼のリーダーシップの下で働く人々の忠誠心、友情、信頼を勝ち得た」と書かれていた。これは演出によってできるものではない。推薦状は自発的なもので、それに書かれているものは正真正銘の事実だった。

こういったことを考えると、一二月二六日、管理委員会がホイットニーを四年の任期で証券取引所共済基金の六人の管財人の一人に選んだことは驚くには当たらない。共済基金は亡くなった会員の家族に一時金を支払うというもので、基金の額は数百万ドルに上った。証券取引所のピラミッド構造のなかで管財人というポストは最大の慎重さと誠実さを要求されるものだった。今回の選挙はスムーズに行われ、ポストは全会一致で決まった。リベラルか保守党か、敵か味方かとは無関係に、管理委員会には、ディック・ホイットニーがそのポストに最もふさわしくない人物であると思う者はだれ一人としていなかった。

第10章　ホイットニーの横領

一

ホイットニーは権力を維持するために戦ってきた。それはプライドが強かったとも言えるし、権力欲に取りつかれていたとも言える。彼は差し迫った個人的な理由で、権力の持つ影響力を必要としていた。ジャージー・ジンはまだ国中で飲まれるまでには至らず、ディスティルド・リカーの株は下がっていた。一九三四年初めの高値である四五ドルから二年余りで一一ドルにまで下落していた。

一九三五年、証券取引所での争いが続くなか、ホイットニーの借金返済の期日が迫っていた。前年の七月には友人のメリックに全額返済していたが、ピアスに対する一万ドルの借金、正確に言えば、E・A・ピアス・アンド・カンパニーに対する借金はまだ残っていた。今やだれもが知る敵対者同士のホイットニーとピアスは、プライベートでは依然として債務者と債権者の関係にあった。九〇日の期限が来るたびに、ホイットニーは礼儀正しく期限の延長を求め、ピアスもまた礼儀正しくそれに応じた。期限の更新が何回も続くと、ホイットニーは無表情に同じ内容の手紙をピアスに送った——「重ね重ね厚く御礼申し上げます。私を信じてください。ディック・ホイットニーより」。ホイットニーを証券取引所から追放するための陣頭指揮を執る二人のうちの一人であるピアスは、ホイットニーのジョーク——依頼と言ったほうがよいかもしれないが——を快く受け入れた。

ハーバート・ウェリントンへの一一万ドルの借金もまだ残っていた。ホイットニーとウェリントンは旧知の仲だっただけに、これはある意味もっと厄介な問題だった。友人同士でのお金の貸し借りは友人関係を悪化させたり崩壊させると言われるが、その関係は知らず知らずのうちに亀裂を生じることが多い。問題は、その関係が完全に一方に偏っていることである。貸し手は実質的な負担を強いられるだけでなく、道徳上の重責も感じる。一方、借り手は友人の忠誠心を試す。友情という名の下、貸し手が少しでも不安を抱けば信頼関係は揺らぐ。貸し手が借金の督促をすれば、友人の名誉を傷つけることになる。自分のお金に対する関心はともかくとして、疑う心を持つことは、男同士の間ではご法度だ。貸し手に勝ち目はないのである。

ウェリントンはホイットニーに借金の督促はしなかった。一九三五年には、それはなかった。二年前に最初にお金を貸したとき、期限は三〇日だった。期限は求めに応じて六〜七回は更新された。やがて、互いの合意のうえ、無期限となった。つまり、ホイットニーは支払えるときに支払えばよいわけである。二人は証券取引所でもクラブでもよく顔を合わせていた。ホイットニーは「デューク、借金のことは忘れていないよ。できるだけ早く返すから」と平気な顔で言った。すると、ウェリントンも平気な顔でうなずいた。彼から借金について話を切り出すことは一度もなかった。しかし、一九三五年の終わりごろ、ウェリントンはホイットニーは自分の親切につけ込んでいるのではないかと疑い始める。さらに、リスクを共有しているウェリントンのパートナーが不安を示し始めた。ウェリントンは、この件に関してはすべて自分が責任を取る、ホイットニーとの友情は神聖なものなのだ、と言って彼らをなだめた。ホイットニーは尊敬に値する人物で、彼は約束したことは「必ず守る」とウェリントンは彼らに言った。借金をいきなり督促するのは友好的な行為ではない、とウェリントンは思っていたのだ。

ホイットニーはJ・P・モルガン・アンド・カンパニーにも五〇万ドルの借金をし、兄のジョージにも一〇〇万ドル近い借金をしていた。しかし、この借金は身内での借金であり、緊張感をもたらすようなものではなかった。ところが一九三五年、リチャード・ホイットニーは新たな借金をしてしまった。今度は身内でも友人からでもないところから借りた。

その年の一月、彼は証券取引所のフロアスペシャリストのポール・アドラーに近づいた。二人は仕事を通じて二〇年以上にわたって親しい間柄だったが、彼らの関係はビジネスの枠を超えることはなかった。二〇年のうち、一緒に食事をしたのは三回しかなかった。しかし、アドラーはホイットニーを心から尊敬していた。

「ポール、ちょっとお願いがあるんだけど」とホイットニーはアドラーに言った。

「ボス、何なりと」。アドラーは彼に要求されることを聞くまでもなく答えた。ホイットニーはアドラーに一週間の期限で一〇万ドル貸してほしいと言った。すると、アドラーはすぐさま要求を受け入れ、「あなたに頼まれるなんて光栄です」と言った。何回か期限を延長したが、この借金はすべて返済された。しかし、アドラーの借金を返済する直前、ホイットニーは同じ額を別の取引所会員のオットー・エイブラハムからも借りた。彼は喜んで貸したとのちに語っている。ちなみにこの件はホイットニーの「誠実さ」に敬意を表して、スタッフにもだれにも秘密にしたと言った。エイブラハムへの借金は、期限内に、あるいは少し期限オーバーになったかもしれないが全額返済された。

アドラーとエイブラハムは、たまたま二人ともユダヤ人だった。このことからすれば、ホイットニーは、追い詰められた欧米ビジネスマンの伝説的な運命、つまり「ユダヤ人の手に落ちる」という宿命に苦しんでいたことが推測される。借金の利息は大した額ではなかった。アドラーとエイブラハムがお金を貸したのは、貪欲からでもリベンジが目的でもなかった。彼らはただ尊敬する男の一時的な苦境を救いたいという親切心からそうしただけだったが、証券取引所の権力構造からいまだにユダヤ人を締め出していた体制を率いていた男を恐れていないと言えばウソになる。彼らのほうがホイットニーの手に落ちたのである。

その間ずっと、ウォール街はホイットニーの借金には気づかなかった。昔からウォール街では個人的な借金も秘密にするという慣例があった。借金についての噂話は借り手の将来的な信用に傷をつけ、さらに、今日の貸し手は明日の借り手になるかもしれないことを痛いほどによく分かっていたからだ。ウェリントンはかつて次のように言った――「私が友人にお金を貸すとき、たとえ親友にでもそのことについては話さなかった」。しかし、ウェリントンは一度だけ親友を守るためにその掟を破ったことがある。それは一九三五年のクリスマスの日だった。午後、家族の団欒から抜け出した彼はラケットクラブに行き、そこでサラトガ競馬会のジョージ・H・ブル会長に偶然会った。彼は元証券取引所の会員で、ウェリントンともホイットニーとも親しかった。ブルはホイットニーに大金を貸すことになっていると言った。それを聞いたウェリントンは、まず弁護士に相談して、正式な条件を決めたほうがいいと強く助言した。ウェリントンは詳細については話さなかったが、ブルもそれを求めなかった。しかし、ブルはウェリントンの言葉に驚いた。クラブで、しかもクリスマスの日にそんな言葉を聞こうとは思ってもみなかったからだ。ウェリントンが言わんとしたことは明らかだった。しかし、一週間後、ブルはホイットニーに一五万ドル貸した。

二

このお金の大部分はディスティルド・リカーの株の購入につぎ込まれた。ホイットニーは命がけでこの株を守ることを決意していた。下落するこの株をだれも買わなければ、ホイットニーが買う以外にない。アラン・ライアンがスタッツ株でやったように、買い占めるつもりだったかどうかは分からない。おそらく彼は、そんなことは考えていなかったと思う。ベアレイド（売り崩し）が行われていたわけではない。買い手がいないため株価が下がっていただけだった。ホイットニーは無担保で借りたお金のほかに、銀行からも大金を借りていた。銀行からの借入金はディスティルド・リカーの株が担保になっていた。株価があまりにも下落すれば、銀行はさらなる担保の差し入れを要求してくるだろうが、ホイットニーには担保として差し出せるものは何もなかった。そこで彼が考えた策が、ディスティルド・リカーの株を買い続けることで、株価を維持することだった。そうすれば銀行にはさらなる担保を差し入れる必要はない。でなければ、借入金の返済を要求され、支払い不能が明るみに出てしまう。彼は古い借金を返すために、新たに借金をするという典型的な債務者のワナにはまっていた。一九三六年から一九三七年にかけて、彼はディスティルド・リカーの株を大量に買い、株価をかろうじて一〇ドル辺りにつなぎとめていた。このためには当然ながら、新たな資金が大量に必要だった。

彼は頼み込んだり、弱みにつけこんで無理やり貸させたりしながら、資金をかき集めた。

彼は長年にわたってニューヨークヨットクラブの出納係を務めており、クラブの株式・債券ブローカーでもあった。したがって、彼はクラブの証券に自由にアクセスでき、利益を出すためにそれらを売却する権限も持っていた。そのため、クラブの証券は彼のオフィスの金庫に保管されていた。一九三六年二月一四日、ウェリントン、アドラー、エイブラハムから無担保で短期的にお金を借りることが一時的にできなくなった彼は、ニューヨークヨットクラブの債券を一五万二〇〇ドル分金庫から引き出し、それをパブリック・ナショナル・バンク・アンド・トラスト・カンパニーに持ち込み、リチャード・ホイットニー・アンド・カンパニーへの二〇万ドルの借金に対する担保の一部として流用した。

公金横領である。これは銀行強盗がやるような重窃盗で、犯罪以外の何物でもない。唯一の違いは、信用されている立場を利用して秘密裏にやることができたので、暴力や脅しを必要としないことだった。精神病質者なんかではなく、合理的で知的なホイットニーがなぜそれを間違ったことだと思わなかったのか不思議でならない。のちの精神科医の報告書によれば、「彼は自分が行ったことが倫理に反する行為だと思わなかった」のではないかということだ。精神科医は何も分かっていなかったのは明らかだ。彼は泣き言を言わないホイットニーの傲慢な禁欲主義にまんまとだまされたのである。おそらくホイットニーは自分のことを泥棒だとは思っていなかっただろう。モラルを重んじる人間として、自分は何をやっても泥棒になどなり得ないとしか思っていなかったはずだ。

彼は以前にも似たようなことをやったことがあった。救済者になるずっと以前、大暴落において絶対的指導者としての役目を果たし有名になって権力を手に入れるずっと以前の一九二六年、彼は妻の父親であるジョージ・R・シェルダンの遺産に含まれる債券を横領し、自分の個人的な借金の担保として使ったのである。債券からの生涯所得は遺言者の娘、つまりホイットットニーの妻が受け取り、遺産の残りはハーバード大学とセントポールスクールに贈られることになっていた。三年後、ホイットニーは借金を払い終え、債券を元の場所に戻した。それから一九三二年にも同じようなことがあった。彼は再びシェルダンの遺産の債券をこっそり持ち出して抵当に入れたが、このときもあとで債券を元の場所に戻している。

どちらのケースも、だれにも気づかれることなく行われ、傷ついた人はだれもいなかった。この銀行強盗は略奪品を利用したあと、再び銀行に戻り、略奪品を元の場所に戻したのだ。しかし、ホイットニーは自分が強盗を働いたなどとは思っていなかった。家族のお金を一時的に使わせてもらっただけ。横領犯はこれを「しぶしぶ貸してくれたお金」と呼ぶ。ホイットニーは、彼のやったことを正当化する必要があるとも思っていなかった。なぜなら彼がやったことは、その時代のウォール街では頻繁に行われていたことだからだ。これまでの人生において欲しいものは何でも手に入った。貴族の出自、生まれ持った指導者としての才覚、傲慢さ、公権力に対する嫌悪、仲間や下位の者、学校、偉大な世界からの絶え間ない称賛といった彼の特殊な特徴と彼を取り巻くすべてのものが重なり合って、彼に信託されたものは実質的に彼に与えられたものと同じであると、彼に感じさせるに至ったのである。もしジョージ・シェルダンが生きていたら、ホイットニーに債券を貸しただろうか。もちろんそうしただろう。ハーバードやセントポールスクールは気にしただろうか。そんなことは断じてない。世界は彼を金融界の魔術師で、高潔な人物と繰り返し褒め称えていたのだから。ホイットニーの「金融界におけるキャリアは今や国全体にとって重要なもの」として、ニューヨーク大学は一九三二年、彼に商学の博士号を授与した。それはホイットニーがシェルダンの債券の二度目の使い込みをしたまさにその年だった。彼は遺産の管財人として家族の役に立たなかったのだろうか。遺産は有効活用されたがっていたはず。彼はそれを実現しただけである。

総体的には、一九三六年以前にシェルダンの遺産から「借用」したものに対して、彼は兄のジョージに対する借金と同じくらい良心の呵責を感じなかった。人は親戚縁者に援助を求めることを嫌がるが、求めたときには返済しないというのが常識だった。権力者は良心など持たないのが普通で、ホイットニーもそれにたがわず良心のかけらも持ち合わせていなかった。しかし、彼は世界的に認められていたため、良心とは無縁でいられた。アメリカの支配階級が非難の的になっていたとき、アメリカの支配階級の派閥意識とも無縁でいられた。彼は一時的に一族の資金を使ったが、それは自分のものを使ったにすぎないというのが彼の認識だった。

ニューヨークヨットクラブの資金の使い込みはまた別の問題だった。人はクラブでくつろいだ気持ちになると、そのクラブがまるで自分のものになったような気持ちになるが、そのお金まで自分のものという気持ちにはならないものだ。一九三六年、切羽詰まった彼はクラブのお金をまるで自分のお金のように使ってしまったが、良心の呵責は感じていたのかもしれない。とはいえ、彼は絶対にそれを認めなかった。少なくとも彼は自分の行為に対するリスクを認識できないほど、理性や知性を欠いてはいなかった。しかし、彼は境界線を越えてしまった。このことが明るみに出ればスキャンダルになることを彼はよく分かっていた。このことが明るみに出れば彼の人生は終わりだ。しかも、ウォール街の昔ながらの特権階級やノブレス・オブリージュ（格差社会において、社会的に上位に位置する人が「義務」として、弱者に対して施しをする精神）の精神まで損ねてしまう。彼らの倫理コードや存在意義は神聖なる個人の名声に依存するものだ。一九三六年、リチャード・ホイットニーは、彼と彼が象徴的存在である階級が危機に瀕していることを知っていた。

しかし、すべてはジャージー・ジンのためだった。

その間も彼はお金を借り続けていた。これまでよりもさらに大金を。一九三六年五月、再びポール・アドラーに一〇万ドルの借金を申し出た。「ポール、一週間かそこいらの期限で一〇万ドル貸してはくれないだろうか？」とホイットニーはいつもの調子で言った、とアドラーは回想録に記している。アドラーは今回は「あなたに頼まれるなんて光栄です」とは言わずに、言葉少なげに「分かりました」と言って仕事に戻った。お金は返済されたが、一週間かそこいらではなく、三カ月後だった。六月、ホイットニーはハーバード大学の二五周年の同窓会に出席した。彼はクラスのなかで偉業を成し遂げた人物のナンバー2に選ばれた。ナンバー1は漫画家のグルーヤス・ウィリアムズだった。その月の終わり、ホイットニーはメリックから無担保で新たに一〇万ドル借り、七月にはエイブラハムから再び一〇万ドル借りた。その年の夏、デ・コペット・アンド・ドレマス社に二〇万ドルの借金を申し出たが、理由を言わずに断られた。ホイットニーの借金の申し出が断られたのはこれが初めてだった。だれかれ見境なく借りまくるホイットニーの借金を覆う秘密のベールがついにほころび始めたのだ。秋には秘密のベールはさらにほころび、ホイットニーの借金の噂はジョージ・ホイットニーの耳にも入ってきた。

過去一〇年の古い借金はともかくとして、モルガンのパートナーであるジョージ・ホイットニーはもう何年も弟の金銭関係にはかかわっていなかった。ディックがジョージに借金の申し出にやってきたのは一九二九年から二回しかなかった。ジョージ・ホイットニーが人づてに聞いたのは全体像のほんの一部にすぎず、これまで述べてきたような借金については寝耳に水だった。ジョージはホイットニーがいろいろなところから、現金ではなく証券で借りまくっていることを知った。借りた証券は銀行ローンの担保に当てられていた。特に気になったのは、ファースト・ナショナル銀行のジョージ・F・ベイカー・ジュニア頭取からも一万ドル借りているという噂だった。彼はファースト・ナショナル銀行の有名な創設者の息子で、彼自身、国を代表する有名な銀行家の一人だった。げんなりしながら、ジョージ・ホイットニーは弟を呼びつけて叱責した。ディック・ホイットニーはすぐに借金の事実を認めたが、それ以外のことについては何も話さなかった。ジョージ・ホイットニーは、これは困った状況だ、と言った。噂がこんなに広まり、事実が明るみに出ると、彼の信用と彼の会社の信用が失墜するのは時間の問題だった。しかし、一九二九年のように、ジョージ・ホイットニーは躊躇することなく、弟が無担保の借金を返済し、新たなスタートを切るのに必要なお金を用立てることにした。そして、全額でいくらになるのか計算する細かい作業を省くために、ジョージ・ホイットニーは弟に彼と彼の会社のバランスシートを若いモルガンのパートナーであるヘンリー・P・ディビソンに提出するように言った。

一二月にリチャード・ホイットニーが提出したバランスシートにはウソがあった。例えば、彼の顧客の債券の一部が不正に担保に当てられた事実は省かれていた。ディビソンは何かが省かれていることは感づいたが、何が省かれているのかまでは分からなかった。ディビソンはなぜそれに気づかなかったのだろうか。だれかれ見境なく借りまくっていたとはいえ、ディック・ホイットニーはまだモルガン一族のメンバーで、モルガンと親密な関係にある「上流階級」の一人であり、証券取引所でのモルガンのブローカーでもあり、ポースリアン、リンクス、ニッカボッカークラブのメンバーでもあった。不正行為に関与しているなど考えられないことだった。一九三六年最後の日、ディビソンはホイットニーに手紙を書いた――「親愛なるディックへ。お手数だとは思いますが、借入金の担保リストをいただけると助かります。敬具。ハリー」。そういったリストが正直に提出されれば、ホイットニーの無断流用が明るみに出てしまい、ウォール街の歴史を変えることになることは想像に難くない。しかし、一九三七年の最初の週、ディック・ホイットニーは、兄とディビソンに彼の窮地について話をするなかで、そんなリストは必要ではないと二人を説得することに成功した。こうして判断を誤ったディビソンは、ジョージの弟が立ち直るのに必要なお金は六五万ドルと試算した。そして、一月八日、ジョージ・ホイットニーは六五万ドルの小切手を弟宛てに切った。こうして長年にわたってすでに借り入れている大金に加え、無担保で無期限の追加的融資がディック・ホイットニーに対して行われた。ジョージ・ホイットニーが覚えているかぎりでは、彼は弟を再び救った。

三

しかし、実際には、彼は弟を救うことはできなかった。弟は兄に今や投資で失敗しただけでなく、横領犯に成り下がってしまったことを打ち明けられず、新たな借入金によって危機的状況から絶望的状況へと改善されたにすぎなかった。六五万ドルで証券の借り入れとベイカーからの借金を決済したあとも噂は続いたが、これは当然と言えば当然だった。大金持ちで気立ての良いジョージ・ホイットニーがまた弟を救ったという噂を聞きつけて、ウェリントン公爵は一九三七年一月、ついにホイットニーに借金の返済を迫った。そして四月、ホイットニーは愛想なく借金を返した。最初の期限から三年三カ月たっていた。実はウェリントンの借金を返すために、ホイットニーは再びエイブラハムを訪ね、一〇万ドルの借金を申し出ていた。エイブラハムは、失礼は承知だが、六万五〇〇〇ドルしか貸せない、と言った。彼はそのお金に飛びつくと、ウェリントンに対する残りの借金の分はほかで調達した。この少し前、彼は窃盗罪を犯していた。これによって彼は、破滅への道をひた走ることになる。

一九三七年二月の第三月曜日、証券取引所共済基金の管財人たちは定期月例会を開いた。管理委員会はホイットニーが証券取引所理事長を退位してすぐにこの役職に任命していた。こうした月例会は楽しい社交行事だった。共済基金の管財人は保守派が占めていた。委員長がハリー・シモンズで、そのほかの管財人は、証券取引所理事長のゲイを除いて、すべてホイットニーの旧友で、ホイットニー自身も最近よく顔を出していた。ピアス、シールズ、ヘインズといった過激な改革者は含まれていなかった。これが方向性を狂わせることになる。管財人以外で月例会に出ていたのは、取引所の従業員で共済基金の事務もやっていたジョージ・W・ルーツだけだった。ルーツはいわば彼らの手先のようなものだった。ホイットニーが共済基金に安らぎを感じるのにはもう一つ理由があった。ヨットクラブ同様、彼の会社は共済基金のブローカーでもあったのだ。二月の月例会では、世間話をしながら、いつものようにリチャード・ホイットニー・アンド・カンパニーに対して基金が所有する債券を三五万ドル分売り、売却による収益でもっと将来性のある債券を買うように指示を出した。ホイットニーはその指示書に従った。つまり、売れと指示された債券を売って、買えと指示された債券を買った。しかし、指示の一部は実行しなかった。あまりにも当たり前のことなので、指示書には書かれていなかったからだ。つまり、彼は新たに購入した債券を基金に引き渡さなかったのである。

翌月、役員はさらに二二万五〇〇〇ドル分の債券の売りを指示した。このときは「技術的な問題」によって売りは行われなかったが、何カ月もたってからようやく売りが行われた。実はホイットニーが基金の債券を着服していたのだ。着服は何カ月にも及んだ。一一月には基金の全資産の半分に当たる一〇〇万ドル分の債券と現金が消えていた。それらの債券と現金は、ブローカーであるホイットニーが管理していた。

読者なら簡単に推測できると思うが、ホイットニーは共済基金の資産を不正に彼と彼の会社の銀行からのさらなる借金の担保に当てていたのである。これは明らかに彼にとってこれまで最もリスクの高い横領だった。一族やクラブから盗むのではなく、証券取引所という組織から盗むのだから。基金の管財人は帳簿など見ないのが普通だった。しかし、一人の男が勤務中に帳簿を見てしまったのである。二月から一一月の間、基金の資産がホイットニーによって所有されていたため、金庫にないことに気づいたのは事務員のジョージ・W・ルーツだった。彼は人を信じて疑わない従順な男で、ホイットニーが彼自身の目的のために基金の債券を流用しているなど思いもしなかった。のちの証言によれば、彼はそんなことは夢にも思わなかったと言った。彼はホイットニーと彼のオフィスのスタッフが基金の資産をしかるべき場所に戻すのを忘れていただけだと思っていた。しかし、物事に細かいルーツは、債券がそんなに長くブローカーの保管下にあるのは「おかしい」と感じていた。彼は三月から夏の終わりにかけて五回にわたってホイットニーに、債券がまだ基金に引き渡されていないと注意を喚起し、いつ引き渡してくれるかを尋ねた。しかし、ホイットニーの答えはいつも同じだった。忙しい、やろうと思っていたけど時間がなかった、引き渡しはすぐに行うと、いつもホイットニーは同じような答えを繰り返した。

ルーツはホイットニーの言葉を疑わなかった（おそらくホイットニーはある意味では本気で言ったのだろう。もしディティルド・リカーが突然立ち直り、株価が急上昇しさえすれば、ホイットニーはすべての人にお金を返済しただろう）。そのため彼は夏の間、債券がなくなったことを基金のほかの管財人には話さなかった。しかし、彼が黙っていたのにはほかにも理由があった。取引所の従業員との関係に見られるホイットニーの性格について、ホイットニーは「頭の切れる」人物だったとのちに述べている。「彼は非常に重要な人物で、人付き合いはあまり良いほうではなかった。彼はフレンドリーだったが……彼が忙しいときは話しかけてはいけない……私は取引所の従業員として彼の下で働いていた。私はただの事務員にすぎない……正直言って、私は彼が怖かった」。ホイットニーがルーツが暴露することを特に心配していなかった訳は、ルーツのこれらの言葉を聞けば明らかだろう。

そして、それほど低い身分でもないほかの者たちにもホイットニーは険のある口調で返答していた。一九三七年の夏、彼の経済状況が悪化し、ごまかしがさらに複雑化するにつれ、彼がますます横柄な態度を取るようになったのは興味深い。グロトン・ハーバードのアクセントとマナーを曲げることはなく、ブルボン朝の政治観と社会観も曲げることはなく、成り上がり者に対しては恩着せがましい一方で、彼は壮大なスケールの物乞いもしていたのだ。彼はけっして人にへつらうことはなかった。なぜなら、彼にはそれができなかったからだ。彼の壮大なスケールの物乞いは続いた。ディスティルド・リカーの株価は秋には九ドルにまで下落し、リチャード・ホイットニー・アンド・カンパニーは売られた株をすべて買うことで株価をかろうじてその水準に維持していた。一九三七年の間、リチャード・ホイットニー・アンド・カンパニーはディスティルド・リカーの全取引の八〇％以上を占めていた。何十万ドルというお金がドブに捨てられるように消えた。お金はいくらあっても足りなかった。弟に対して救済ローンを行った直後重病にかかったジョージ・ホイットニーは南へ療養に出かけていたため、もう当てにはできなかった。ホイットニーは、一九三三年からまだ一〇万ドル借りっぱなしになっているピアスに、五〇万ドルの借金を申し出たことが一度ある。もちろんピアスは断った（のちにピアスは、五〇万ドルはそれほど大金だとは思わなかったのではないかと聞かれ、「ウォール街の感覚では」それほど大金だとは思わなかったと答えている）。九月半ば、ホイットニーはエイブラハムに一〇万ドルの借金を申し出た。このときエイブラハムが貸してくれたのはわずか三万ドルだったが、ホイットニーは喜んで受け取った。エイブラハムがホイットニーに貸してくれるお金は徐々に減少していったが、これはホイットニーの崩壊への道を示すバロメーターだった。同じ月、ホイットニーはニュージャージーの土地を三〇万ドルの抵当に入れた。

四

公人としての生活は、その間も彼に影響を及ぼした。今や彼は証券取引所の黒幕として絶大な力を持っていた。一九三六年には一時的に収まったかに見えた証券取引所とＳＥＣとの対立は決着のときを迎えていた。一九三七年の夏の最中、意志が強く左翼の法学教授であるウィリアム・Ｏ・ダグラスが、一九三五年にケネディを引き継いだジェームズ・Ｍ・ランディスからＳＥＣの全権を引き継いだ。法学の素養を身につけ、法学の研究に熱心なランディスはウォール街に対して懐柔的だったが、ダグラスはワシントンコミュニティーの産物で、洗練された東部人とポピュリスト的な彼らのやり方に不信感を抱く西部人特有の気質を持っていた。一〇年前にウォール街を非難していた彼は再びウォール街を非難することが予想されたが、その予想は当たった。就任する前からダグラスは証券取引所に構造改革を迫り、プライベートクラブとしての運営をやめ、名前以外は国有化すべきだと言った。

近い将来、決着をつけるべき日が来ることを感じ取ったウォール街は先制攻撃を仕掛けてきた。攻撃を仕掛けたのは悪習に逆戻りしようとする改革者のチャーリー・ゲイだった。八月半ばに彼が発表した証券取引所の年次報告書では、ＳＥＣが証券取引所とその会員に嫌がらせをしたとしてあからさまに非難し、ＳＥＣはすでに市場を崩壊寸前にまで骨抜きにしたと主張した。その言葉には証券取引法とＳＥＣは廃止すべきであるという含意があったのは明らかだった。取引所、つまりホイットニーは態度をはっきり示した。ゲイの報告書はホイットニーの強い姿勢をはっきりと示すものだった。それには、二年間不安定な状態に置かれた取引所の実質的な支配権をホイットニーに戻すべきだとするはっきりとしたメッセージが含まれていた。九月、執念に燃えるダグラスがSEC委員長に就任した。しかし、彼が仕事の内容を掌握する前に、つまりゲイに対する反撃の準備が整う前に、予期せぬことが起こった。敵陣営からの平和の使者――降伏の交渉人と言ったほうがよいかもしれないが――が彼の陣営に現れたのである。平和の使者は、不屈の改革者で委託ブローカーでもあるピアスとシールズだった。二人とも証券取引所のやり方に憤りを感じ、実質的にダメージも受けていた。その二人が事前の紹介状もなしにいきなりダグラスのワシントンのオフィスにやってきたのである。

ピアスはいきなりダグラスに聞いてきた。「あなたは証券取引所の組織改革をどう思っているのですか？」

どう思うかって？　それは彼がSEC委員長の在職中にやろうとしていた目標の一つだった。彼はうれしさのあまり膝をたたいて、「もう一度言ってもらえますか？」と言ったらしい。

ピアスとシールズはその言葉を繰り返した。彼らはダグラスがまさに考えていたことをズバリ言ってくれたのである。証券取引所はプライベートなクラブのように運営されている、保守派がまだ取引所を牛耳っているのは時代遅れだ、これを解決するには独立した理事長を雇ってまったく新しい組織にすることだ。ダグラスはこう考えていたのだ。こうして、正面から攻撃することなく、取引所内の同調グループを使って、ダグラスが密かに目的を達成するお膳立ては整った。唯一の問題は、ピアス・シールズ派がダグラスが利用できる十分な力を持っているかどうかだった。しかし、彼が動く前に、さらなる事件が発生した。ピアスとシールズがダグラスのオフィスを訪ねた二日後の一〇月一八日、八月から下落し続けていた株式市場が大暴落したのである。その夏、不況の暗雲が垂れ込み始める。前の二年間の小景気は政府の支出によるものだった。今や財務長官のモーゲンソーは、ルーズベルト大統領に国家予算のバランスを取るように説得しなければならなかった。その結果、連邦政府の支出は削減されたが、予算のバランスを取るには至らなかった。しかし、ニューディールは実質的に終わり、それと同時に小景気も終わった。商品価格は、政府の支出が削減されたのを受けてバイイングパワーが枯渇したため、一九三七年初期に付けた過去七年の高値から暴落し、ストライキは伝染病のように広まり、企業の配当は減少し、お馴染みのデフレスパイラルに陥った。それに加え、八月に発表されたゲイの報告書は一九三四年のときのように取引所のかたくなな姿勢を物語っており、ウォール街とワシントンの間には長きにわたる対立が再び始まることが予想され、株式投資家を不安に陥れた。最も驚いたのは、市場の崩壊がすぐにはやって来なかったことだった。

市場が崩壊すると、かつてないほどの恐怖をもたらした。ウォール街の外では毎日不安げな話がささやかれ、立会場でもその外でも人々は不安になり、取引所のフロアでは値のつかない銘柄がたくさんあった。底なし沼のようなあの一九二九年の再来を思わせた。吐き気を催す既視感。パニックがパニックを呼ぶ。一九三七年末には市場は一九三四年から苦労して手に入れた利益のほぼすべてを失っていた。こんなときでも、証券取引所とSECは歩み寄ろうとはしなかった。それどころか互いに批判し合い、取引所は、ゲイの言ったとおりになったじゃないかと言い、SECはこの大暴落は取引所が古い体制にしがみつき、自分勝手な誤った管理を行ったために起こったものだとののしった。

この憎悪と危機のなか、証券取引所の組織改革に向けての交渉が少しずつではあるが進み始めた。ホイットニーは個人的な問題の解決に向けて懸命に取り組むと同時に、交渉の進捗を促すためにできることは何でもやった。一〇月二〇日、ワシントンのシールズはジョー・ケネディに会った。ケネディはすでに退位していたが、政府ではまだ人気があったため、大統領の個人的な密使を務めていた。証券取引所は自ら改革を行うべきであり、さもなければSECの管理下に入るべきだとするダグラスの決定の陰には大統領がいたことを、ケネディは絵のように美しい言葉で語った。シールズは翌日ウォール街に戻ると、取引所の権力構造のトップにいるしかめっ面をしたグループ――ゲイ、シモンズ、弁護士のローランド・レドモンド、ガイアー・ドミニック、そしてもちろんディック・ホイットニー――にこのことを話した。保守派の大半は、多少の恐怖を抱きながらも、さすがだと感心して、優雅に降伏するときがやってきたことを認め、再編成に合意した。しかし、一人の男だけは強く抵抗したため、ルーズベルトに送るその会議の覚書には、素っ気なく、横柄に、証券取引所の再編成についてはまだ「検討中である」と書かれていた。つまり、何がベストなのかは取引所が決めるということである。その覚書を書いた抵抗者はリチャード・ホイットニーだった。これはのちに参加者の何人かが言っていたことなのだが、彼はその会議で指揮権を握り、最も毅然としていたということだ。秘密の借金と長きにわたる不正行為は人格を弱体化させると信じる倫理学者たちが、ホイットニーに注目するのももっともなことだ。

翌月にわたって株価は下がり続け、小競り合いが繰り広げられ膠着状態に陥った。一〇月の最後の週、シールズはその覚書を持ってハイドパークの大統領を訪れ、申し訳なさそうにそれを提示した。取引所は救いようがなく、情け容赦のない措置が必要だという大統領の予想は確信へと変わった。しかし、そのあとすぐ、依然として譲歩を取り付けようとしていたピアスとシールズは、ＳＥＣと証券取引所との和解を最後にもう一度試みるためにワシントンへ送る合同派遣団を結成した。この一団には両方の派閥に顔の利くシモンズとシールズは入っていたが、友人以外には態度の悪いホイットニーは入っていなかった。彼らを待ち受けていたのはダグラスの厳しい言葉だった。「規制はすぐにやるべきだ。もし今でもやっていないのであれば、すぐにやること。でなければ私たちが……駆け引きをやり続けるのであれば、私自らが介入して取引所を運営する！」

数週間後の一一月のある土曜日、ゲイ、シールズ、ダグラスはニューヨークのエールクラブの個室でおよそ一二時間にわたって激しく議論したが、不毛に終わった。唯一の成果と言えば、証券取引所の再編成の件が取引所の法律委員会に付託されたことだった。要するに、リチャード・ホイットニーに一任されたわけである。法律委員会は共済基金と同じくホイットニーの縄張りだった。事態は予想されたとおりになった。法律委員会は十分に審議したうえで次のような結論を出した――理事長を外部から雇って再編成を行うことは認められない、したがってSECとの交渉は決裂した。法律委員会はダグラスに書簡でそう知らせた。

それは一一月一九日、金曜日のことだった。翌週の月曜日、リチャード・ホイットニーは公的にも個人的にも岐路に立たされることになる。

ホイットニーの法律委員会がその書簡を正式に承認したのはその日の朝だった。取引所の弁護士が数時間後にワシントンにいるSEC委員長のダグラスにそれを届けると、彼はただうなずき、険しい顔で、「いいだろう。それでは私たちが取引所を乗っ取るまでだ」と言った。

その日の昼すぎ、共済基金の管財人は定例の月例会を開いたが、公務に忙しかったホイットニーは出席しなかった。しかし、これは高いものについた。ホイットニーの欠席をいいことに、事務員のルーツは勇気を奮い起こして、ほかの管財人たちにホイットニーが基金の現金や債券を数カ月にわたって保持していることをついに暴露したのである。

管財人、とくに議長のシモンズは驚いて不快感を示した。彼らはホイットニーがまさかそんなことをするとは思ってもいなかった。まさに寝耳に水だった。奇妙なことに、不快感はホイットニーにではなく、ルーツに向けられた。シモンズがルーツを責めたのは、早く知らせなかったからではなかった。ルーツはリチャード・ホイットニーが不注意からではなく、わざと不正行為を行った可能性があることをほのめかしただけなのに、シモンズの言葉には、出しゃばったことをしてくれたものだと彼を叱責する雰囲気が感じられた。いずれにしても、ルーツは彼への叱責は不当だと感じた。「彼の言葉はきつかった。ちょっとイラついているように思えた」とのちにルーツはシモンズに対する不満を漏らしている。神々の戦争に下っ端が出る幕はないのである。

定例会の直後、シモンズはホイットニーのオフィスに電話をした。ホイットニーは外出していたので、彼はホイットニーの名目上のパートナーであるF・キングスレー・ロードウォルドに話をした。ほかのパートナー同様、ロードウォルドはホイットニーの会社に個人的な投資をしておらず、パートナーというよりは従業員のようなものだった。シモンズはロードウォルド（あとで分かったのだが、彼はこの件については何も知らなかったようだ）に、ホイットニーの会社が共済基金の現金と債券を保持し、返してもらう期限をとうに過ぎていることを話した。不思議に思ったロードウォルドは翌日返すとシモンズに約束した。

翌日の昼ごろ、ホイットニーがシモンズのオフィスにやってきた。二人の旧友の複雑な胸中は想像できるはずだ。ホイットニーを疑うシモンズだが、そんな疑念を払拭したい気持ちにかられ、どうか間違いであってほしいと願っていた。ホイットニーは平静を装い、化けの皮がはがれないように間違った言葉や身ぶりを出さないように注意した。ウォール街にとって、おそらくは国にとっても、また彼ら自身にとっても、二人の間の問題が何を意味するのかは二人ともよく分かっていた。ホイットニーはとにかく引き渡しを一日だけ待ってくれるように頼んだ。彼のオフィスは今人手不足で、返還にかかわるペーパーワークをその日のうちに行うのは不可能だとホイットニーは説明した。シモンズは、残念だが基金の委員長として自分にはそういった要求に応じる権限はないと慎重に返答し、何とか午後に返還できるように努力してくれないかと要求した。ホイットニーは最善を尽くすと答えた。

ホイットニーは絶体絶命だった。その時点で、彼は共済基金の債券六五万七〇〇〇ドル分をコーン・エクスチェンジ銀行からの借金の担保として差し入れており、さらに、基金から二二万一五〇八・一八ドルの現金を持ち出していた。しかし、彼と彼の会社を合わせても手持ちの現金は七万五〇〇〇ドルに満たなかった。彼が債券や現金を返還するのは不可能だった。ホイットニーがシモンズのオフィスから向かう先は一つしかなかった。ウォール街二三番地の彼の兄のところである。このときは彼は問題をはぐらかそうとはしなかった。彼は愕然とする兄に、顧客の証券を担保として差し入れ、返還要求に応じることができない旨を告げた。その顧客とは証券取引所共済基金で、額はかなりに上るとホイットニーは続けた。

リチャード・ホイットニーはのちにそのときの兄の反応を次のように話している――「兄はひどく動揺すると同時にあきれかえり、よくそんなことができたものだ、なぜそんなことをしたのかと何度も何度も聞き返し、理解に苦しむ、雷に打たれたようだと言った。それも当然だ」。

（ジョージ・ホイットニーは、「なぜやったのかと聞いたが、彼は説明に窮した」とのちに話している）。

雷に打たれた兄は、全部でいくら必要なのかと弟に聞いた。弟は計算すると、一〇八万二〇〇〇ドルになる、と答えた。ジョージ・ホイットニーは顔色を変えることなく、その額を考えた。しかし、彼にはそんな大金は手元になく、銀行口座にもなかった。彼はシニアパートナーのラモントの元に飛んでいった。弟が「顧客」のお金を使い込んだと彼は説明した。「顧客」とだけ言っただけで、詳しくは言わなかった。ディックを救うためにお金を貸してくれないだろうかとラモントに頼んだ。

「どえらいことをやらかしてくれたもんだな。いくら窮地に陥ったとはいえ、一時的にでも顧客の証券に手を付けるとは何事だ」とラモントは言った。

「分かりません。説明できません。こんなことは前代未聞です。でも、彼は明日それを引き渡さなければならないんです。私は彼を助けたい。いや、助けなければならないのです」とジョージ・ホイットニーは言った。

「きみの言うとおりだ。手助けをしよう」とラモントは言った。要求額を聞くと、ラモントは、「任せておけよ。私は感謝祭のあとすぐに南へゴルフに出かけることになっている。その前にきみの望む形で準備するよ」。

翌朝、感謝祭の一日前の一一月二四日、トーマス・ラモントはジョージ・ホイットニーに年利四％の個人ローンとして一〇八万二〇〇〇ドルの小切手を切った。ジョージ・ホイットニーはすぐにリチャード・ホイットニーの名前を裏書した。翌朝、リチャード・ホイットニーはこのお金をコーン・エクスチェンジ銀行に支払い、共済基金の債券を担保から外した。午後一二時半から一時の間に、リチャード・ホイットニーは債券と現金を何も言わずにシモンズに引き渡し、ルーツはホイットニーとシモンズのいる前で債券を基金の金庫にしまい、現金は銀行に預金した。ホイットニーはシモンズの言った期限に一日だけ遅れたが、一日遅れで債券と現金のすべてを返還した。そしてすべてが正常な状態に戻った。

こうして事件は一件落着した。これ以降、シモンズもほかの管財人も、ルーツでさえも、このことを口にすることはなかった。引き渡しが遅れたのは、ホイットニーのオフィスの人手不足が原因というのは本当だった。つまり、ホイットニーがダラダラしたやり方をしていたということである。今のところは、リチャード・ホイットニーが横領犯だったことを知る人間は、ジョージ・ホイットニーとトーマス・ラモント以外にいなかった。ところが数週間後、ある男がこの事件の一部を知ることになる。ラモントに借りた一〇〇万ドルを返済するために、ジョージ・ホイットニーはJ・P・モルガン・アンド・カンパニーの資本勘定から資金を引き出す許可を取る必要があった。その許可を与える権限を持つのはただ一人で、彼はその男のところに行った。その男とはJ・P・モルガンだ。「実はディックが一一月にピンチに陥った。それであなたがいなかったので、トム・ラモントのところに行ってお金を借りた。それを返済しなければならないので、資金の引き出しを許可してほしい」とジョージ・ホイットニーは言った。モルガンは「分かった」と一言だけ言った。それでこの件は終了した。

ピンチだって？　馬か、それとも女か？　リチャード・ホイットニーのことはよくは知らなかったが、モルガンはそれはきっとビジネスのことに違いないと直感した。「額が額だからね」。彼は彼のパートナーの弟の件を、それ以上詮索することはなかった。

この事件のことを知る者はモルガンを含めて三人になった。モルガンはそれを一〇〇万ドルの「ピンチ」ととらえ、ラモントはそれが横領であったことを知り、ジョージ・ホイットニーはそれが証券取引所共済基金からの横領であったことを知っていた。その時代の伝説の男たちは、示し合わせたわけではないが、沈黙を守った。血は水よりも濃いという言葉があるが、兄弟、パートナー、妻、学校、クラブの固い友情は、薄い水のような社会的道徳より勝っていたのである。

第11章　悲劇の結末

一

ジョージ・ホイットニーは感謝祭の日は弟を救うために、そしておそらくは弟の信頼を取り戻すために、走り回った。その日の朝、リチャード・ホイットニーは無理を言ってジョージの家にやってきた。そして、その時点におけるリチャード・ホイットニー・アンド・カンパニーの現状を示す数字をジョージに見せた。リチャード・ホイットニーはのちに認めているが、会社が一〇〇万ドルの黒字だというのはウソだった。しかし、兄のジョージはその数字の真偽性については問わなかった。黒字というのは、そのときホイットニー・アンド・カンパニーの資産の大部分を占めていたディスティルド・リカーの株の価値を高く評価しただけだった。株の価値を現実的な価値に引き下げたあと、ジョージ・ホイットニーは会社はおよそ五〇万ドルの黒字だと判断した。もちろん株を売れればの話ではあるが。ディスティルド・リカーの崩壊はディックのビジネス判断の過ちを示すものだとも思った。今ディックにとっての最善の策はブローカービジネスから一刻も早く撤退することであり、そうすればこれ以上の崩壊は避けられると思った。そのためには、二〇年にわたって高い評価を得てきた会社を引き継ぐ人を探さなければならない、だれか裕福な人を。これまで支配してきた世界を捨てることは、リチャード・ホイットニーにとってはショッキングなことだったが、彼に一〇〇万ドル貸してくれ、絶望の淵から救ってくれた兄の言うことには同意するしかなかった。

感謝祭の休暇が終わるのを待たずに話は進んだ。ジョージ・ホイットニーは弟の旧友であるハリー・シモンズに電話をし、その日の午後に家まで来てくれるように言った。シモンズは、午後は教会に行かなければならないし、家族との食事もあると言って断った。しかし、午後遅くに彼はジョージ・ホイットニーの家にやって来た。ジョージは事のあらましを説明し、計画について話した。シモンズが、呼び出されたのではなく、急に招待された訳が明らかになった。ジョージはシモンズにリチャード・ホイットニー・アンド・カンパニーを引き継いでもらいたかったのである。シモンズはリチャード・ホイットニーの会社の数字には目もくれずに、債券のことについては何も知らない、だから市場にも参加しないと聞かれるまでもなく言った。

話し合いには落胆のムードが漂った。会話は本筋から離れ、会社を処分するさまざまな方法が議論された。三人の間で一つだけ合意されたのは、会社はネームバリューがあるため、清算するよりも売却したほうがよいということだった。数日後、リチャード・ホイットニーが会社の買い手を探し、ディスティルド・リカーの株——三人の間ではそれは換価不随意資産（換金に時間のかかる資産）と呼ばれた――を現金に換える方法を考えることで合意した。

共済基金の事件を口にする者はいなかった。

感謝祭の翌日、ジョージ・ホイットニーは、ディックにはもはや「ビジネスをやっていく能力」がない、だから彼には「会社を整理させる」つもりだとパートナーのラモントに言った。ラモントは「そうですか」とモルガンのように控えめに答えた。「それは良い考えだと思います」。

同じ週の週末、ジョージ・ホイットニーとラモントはずっと前から計画していた南への休暇に出かけた。シモンズは、ホイットニーが共済基金から横領したという確かな証拠はなく、そのときはリチャード・ホイットニーがそんなことをする人間だとは思ってもみなかったとのちに述べている。一二月に証券取引所のランチョンクラブで何度かホイットニーに会い、会社の清算の件はどうなっているかと尋ねた。ホイットニーは、ディスティルド・リカーの株、あるいは会社を丸ごと引き継ぐことに興味を持っているグループが一つ、二つあると答えたが、実際には計画はまったく進んでいなかった。ディスティルド・リカーの株も会社も、欲しがる人はだれ一人としていなかった。ホイットニーはディスティルド・リカーの株価を維持することに全力を注いだ。そのためにはさらなる資金が必要だった。クリスマス前、アドラーはホイットニーにまた一〇万ドル貸した。今度は一週間後の期限に返済された。しかし、無情なエイブラハムは一〇万ドルの借金の申し出に対して、一万五〇〇〇ドルしか貸してくれなかった。屈辱的だったが、ホイットニーはそれで我慢した。一九三八年一月三日、ホイットニーは南から帰ってきたジョージに、会社の清算交渉は「失敗した」ことを報告した。

白馬の騎士（救済者）としてのリチャード・ホイットニーのキャリアは、ほぼ終わりに近づいていた。会社が崩壊し屈辱を味わった彼は、鉄の意志を持つ男として、最後の社会的役割を演じようとしていた。感謝祭の日にはゲイは、証券取引所はダグラスとSEC（証券取引委員会）の要求に応じ、徹底的に改革するしかないと心に決めていた。そうしなければ、ダグラスが警告してきたようにワシントンに「乗っ取られる」のは明らかだった。一二月の初め、ゲイは証券取引所の理事のしぶしぶの承認を取り付け、取引所の再編成に関する提言をまとめる新たなグループを結成した。グループの一部は証券取引所の外部の人間で、グループを率いるのはコンチネンタル・カンの取締役会議長のカール・C・コンウェイだった。もちろんニューディール政策推進派のA・A・バール・ジュニアも含まれていた。これは負けを認めることにほかならなかった。コンウェイ委員会はSECの提唱する方法で取引所の再編成を行うことを推奨し、取引所もその推奨を受け入れるだろうことはだれもが暗黙のうちに了解していた。ホイットニーの法律委員会はコンウェイ委員会の存在と、その委員会がリベラル派から構成されていることに対して断固として反対したが、かなわなかった。取引所のリーダーたちは、おそらく個人的にはホイットニーの意見に賛成だったと思われるが、これを受け入れた。最後まで反対したのはホイットニーただ一人だった。一月初日にはコンウェイ委員会は報告書の準備を始めた。報告書が発表された二七日、理事長を雇うこと、専門スタッフを置くこと、非会員の理事、取引所内におけるリベラル派の影響力を強める条項など、ダグラスが最初に要求したことがすべて推奨されていることが明らかになった。ゲイは報告書にすぐさま署名し、ダグラスはそれを温かく称賛した。ウォール街とワシントンの間に平和と調和の新しい雰囲気が生まれたことを強調するために、SECの人員にはモルガンを敬愛するノースカロライナ州出身のジョン・ウェスリー・ヘインズが新たに任命された。こうして彼はジョー・ケネディ以来初めて、ニューディール政策にトップレベルとしてかかわる生粋のウォールストリーターとなった。

長きにわたる争いはついに終わった。つまり、人質を交換する時期が来たということである。しかし、ホイットニーの戦いはまだ終わってはいなかった。一月三一日、管理委員会はコンウェイの報告書を審査するために集まった。すぐに無条件で受け入れるというのが圧倒的多数の意見だった。これに反対したのはホイットニーと、すでに痛ましいほどに減少していた彼の仲間だけだった。彼らは、報告書は総論のみ受け入れ、各条項については、証券取引法のときのように、反論の余地を残すべきであると主張した。ホイットニーがあまりに力説したため、ホイットニーが一瞬勝利したかに思えた。しかし、ゲイは、彼がこれから言うことの重要性を強調するように、理事長席から理事のいる席に下りてきて、情熱を込めて、取引所は煮え切らない態度で策略を巡らすのはもう終わりにして、受け入れるべきことは潔く受け入れると答えた。

全会一致で承認することが決まった。ただし、一人を除いて。それはホイットニーにとって証券取引所の理事としての最後の投票だった。

二

一月の間、ジョージ・ホイットニーは弟の件に関して最後にもう一度だけ尽力した。それはリチャード・ホイットニー・アンド・カンパニーを清算するという報われない仕事だった。しかし、もし清算が成功していれば、のちにトラブルに巻き込まれていただろう。なぜなら、リチャードは兄に話していなかったが、この会社はすでに破産していたからだ。しかし、清算はうまくいかなかった。この会社を救済するのは自分の会社しかないと彼は思った。ことによると、モルガンの会社がディスティルド・リカーの株を、ホイットニー・アンド・カンパニーへの新たな融資の担保として買い取ってくれるかもしれないと思った。そうすれば、有望な買い手の気をそそることになる。これを純粋なるビジネスと考えると、障害がひとつだけあった。ホイットニー・アンド・カンパニーは一九三一年の暗黒の時代に借りた五〇万ドルのうち返済したのは二万六〇〇〇ドルにすぎなかった。残りはまだ借りたままだったのだ。にもかかわらず、ジョージ・ホイットニーは一般株のことに最も精通しているモルガンのパートナーのフランシス・バートゥに、ディスティルド・リカーの有価証券一覧を、新たな融資の担保になるかどうかを考慮に入れながら見てほしいと忍耐強く、今回は少し気まり悪そうに頼んだ。

ディスティルド・リカーをよく調べてみたところ、会社の資産のほとんどはジャージー・ジン（バートゥはこれをエレガントに「ブランディー」と呼んだ）が五五万ガロンとリンゴ酒が一〇〇万ガロンだけだった。のちに彼は詳しく話してくれたのだが、「これほど大量の酒を六カ月あるいは一年でどう売れというのだ?」と自問したという。売れると思う人もいたかもしれないが、バートゥはそうは思わなかった。彼が相談したほかの二人のパートナーもそう思わなかった。こうして、新たな融資の話は見合わせられることになり、ホイットニー・アンド・カンパニーの苦境は続いた。

ところが、別の問題が発生した。ホイットニー・アンド・カンパニーの財政が逼迫しているという噂は、ついに最も危害を及ぼす可能性のある場所——証券取引所——に届いたのだ。そして、いろいろなことが連鎖的に発生する。感謝祭の直後、シモンズは、ホイットニーが共済基金から借りた資産を返すのに時間がかかったことを懲罰機関である証券取引所の業務委員会に話すのは、自分の義務ではないのかと思い悩んでいた。しかし、ホイットニーは借りた資産はもうすでに返還し、この件にはけりがついた、だから、告げ口する必要などないと決心した。ところで、セレン・ベン・スミスのことは覚えているだろうか。首が太い投機家で、プール経営者でもあり、一九三〇年と一九三一年のベア相場で大儲けした人物だ。ここでまた彼が登場する。一二月中旬、ゲイSEC委員長は、今や堅気に転じ、取引所の立派な会員になっているスミスをオフィスでのプライベートなランチに招いた。そこでゲイはスミスに、証券取引所に対する国民感情を改善するためにはどうしたらよいと思うか、と尋ねた。

二人の意見は食い違った。スミスは次のように語った——「保守派がいるかぎり、そんなことは無理ではないかと言ったんです……ホイットニー氏のことに言及して、彼をできるだけ早く追放したほうが取引所のためだって言いました。取引所がこれほどまでに信用を落としたのは、彼のせいだと感じたからです。ホイットニーのどういうところがいけないのだ、と彼は聞いてきました。だから、私は……ホイットニーは破産しているし、ウォール街中でお金を借りまくっている。だから、取引所の理事にはふさわしくないと言ったのです」。ゲイはのちに彼の言ったことは概ね認めたが、ホイットニーが「破産」しているということについては強く否定した。ランチの間、スミスが見せたホイットニーに対する態度は敵対的であり、無情で怒りに満ちていたとゲイはのちに語っている。

それも納得のいく話だ。たたき上げのアイルランド人と高慢なエリートは、ウォール街のとげとげしい小さな社会とアメリカというとげとげしい大きな社会における争いで、ことごとく対立した。だが、一九三一年と一九三二年にホイットニーがワシントンで空売りを熱烈に擁護したのは、結局はスミスを守ることになった。そんな彼らを対立させたものは何だったのか。それは私たちには分からない。しかし、取引所のフロアや彼らの住む小さな世界で、ホイットニーがスミスを侮辱した態度を取ったり、スミスがホイットニーに対して無神経な態度を取ったことが原因だったことは容易に想像がつく。いずれにしても、スミスがホイットニーに対してあからさまに敵意をむき出しにしたので、ゲイは彼の言ったことは無視した。そのランチの翌月、ゲイはホイットニー・アンド・カンパニーの財政事情については何も調査しなかった。

しかし、ゲイの元にあるニュースが飛び込んでくる。

芸術は悪事などたくらまないが、人生は簡単に悪事をたくらむものだ。何という皮肉か、その噂は、結局はまったくのでたらめだった。一月中旬のある日のこと、グレイハウンド・コーポレーション株のスペシャリストであるジョン・B・シェトラーは、グレイハウンドが投げ売りされていることに気づいた。「グレイハウンドは五〇〇株単位で売られていたんだ」とシェトラーは回顧する。「売りがやむ気配はなく、しかもいろいろなブローカーから売られていた。株価にかかわらず、市場で投げ売りされていたんだ」。確かな証拠はなかったが、フロアスペシャリストが拠って立つ直感によれば、投げ売りを最初に始めたのはリチャード・ホイットニー・アンド・カンパニーに違いないとシェトラーは思った。それはリチャード・ホイットニー・アンド・カンパニーが深刻な状況にあることを示すものだった。しかし、のちの調査によれば、一月の中旬、ホイットニー・アンド・カンパニーは自社のためにも顧客のためにも、グレイハウンドの株を一株さえ売っていなかったことが判明した。

取引所の会員企業が深刻な問題を起こした場合、メンバーとして当局に知らせるのは義務だった。シェトラーは直感に従って、取引所の理事でありホイットニーの親友でもあるウェリントン公爵のところへ行った。彼は、投げ売りが行われていること、それを最初に行ったのはだれだれであると思っているとウェリントンに言った。すると、ウェリントンはうなずき、「この件は私に任せておきなさい」と答えた。ウェリントンはすぐさま取引所当局である業務委員会のハウランド・S・デービス議長のところに行き、彼が聞き及んだことを伝え、ホイットニーとは個人的な付き合いがあるため、どういう処置をするにしても、情報提供者が自分であることは伏せてほしいとデービスに嘆願した。デービスは「分かった」と言った。そのあと、奇妙なことが起こった。デービスとの話が終わるか終わらないかのうちに、ホイットニーが会いたがっているというメッセージがウェリントンの元に届いた。ホイットニーに会うと、彼は無担保で二万五〇〇〇ドル貸してくれと頼んできた。最初に貸したお金を取り戻すのに苦労し、前年の一一月には一〇万ドルの借金の要請も断った。それに追い討ちをかけるように、今度はシェトラーから報告を受けた。彼の言うべきことははっきりしていた。彼は、「ノー」と言った。

業務委員会の議長が動きだした。ハウランド・デービスは経歴からすれば保守派の部類に入った。古い習慣を守る紳士的なブローカーの息子として、彼はJ・P・モルガンの屋敷からマディソンアベニューを隔てたところにあるマレーヒルで育った。彼はモルガンの娘たちが社交界にデビューするお披露目パーティーに出席したこともあった。彼自身もブローカーで、モルガンのパートナーの何人かと社会的な付き合いがあったため、「モルガン一族」と思われていた。しかし、彼の会社はビジネス上ではウォール街二三番地のペットではなかった。彼とジョージ、ディック兄弟が出会ったのは少年時代で、彼はすぐに二人が嫌いになった。彼がのちに語ったところによれば、二人は「泣き虫」でイライラさせられたらしい。それから長いときをへて、デービスが取引所の理事になり、ディック・ホイットニーの会社を頻繁に訪れるようになると、彼のディックに対する考えは変わり、親友とは言わないまでも、彼のことがだんだん好きになった。ウォール街では、デービスは保守派でも改革派でもなかった。一九三五年に取引所がもめたとき、彼は極力かかわらないようにした。シェトラーからの報告をウェリントンから聞いたデービスは、義務感に駆られた。証券取引所がSECの圧力によって最近行った改革の一つは、すべての会員企業に定期的に財務状況を尋ねる質問状を送るというものだった。この改革案が可決されてから数日後の一月二〇日に最初の質問状が送られた。通例として、その質問状はホイットニー・アンド・カンパニーには五月中旬に送られる予定で、返答期限は五月末だった。しかし、デービスはホイットニー・アンド・カンパニーをリストの冒頭に載せ、返答期限を二月一五日にするように指示した。これで問題は解決すると彼は思っていた。しかも、会員企業は取引所の質問状の発送スケジュールを知らなかったため、質問状が早くに届いても、ホイットニーが疑われていることをホイットニーに知られることはなかった。

こうして犬たちに本物の臭跡を嗅ぎわけさせる準備はできた。質問状を受け取ったホイットニーは、返答期限の二月一五日、期限を一週間延ばしてくれと言ってきた。これは認められた。彼が返答を送ってきたのは二月二一日だった。同じ日の夕方、ホイットニーからの返答は会計監査官によって急遽チェックされた。ホイットニーからの返答は当然ながら感謝祭の日に兄に説明したものよりも詳しかったが、兄に説明したときと同じように省かれているものがあった。つまり、事実が改竄されていたのである。会計監査官の事前分析によると、会社の資本は業務委員会が要求するものよりもはるかに少ないことが分かった。このような場合、所定の処置が取られることになっていた。二月二三日、取引所の会計士がブロード通り一五番地のホイットニーのオフィスに送られ、帳簿監査が行われた。

帳簿も改竄されていたが、改竄の仕方が中途半端だった。これに気づいたホイットニーは二月二四日、デービスのアップタウンにあるアパートを訪れ、もっと時間をくれと嘆願した。ホイットニーは、彼の会社の資産が要求に満たないこと、彼の会社の資産が特定の証券に集中していることなどは分かっていると言った。ホイットニーは、今七〇万ドルの融資の交渉を行っているところで、これが融資されれば資産の不足額は補うことができる、と説明した。彼は自分の評判の良い会社について少しでも好ましくない報告書が取引所に記録されるのがとても嫌だった。今、行っている会計監査をやめさせ、数週間後に再び来てもらうことはできないだろうか、と彼は嘆願した。

かつてはホイットニーのことを疎ましく思い、のちに好きになった男は、会計士に監査を続けさせたほうが賢明だ、と答えた。

会計士はさらに詳しく調べたが、ホイットニーのオフィスでの帳簿監査を始めて五日後の二月二八日までは、ホイットニーが顧客の証券を横領した決定的な証拠を見つけることはできなかった。三月一日、デービスはそれまでの結果をゲイに報告した。次の日の夜、メトロポリタンクラブで、ゲイ、デービス、シモンズ、および取引所の弁護士はホイットニーの弁護士、L・

ランドルフ・メイソンと会談した。彼らはメイソンに、ホイットニーの顧客帳簿が彼の財務状況を正しく反映しているかどうかについては大いに疑問がある、と言った。メイソンはあとで連絡すると彼らに言った。その翌日の木曜日、ホイットニーはデービスに犬たちの攻撃をやめさせてほしいと再度頼んだが、聞き入れられなかった。そして金曜日、犬たちはついに死骸を発見した。取引所の会計監査官は上司に、リチャード・ホイットニーが横領犯で、彼の会社が破産している証拠を発見したことを報告した。

三月五日の土曜日の朝、会計監査官はホイットニーにじかに会って、彼が発見した証拠を突きつけた。会計監査官がのちに語ったところによると、ホイットニーは顧客の証券を悪用したことを「暗黙に認めた」ということだ。しかし、これは見せかけにすぎなかった。ホイットニーはまだあきらめてはいなかった。その日の午後、ホイットニーはゲイのオフィスで二時間にわたって話し合った末に、最後の切り札を出した。彼は、不正行為は認めるが、特別の配慮をしてほしいとゲイに頼んだ。会員権を売る代わりに、起訴だけは勘弁してほしいと言ってきたのだ。何のために？　ゲイは尋ねた。ホイットニーは芝居を打った。「何だかんだ言っても、私はリチャード・ホイットニーだ。証券取引所は多くの人々にとって重要なものだ」。つまり、ホイットニーを告訴すれば、証券取引所、ひいてはウォール街全体に影響を及ぼすということである。ホイットニーは、彼が倒産したことを暴露することは避けられないことだが、彼が横領犯であることを暴露する必要はない、と言いたかったのである。彼が横領犯であることを暴露すれば、すべての株式取引が拠って立つ信用は台無しになる。そんなことになれば、ワシントンの改革派の思う壺であり、SECの見果てぬ夢が実現することになる……。

ホイットニーはこの点を強調した。ホイットニーは二時間にわたる話し合いで同じ議論を繰り返した。「嘆願しているという様子ではなく、だれかほかの人のことを議論しているように、説得するような話しぶりだった」とゲイはのちに語っている。でも白馬の騎士が話していたのは泥棒、つまり自分のことにほかならなかった。チャーリー・ゲイが激しい誘惑に駆られたのは想像に難くない。彼はたたき上げの厳格なる保守主義者で、のんびりした魅力を持つウォール街の保守派を崇めてきた。いつか彼らのようになりたいと懸命に働いてきた。ホイットニーが保守派と彼らの時代を崩壊してしまうのではないかと心配しているのはホイットニーだけでなく、ゲイもまた不安でならなかった。彼が静かに会員をやめることが認められ、債券ビジネスから手を引くことを発表すれば、彼の横領が明るみに出ることはなく、一時的なスキャンダルにはなるかもしれないが、事態は収拾し、すべてが元に戻る。しかし、もしこうならなければ……。

しかし、ゲイは非常に正直で誠実な男でもあった。彼がこれまで受け入れ、崇めてきた世界を守ることももちろん大切だ。しかし、彼の誠実さはそれさえも上回っていた。彼はホイットニーに強い口調で言った――「あなたは告訴されることになるだろう。これまであなたがやってきたことは月曜日の朝、予定どおりに証拠を添えて業務委員会に提出する」。

三

その土曜日の午後に先立つ二カ月間、ホイットニーは現金調達の最後の悪あがきに奔走した。自分の人生と生き様が間違っているとは思いたくなかった。だから、彼は必死だった。これは、彼のストーリーと借金の歴史に奇妙な注釈を加えることになる。借金を断られるのは今や当たり前になっていた。彼はそれを黙って受け入れるしかなかった。ホイットニーがお金を借りにいくと、「ジョージに頼んだらどうだい」とぶっきらぼうに言われた。するとホイットニーは、「兄は今、町にいないんだ。兄がいたらきみのところへなんて来るものか」と高慢に言い返した。「申し訳ないのだが……」。どこに行ってもそう言われた。彼はきびすを返して去るしかなかった。一月、昔からホイットニーを崇拝してきた忍耐強いポール・アドラーが借金を断った。崩壊した崇拝の対象を面と向かって見ることができず、彼は取引所のノートの紙に走り書きした――「ディック、本当にすまない。でも、わたしたちは今はだれにもお金を貸さないことに決めたんだ。残念だが、あしからず。敬具　ポール」。二月中旬、ホイットニーは彼の社会サークルには含まれていないフロアスペシャリストのジョン・H・マクマナスに近づき、一〇万ドルの借金を申し出た。マクマナスはあっけにとられ、借用書にジョージが保証の署名をしてくれれば貸そうと言った。「妻には五〇万ドルの価値がある」と言って、ホイットニーは借用書にジョージの署名ではなく、妻に署名させて、それを提示した。もうホイットニーには恥も外聞もなかった。マクマナスは、女性の署名は受け入れられないと言った。ホイットニーはうなずき、「このことについては口外しないように」と平然と言って帰っていった。マクマナスは、この話は彼のビジネスライフのなかで最も驚いたことだったとのちに語っている。「彼は善人のなかの善人だと思っていた。あまりにもショックで、何も考えられなかった」。もし彼が事実を知っていれば、一〇万ドル貸すなどという考えにはみじんも及ばなかったはずだ。

二月の終わりごろ、ホイットニーは今度はゴールドマンサックスのパートナーであり、戦後初期に「ミスター・ウォール街」への道をひた走っていたシドニー・ウェインバーグに五万ドルの借金を申し出た。唯一の問題は、ホイットニーが彼の名前をウェインスティンだと思っていたことだった。

しかし、驚くべきことに、借金の申し出は何件かはうまくいった。二月中旬、ホイットニーは取引所の会員であるアレクサンダー・B・ゲイルに、いつもどおりの額（一〇万ドル）の借金を申し出た。ゲイルが貸してくれたのは七万五〇〇〇ドルだった。彼はすぐにその額の小切手を送ってくれた。しかし、ホイットニーは借用書に一〇万ドルの金額を書き入れてゲイルに送り返した。自分がまるでケチのように思えたゲイルは、借用書に合わせて追加の二万五〇〇〇の小切手をホイットニーに送った。同じころ、ホイットニーはウォルター・T・ローゼンに近づき、いつもどおりの額を無担保で貸してくれるように頼んだ。ローゼンはちょっとお世辞の入った言葉とともに、お金を用立ててくれた――「モルガン氏の態度にはいつも感服しております。彼は、借り手の誠実さは担保にも勝ると言っておられました」。「モルガン氏の言うとおりだ」と、ホイットニーはお金を受け取りながら、彼の言うことに愛想よく同意した。

ホイットニーの最後の二件の借金は記憶に残るものになった。ゲイと対立した土曜日の四日前の三月一日、彼はブラウン・ブラザーズ・ハリマン・アンド・カンパニーの二人のパートナーであるナイト・ウーリーとW・アベレル・ハリマンに近づき、いつもどおりの額の借金を申し出た。有名な貴族階級の会社のメンバーにしては、モルガン氏とは違って、彼らは担保を要求してきた。担保は数日中に差し出すと約束し、その場でお金を手にした。しかし、担保が届くことはなかった。同じ日、ホイットニーは老齢で足もともおぼつかないような友人の一人から二万五〇〇〇ドル借りた。それはジョン・W・プレンティス大佐で、一九二〇年のアラン・ライアンと証券取引所との論争をうまく仲裁した人物である。一八日後、お金は返済されないままプレンティス大佐は鬼籍に入った。

そして、一月の終わり、ホイットニーは最後の大きな横領をしでかした。これは彼にとって最大の横領だった。一月二六日、彼は何の説明もなしに、彼の会社の出納係であるロバート・J・ローゼンタールに会社の顧客の証券を渡すように言った。そのなかには義理の父親の不動産も含まれていた。総額でおよそ八〇万ドルだった。二日後、彼はそれらの証券をパブリック・ナショナル銀行に持ち込み、自分のものだと偽り、二八万ドルの融資の担保として差し出した。

一九三八年三月の最初の週の時点での彼の財務状況を計算してみよう。その前の四カ月にわたって、彼は総額で二七三六万一五〇〇ドルに相当する一一一件の借金の交渉を行った。このうちの二五〇〇万ドルはコマーシャルバンクからの担保付融資だった。これらのお金は期限が来ると、ほかから新たに借りて返済してきた。このほかに、無担保で、ジョージ・ホイットニーから二八九万七〇〇〇ドル、J・P・モルガン・アンド・カンパニーからは四七万四〇〇〇ドル、そのほかにも総額で一〇〇万ドル借りていた。さらに、およそ三九万ドルに相当する株券も借りていた。顧客から横領したもの以外に、彼の性格と名前を利用して、五〇〇万ドルを優に超える借金をしていたわけである。

最後の数日間、彼は取引所のフロアの知らない男に近づき、無頓着を装い平気な顔をして、いつもの金額――一〇万ドル――を貸してくれるように頼んだ。彼はまた、狂気に侵されたことを示唆するようなこともやっている。ゲイと対立した土曜日に終わった怒涛の週の火曜日、彼はベン・スミスのところに行った。彼は取り入ろうとはせず、ぶっきらぼうに「もうこの件は一刻も早く終わりにしたいんだ」と言った。それはまるで、下位の者に対する叱責が自分の使命だと言わんばかりだった。そして、二五万ドルを「この顔で」借りたいと言った。スミスの答えは、こういう状況においては当然と言えるもので、無礼でも何でもなかった。「あなたの顔はずいぶんと高いんですね、と私は言いました」とスミスはのちに回顧している。「すると彼は、絶体絶命なんだ、何としても二五万ドル必要なんだ、と言いました。だから私は、挨拶もなしに二五万ドルも借りようなんて、いい神経をしていますね、と言いました。私は正直に言いました。あなたのことは嫌いだ、だから一銭たりとも貸さないと」。ホイットニーはうなずき、この件はこれで終わった。

しかし、なぜ彼はベン・スミスのところにお金を借りにいったのだろうか。ベン・スミスから激しく拒絶される以外の何を期待したというのだろう。降伏の儀式だったのだろうか。打ち負かされたオオカミがその首を征服者の牙に意図的に差し出したのだろうか。そうとは思えない。ご存知のとおり、その火曜日、ホイットニーは降伏する気などさらさらなかった。思うに、長い間冷酷な態度を取られてきたので、冷酷な態度に鈍感になっていたのではないだろうか。ホイットニーはスミスの無礼な態度など何とも思っていなかった。だから、彼の態度にも無反応でいられたのだろう。ホイットニーがスミスに近づいたのは、何も損をすることはないと思ったからだった。スミスが言うように、ホイットニーは図太かった、畏怖の念を感じるほどに。ホイットニーは図太さだけは失っていなかった。

四

ラモントは南に休暇へ出かけたままで、ジョージ・ホイットニーは一九三七年に病気で倒れたあと休養を取るため一九三八年の初めに南に戻っていた。その間、J・P・モルガンのパートナーで、株のことをよく知るフランシス・バートゥがモルガンの会社の重要なパートナーになっていた。ホイットニーがゲイに提訴を取り下げてくれるように死に物狂いで嘆願したあと、土曜日の夜に起きたことについて、ドラマティックな演出に関して生まれつき優れた才能のあるバートゥの話を聞いてみよう。

「三月五日の午後、ニューヨークのリンクスクラブで友人とブリッジをしていました。そこに電話がかかってきたんです。相手はリチャード・ホイットニーでした。彼はすぐに会いたいと言いました。私は自分がいる場所を伝え、彼がどこにいるのかと聞くと、彼はオフィスにいると言いました。リンクスクラブに立ち寄ってくれないだろうかと彼に言うと、彼はそうすると言いました」

「しばらくして彼がやって来たので、私たちは座って話をしました。彼はポケットから折りたたんだ紙を出して、開き始めました。『困っているんだ』と彼が言ったので、『ちょっと待ってください。今私と話をしているのは、お金を借りるためですか？』と聞きました。彼が『そうだ』と言ったので、私は『そうですね。正直言ってお貸しすることはできません』と言いました。私はそのとき彼にイラ立たしさを感じました。私が彼のことについてランドルフ・メイソンと話をしたことは知っているはずだし、約束した監査報告書やほかの情報が私には提供されていないことも知っているはずなのに、どうしてと思ったからです。すると彼は、『……実は月曜の一〇時半に、私のことが業務委員会で審問されることになっているんだ』と言いました。だから私は、『ちょっと待ってください。話はそこまでにしてください。それだったら、私よりも適切な人がいるのではないですか。ランドルフ・メイソンに話をされたほうがよいのではありませんか』と言ったのです」

「彼は開いた紙を再び折りたたんで出ていったので、私はゲームに戻りました。彼が出ていくとき、私は彼に、『私はもうしばらくはここにいるから、またいらっしゃりたければいらっしゃってください』と言ったと思います」

「かなりたってから、リチャード・ホイットニーは私の言葉どおり舞い戻ってきて、下のフロアで待っているからと言いました。ゲームが終わるとすぐに、私は下のフロアに行きました。そこには彼とランドルフ・メイソンがいました。『フランク、このことについて話をしてきたが、何か提案はないかね』とホイットニーは言いました」

「私は、『提案することはないとすでに申し上げたはずです』と言いました」

「すると彼は、『そうだな。私のことが月曜日に業務委員会で審問されたら、困った質問がされると思うのだが』と言いました」

「『困った質問？　どういう意味ですか？』と私は聞きました」

「『そうだねぇ。例えば、私がニューヨークヨットクラブの証券を持ち出して、それを借金の担保に差し出した、とかね』と彼は言いました」

「『ニューヨークヨットクラブはあなたにどれくらいの借金があるのですか？』と私は聞きま

した」

「すると彼は、『彼らは私に借りはない』と言いました」

「『つまり、あなたは顧客の証券を持ち出して、それを借金の担保に差し出して、彼らがあなたに何の借りもないのに、借りたお金をビジネスに使ったということですか?』と私は聞きただしました」

「『そういうことなんだ』と彼は言いました」

「『それは重大なことではないですか』と私は言いました」

「『犯罪だ』と彼は言いました」

「『こういうケースはほかにには?』と私は聞きました」

「『ある、二件ほど。私が遺言執行人になっているシェルダンの土地と、ベアード氏の件だ』と彼は答えました」

「『ディック、これは最初に私たちが話した内容とはまったく違うではないですか。もうこれ以上あなたと話はしたくない。すぐに弁護士を呼びたい』と私は言いました」

友人でありビジネス仲間でもある人物から犯罪行為をしていたと打ち明けられて、すぐに弁護士を呼びたいなんて、ちょっと性急すぎはしないだろうか。確かにそうなのだが、そうとも言えない。考えてもみてほしい。ウォール街が人々の批判を一身に浴びている時代、ホイットニーはウォール街で最も有名で、モルガンの会社は最も有名な会社だった。モルガンのパートナーが犯罪を犯せば、モルガンの会社が従犯に問われる可能性が高い。バートゥはモルガンの弁護士に電話をした。元大統領候補のジョン・W・デービスだ。そして、その日の夜に、ロングアイランドのグレンコーブにある彼の自宅で会う約束を取り付けた。そして、彼はホイットニーとメイソンのところに戻った。三人はリンクスクラブであわただしく夕食を取った。食事をしているとき、ホイットニーはバートゥに言った。「この件を説明させてくれ。私はパブリック・ナショナル銀行から二八万ドル借りている。その借金の担保に、ヨットクラブ、シェルダン、ベアードの口座から不正に持ち出した証券を差し出した。もし二八万ドル借りることができて、その借金を返済できたら、不正に使った証券を元の場所に戻すことができ、月曜日に業務委員会で審問されても、不正行為はなかったと正直に言えるんだ」

バートゥはすぐには返答しなかった。慎重な男なので、弁護士からの助言を待っていたのだ。食事のすぐあと、バートゥとメイソンはリンクスクラブにホイットニーを残して、グレンコーブに車を走らせてジョン・W・デービスに会った。話を聞いたデービスは、間断をおかずに、ホイットニーを助けられる人はだれもいないし、助けるべきでもないと言った。「そんなことをすれば誤解される行動を起こすリスクを負うだけだ」とデービスは遠回しに言った。

「分かりました、デービスさん」とバートゥは言った。「あなたの助言に従いましょう。来てよかったです」。問題は、ゲイに電話をして、一日か二日、業務委員会の審問を遅らせてくれと頼むかどうかだった。

デービスは、当然そうすべきだろう、と言った。

急いでニューヨークに戻ったバートゥとメイソンは、突然思い立って、深夜にゲイとメトロポリタンクラブで会った。ゲイは取引所の弁護士を連れていた。弁護士はバートゥの要請を聞くと、どんなことがあっても、月曜日の審問会は一分の遅れもなく予定どおり行うべきだときっぱり答えた。バートゥとメイソンはリンクスクラブに戻り、浮かない顔をしたディック・ホイットニーに厳しいニュースを伝えた。

日曜日、さらなる大混乱が起こった。そのときのことをバートゥは次のように語っている。

「朝早く、私はパートナーのアンダーソン氏と、フィラデルフィアの自宅にいる同じくパートナーのチャールズ・ディッキーに電話をして、前日のことを彼らに話し、その日の午後二時半にニューヨークの私の自宅まで来てくれないだろうかと頼みました。彼らは同意してくれました。次に、グレンコーブの自宅にいるシニアパートナーのJ・P・モルガンに電話をして、二時に会う約束を取り付けました。その次に、ランドルフ・メイソンに電話をして、その日の午後、私の自宅で会議を開く旨を伝え、来てくれないだろうかと頼みました。会計監査にあとどれくらいかかるかを直接聞きたいので、できればロードウォルドも連れてきてほしいと頼みました」

「メイソンは同意し、できればロードウォルドも連れていくと言ってくれました」

「それから私はグレンコーブのモルガンの自宅に車を走らせました。彼に昨晩の話、ジョン・

W・デービスからの助言、デービスが下した結論を話しました。モルガン氏は当然ながらひどく驚いて、判断を下しました。それは実は私の判断だったのですが、弁護士の助言を受け入れる以外に道はないということになりました」

（しかし、J・P・モルガンがこのことをすでに知っていたことを考えると、彼がそんなに驚くはずはない。ジュニアパートナーの顔を立てて、驚いたふりをしたのだろうか）

「それから私は自宅へ戻りました。日曜日の午後、アンダーソン氏とディッキー氏がやって来ました。私は彼らに私が知り得たことを覚えているかぎりできるだけ詳しく話しました。そのあと、ジョン・W・デービス氏のパートナーであるサンダーランド氏に電話をして、私のうちまで来てくれないかと頼みました。サンダーランド氏がやって来て、同じころメイソン氏もやって来ました。それからしばらくして、ロードウォルド氏もやって来ました。私はロードウォルド氏に、会計監査にはどれくらいかかると思うかと聞きました。はっきりとは言いませんでしたが、私が思っているよりも長くかかりそうな雰囲気だったので、私はがっかりしました……」

「サンダーランド氏には、私がやったこと、計画していることを話し、私がやったことは正しいことだと思うかと聞くと、彼は『あなたやJ・P・モルガン・アンド・カンパニーのだれかがリチャード・ホイットニー・アンド・カンパニーのオフィスに行っても、何も見つからないと思う』と言いました」

「それからロードウォルド氏に、申し訳ないがもう用はなくなった、お忙しいでしょうから、と言うと、彼は帰っていきました。そのあと……アンダーソン、ディッキー、メイソンの各氏にこんな田舎まで呼び出して申し訳なかったと謝り、彼らは、おそらくは来た場所へと帰っていきました」

「その日の午後遅く、私のパートナーであるジョージ・ホイットニーに、私が知り得たすべてのことを彼に伝えるときが来たと思い、フロリダにいる彼に電話をしました。そして慎重にできるだけ詳しく、私が知り得たことを彼に話しました……」

「『何てことだ!』とホイットニー氏は言いました」

「何てことなんだ!」。ジョージ・ホイットニーは言葉を失った。彼にできることはもう何もなかった。

月曜日、証券取引所での審問会が始まった。その日の午前、業務委員会は予定どおりに招集され、証言を聞き、全会一致でホイットニーと、取引所の会員で彼のパートナーであるエドウィン・D・モルガン・ジュニアとヘンリー・D・マイガットの二人を管理委員会に告発することが決まった。昼すぎ、管理委員会は告発を受理することを全会一致で決定し、三人には返答の準備に一〇日間与えられ、聴聞会は一〇後の三月一七日に開かれる旨を伝えた。ホイットニー、モルガン、マイガットの三人は同じ日に告発された。その日の夜、ゲイはワシントンのS

ECに電話でこのことを報告した。

このことは公表されず、驚くべきことにマスコミにも漏れなかった。ホイットニーの支持者は、ホイットニーのことが明るみに出ればウォール街全体に被害が及ぶと思い、沈んだ気持ちでそれを防ぐ方法を必死で探していた。月曜日の朝早く、ジョージ・ホイットニーはフロリダからバートゥに電話をかけ直した。彼はニューヨークにいないことが不安でならなかった。「すぐにニューヨークに戻る」と彼は言ったが、バートゥは、まだ体が完全に回復していないのだから戻らなくてもいい、それに戻ってきたところであなたにできることは何もないのだからと諭した。その日の昼前、バートゥは再びジョン・W・デービスの許可を得て、わらにもすがる思いで、証券取引所の弁護士でおそらくはホイットニーの親友であるローランド・レドモンドに電話をした。「この件で人事を尽くしてできることはないだろうか？」。レドモンドは、「残念だが何もない」と答えた。レドモンドが苦しんでいるのは明らかだった。取引所の弁護士として、友人を起訴しなければならないのだから。彼は前日の午後、オフィスでこの任務を遂行した。彼の頬には涙が伝っていた。

「私たちの意見は一致しなかった」とのちにバートゥは回顧している。「その日の午後、ランドルフ・メイソンが電話で夜会いたいと言ってきました。多分遅れるだろうから、家で待っていてほしいと言われたので、そうすると答えました。その日の夜、彼はやって来ましたが、実は私はなぜ彼が私のところに来たのか理由が分かりませんでした。何の目的もないように思えましたし、彼が私に言ったことは、その日の午後と夜は、翌日のリチャード・ホイットニー・アンド・カンパニーの破産手続きの事務処理に追われていた、ということだけでしたから。少し話をしてから、彼は帰っていきました」。今にして思えば、メイソンがなぜバートゥの家にやって来たのかは明らかだった。彼はホイットニーの「通夜」をしたかったのだ。

五

ジョン・ウェスリー・ヘインズはホイットニーの件では複雑な気持ちでSECとの連絡係を務めた。月曜日の夜、委員長のダグラスはゲイからそのことを聞くと、その場でヘインズをSECとの連絡係に任命し、午前零時少し前に彼に電話をして、引き受けてくれるように頼んだ。ヘインズは夜行列車に乗ってニューヨークへとはせ参じた。ほとんど眠らずに、旅の途中でいろいろなことを考えた。「私の最大の関心事は、国民がこの件にどれだけ関心を持っているかということでした」と彼はのちに語っている。「国民がこの件にどれだけ関心を持っているか、ワシントンにいるときは分かりませんでした。私がニューヨークに来たのは、もっと情報が欲しかったからです」。彼には別の大きな関心事があったと主張する者もいる。彼はモルガンのブローカーの戦利品が欲しかったのではない。ウォール街の名誉のために、特にJ・P・モルガン・アンド・カンパニーの名誉のために、ウォール街二三番地の崇拝する友人を心から心配していたのである。その日の朝早く、ウォール街では、ホイットニーの保守派の残党によって、ヘインズは特別な使命を受けてニューヨークにやって来たという噂が広められた。その使命とは、SECを代表して、最後の和解を交渉する間、この件の発表を見合わせることを提言することだった。彼はこのことをのちに否定したが、彼の意図が何であれ、証券取引所がオープンする一五分前の九時四五分にウォール街に到着したとき、事態はくつがえせないことを悟った。ウォール街は、事実よりも悪いホイットニーの噂で湧き返っていた。ウォール街の世間体を考えると、発表しなければ最悪の流れになることが予想された。したがってヘインズは証券取引所当局に予定どおり発表することを提言した。いずれにしても、そのころには発表の準備は着々と進められていた。ヘインズがウォール街に到着する四五分前の九時ちょうどに、業務委員会はハウランド・デービス議長の下に集まっていた。業務委員会の前にはホイットニーの代理人のメイソンと、ホイットニーの二人のパートナーが召喚されていた。デービスは、「みなさん、今から一〇時までの間に、われわれ委員会はリチャード・ホイットニー・アンド・カンパニーの件に関して何らかの策を講じなければなりません」と言って、開会を宣言した。

「すべての数字を把握しているわけではありませんが……会社は破産状態にあると……言わざるを得ません」とメイソンは言った。

議長は次に、ホイットニーのパートナーで、長年にわたってホイットニーの横領と会社の絶望的な財務状況を秘密にしてきたキングスレー・ロードウォルドに、何か言うことはないかと尋ねた。ロードウォルドは「何も言うことはない」と答えた。

「会社は債務を返済することができると思いますか？」と議長は尋ねた。

「いいえ」とロードウォルドは答えた。

ロードウォルドの言葉によって会社の破産は確定した。したがって、取引所のルールに従えば、ほかに選択肢はなかった。取引所でその日の取引が始まった直後の一〇時五分、ゲイはフロアを見渡せる演台に上った。秘書が取引を中断する鐘を鳴らすと、ガヤガヤしていたフロアはしんと静まり返った。ゲイは、支払い不能によりホイットニー・アンド・カンパニーの営業を中止する旨の文面を読み上げた。その直後、取引所は、破産については不正行為が行われていたことを明らかにする声明を発表した。


リチャード・ホイットニー・アンド・カンパニーの件を調査した結果、業務委員会は一九三八年三月一日、商取引の公正な原理に反する行為が行われた証拠を発見し、一九三八年三月七日の月曜日午後一時三〇分、管理委員会の臨時会議で告発を発表した。この告発に対する聴聞会は一九三八年三月一七日に行われた。今朝、リチャード・ホイットニー・アンド・カンパニーは取引所に、債務返済は不可能だと通知してきた。したがって、支払い不能によって同社の営業停止を午前一〇時少し過ぎに、取引所の演台から発表するに至った。

英雄の失墜によって、保守派は完膚無きまでに打ちのめされた。

第12章　最終幕

一

ホイットニーのことが発表されると、当然ながら国中でセンセーションが巻き起こった。ニューヨークのデーリー・ニュース紙は、「ホイットニーと消えた債券」と第一面で書き立てた。証券取引所がこのことを発表した三月八日の火曜日、ホイットニーと彼のパートナーは破産申告をした。驚いたニューヨーク州郡当局は急いで起訴状を準備した。ホイットニーは急遽開かれたSEC（証券取引委員会）の聴聞会で証言した。彼はありのままを話し、冷静だった。ぶっきらぼうと言ったほうがよいかもしれない。彼にとって無意味な質問に対しては、無表情で、「あなたの質問は何を言っているのか分からない」とハンターのような話しぶりで答えた。

翌日、彼は彼に求められる最低限の良識を実行した。つまり、無実のパートナーの潔白を証明したのである。そもそも、モルガン一族のコクランが何年も前に指摘したように、彼らは本当のパートナーではなかった。狩猟仲間でポーセリアンの会員のエドウィン・モルガンを除けば、彼らはホイットニーの社会サークルにも金融サークルにも属しておらず、会社の株も持っていなかった。彼らはいわゆる「オフィスボーイ」パートナーで、義務を共有するパートナーというよりは、便宜上のパートナーにすぎない、とコクランは言っていた。彼らの一人は会社の雑用係として働き始め、場外取引所の元電話交換手の妻は、彼は今でも法律上のパートナーでなく、従業員にすぎないと主張した。第二に、ホイットニーはずっと以前から彼の横領と会社の本当の財務状況を彼らから隠すために、手の込んだ「総括口座」というものを設けていた。この総括口座のことを知る者は、ホイットニーの会計士と個人秘書だけで、総括口座のことを口外してはならないことを二人とも十分に理解していた。

新しく就任した彼の刑事事件弁護士である、元共和党のニューヨーク州知事候補のチャールズ・H・タトルを通して発表された声明では、ホイットニーは次のように言った――「私の会社の苦境は、私の行った行為によるもので、パートナー、ビジネス仲間はもちろんのこと、私自身以外のだれも責任を負うものではないことをはっきりと申し上げたい……私の行為には間違った行為があったことは十分認識している。その結果に対する責任は取るつもりだ……したがって、私の処遇は今調査中の州の司法長官に委ね、私はすべてをありのまま正直に彼に話したいと思っている」。

一〇日の木曜日、トーマス・E・デューイ・ニューヨーク地区検事長は、一九三二年、一九三七年、そして一九三八年一月、シェルドンの土地を横領したことに言及して、ホイットニーを正式に起訴することを決定した。バワリーのホームレスたちが困惑したりほくそえんだりしながら取り囲むなか、ホイットニーはエリザベス通りの警察署に逮捕された。逮捕した巡査部長は、「ホイットニーさん、お気の毒です。幸運を祈ります」と言った。ホイットニーは、「ありがとう」と答え、二人は握手を交わした。巡査部長は思いがけなく有名人と握手できたので、赤面し、うれしがっている様子だった。一般裁判所の一〇分間の手続きでは、ホイットニーは書記官に被告席に呼ばれると、見動き一つせずに黙って被告席に立った。起訴状が読み上げられ、一万ドルの保釈金で保釈される旨が伝えられる間、彼の手には後ろで手錠がかけられ、頭は少し垂れ、顔は無表情で、金のポーセリアンのブタがダークブルーのスーツのベストに掛けられた時計の鎖からひときわ目立ってたれ下がっていた。そして、カメラマンに向かって快くポーズを取ったが、妻を撮るのは勘弁してくれと言った。

ナチスドイツがオーストリアを占拠し、戦時色が強まっていた翌日、ホイットニーは再び法廷に呼び出された。今回はニューヨークヨットクラブの会長の苦情を受けて、州の検事総長から刑事裁判所ビルの法廷に呼び出された。ヨットクラブの会長は、ホイットニーを不誠実な出納係だと激しく非難した。その結果、保釈金は二万五〇〇〇に跳ね上がった。しかし、ホイットニーはこのときも冷静で、顔色一つ変えず、無表情で、ポーセリアンのバッジは相変わらず胸に輝いていた。保釈保証書を受け取ったトーマス・A・アウレリオ判事は謙虚にへつらって言った。「私の浅い経験から言えば、厳しい時代でも、お金にしがみつくよりも、お金を儲けることのほうがはるかに簡単だ。これは私たち全員に当てはまることだ」。判事はホイットニーから何らかの返事を期待したが、彼は氷のように黙ったままだった。彼の胸にはポーセリアンのバッジが輝いていた。彼にとって鼻であしらうことなど朝飯前だった。

二

ホイットニー逮捕の余波はあらゆるところに広がっていた。ダウンタウンの保守派と緊密な関係にあり、カフェ・ソサエティ（一九三〇年代から一九五〇年代にレストランやナイトクラブによく出入りしていた映画スターやスポーツ選手などの有名人）と交じり合ってすでに弱体化していたオールド・ニュー・ソサエティは致命的な打撃を感じ取っていた。ナンシー・ランドルフはデーリー・ニューヨーク・ニュースに次のように書いている――「私たちの時代にも、私たちの父親の時代にも、私たちの祖父の時代にも、こういった社会的不祥事はなかった……彼は力やお金や社会的地位を得るために自分の実力以上のことをする必要はなかった。彼はすべてを持っていたのだから」。あるいは、社会がそう思っていただけかもしれないが。

ウォール街は上を下への大騒ぎとなり、一時緊張が走った。ホイットニーが大好きで信頼していた大物だけでなく、彼のことが嫌いだったが、信頼し、ある意味彼を頼っていた小物たちも騒然となった。しかし、株式市場はこれに反応して下落することすらなかった。実はほとんどのブローカーは、その日はランチョンクラブのバーで一日中その話に夢中だったのだ。

ホイットニーのクラブは奇妙で陰気な沈黙に包まれていた。ホイットニーの事件についておおっぴらに話すのはご法度だが、では、何を話せばよいのかという雰囲気だった。

ホイットニーの件が発表された日かその直後だったか、ハリー・シモンズは次のように言った――「この件には本当にショックを受けた。口もきけないほど驚いた。リチャード・ホイットニーがあんなことをするなんて……とても理解できない。あり得ないことだ」。ウェリントン公爵は、ホイットニーがあんなことをするなんて、「あり得ない」と一言言っただけだった。ローランド・レドモンドは、「私は私の知るだれよりも彼は誠実だと思っていた」と言った。田舎にいるときはもとより、都会に出てからも旧友だったロジャー・D・メリックは、「私の知るかぎり、彼ほど正直な人はいなかった」と言った。ホイットニーよりも社会的地位の低い人々は、ジョン・マクマナスが言った「彼は善人のなかの善人だった」という言葉を何度も何度も繰り返した。自分の目の前で起こっていることにまったく気づかなかったホイットニーの出納係のロバート・ローゼンタールさえ、感情をあらわにして、「信じられない。キツネにつままれたようだ。ホイットニーを疑うなんて考えてもみないことだった。彼は信頼できる人だったから。腕が欲しいといえば、喜んで差し出したくなるような人だったから。それがホイットニーという人だったんだ」と言った。もちろん、これらの言葉はみんな都合の良い脚色にすぎなかった。これらの人々がホイットニーに対して不良債権を抱えていたことを考えると、ここれらの言葉は滑稽にすら聞こえる。とは言うものの、これらの言葉にはホイットニーのことを心から痛々しく思う気持ちが込められていた。

事前に指定されていた三月一七日には、取引所の管理委員会は聴聞会を開けるまでに回復していた。ホイットニー不在で何の弁護もないまま、管理委員会は証券取引所から彼を追放することを全会一致で決め、不運なパートナーであるモルガンとマイガットには三年の出入り禁止を言い渡した。

不況に苦しみ、百万長者の血に飢えた国中の人々は、ペコラ聴聞会でさえ提供し得なかったどんちゃん騒ぎに興じていた。ネイション誌は、「J・P・モルガンが聖ヨハネ教会の献金皿からお金を盗んで捕まったとしても、ウォール街がこれほどどよめくことはなかっただろう」と書いた。ホイットニー事件は謎に包まれていたが、紛れもない事実だった。それは想像を超えた妬みや敵意、復讐心といったどす黒い人間の感情を満足させるに十分だった。ホイットニーのケースのようなスキャンダルを暴く小説は一九三八年三月以前にも出版されたが、あまりにも空想的で宣伝効果を狙ったものであったため、大衆には受け入れられなかった（小説と違うのは、ホイットニーが貧しい者や「一般大衆」からお金を盗んだのではなく、裕福な人々や組織からのみお金を盗んだということだった）。まだ十分に満足していない一般大衆の嗜好を満たすかのように、一人の女性が浮上してきた。それはさえない秘書や陳腐なショーガールではなく、金持ちで美しく、裕福な家庭に生まれ、キツネ狩りに夫を取られた妻で、ホイットニー同様、傲慢な貴族だった。連邦検事のオフィスは、ホイットニーの財務状況について何を知っているか彼女に尋ねたことをマスコミにもきちんと伝えた。彼女からはほとんど何も聞き出せなかった。彼女はマスコミを寄せ付けず、少し動揺したものの、すぐに世間から姿を消した。

国中の者たちはすぐにホイットニーをあざ笑ったことを恥じるようになった。ホイットニーのことが明るみに出て一週間もしないうちに、新聞はホイットニーの悲劇に重きを置き、「哀れな男に静かに罪を受けさせよう」という穏やかな口調に変わった。世論を敏感に感じ取ったルーズベルト大統領は今回はその意味を理解し、ホイットニーの不名誉を利用しようとはしなかった。ホイットニー同様むかつく老人で、経済的王党派のルーズベルトは、この件には一切触れなかった。

ホイットニーは自分の階級の規範に忠実に従う人物だった。規範を犯したことはないと言ってもよいほどだった。その規範――旧家、良い学校、紳士クラブ、ウォール街の保守派の規範――は、冷酷な貪欲さと、ある種の盗みについては曖昧だ。この階級のメンバーの多くがこの階級のメンバーでいられるのは盗みとさほど違わない所業によるものである。しかし、この規範は捕えられたときの行いについては融通が利かない。ホイットニーは心理的に奇妙なドラマをでっち上げ、最後の芝居を打つチャンスを得ようとしていたように思える瞬間さえあった。三月一四日、州の告発に対する罪状を認めた彼は、七〇〇文字に及ぶ罪を認める文章を読み上げた。彼はそれを明瞭ではっきりした声で読み上げた。それを喜んでいる感じさえ受けた。判決は四月一一日に下された。それまでの四週間、釈放中の身だった彼は、所定どおり裁判所の精神科診療所で診察され、保護監察官の調査を受けた。三月二五日に個人破産申請が行われると同時に、犯罪に手を染めた最後の数日間の心理状態と態度を示す診療所と保護監察官の報告書も提出された。

精神科診療所の報告書には、彼の反応は「礼儀正しいスポーツマンのよう」で、知能は人口の上位一％に位置すると書かれてあった。つまり、精神障害はないということである。

破産申請によると、街と田舎の別荘も生命保険もすべて抵当に入っていたが、ニュージャージーの家畜──「七〇〇羽のめんどりとニワトリ、素晴らしいエアーシア産の乳牛の群れ、純血種の二〇頭のバークシャー豚、素晴らしいハンターになる繁殖用の二〇頭の馬」──は抵当には入っていなかった。また、彼は依然として一カ月五〇〇〇ドル以上もかかる生活を送っていた。街と田舎の家にはたくさんの使用人、田舎には家畜の世話係、厩務員、そして一人の騎手を含む一二人を雇っていたからだ。また破産申請書によれば、何よりも彼は常に手っ取り早く稼げる方法に目がなく、もっと良い製品を作り、開かれたフロンティアスピリットがあれば、すべての問題は解決し、万事うまくいくと信じる変わり者だったことも分かってきた。彼は破産申請書のなかで初めて明らかにしたのだが、彼の今のビジネスに関する関心事は、だれも欲しがらないアップルジャックとサイダーだけでなく、さびを修復する金属の溶射プロセスに関する特許権、そして「画期的で有望な」特許権を有する空気圧ベアリングだった。

保護監察官はホイットニーの度を越えた完璧さに不快感を示した。ホイットニーは申し分のないほど身ぎれいにしており、冷静で、しゃべる言葉は的確だった。彼は「ユーモアのかけらもなく」、「自分の苦境の皮肉的側面に敏感」だった。報告書は続く。

彼の不正行為は、プライド、頑固さ、金融に関する自分の判断を断固として信じ、ギャンブルの才能があることに起因している……度を越えて傲慢で、金融界で全国に名をはせ、経済に関する判断は専門家もたじろぐほどの彼が、自分の破産を認めるとはとても考えられない……彼は異常なほどに度胸が据わっているし、紳士の行動規範もあり……そのうえ、機転の良さとスパルタ人のような不屈の精神も持っている。屈辱的な状況に直面しても気持ちの余裕があるのはこのためだ。

保護観察官は突然文語調になり、論点を次のようにまとめた――「プライドとミコーバー（チャールズ・ディケンズの長編小説『デイヴィッド・コパフィールド』の登場人物のウィルキンズ・ミコーバー。貧乏人だがかなりののんき者で、デイヴィッドは好意を持つ）のようにのんきに借金を繰り返せる能力が、彼の内なる性質の大きな特徴だ」。ホイットニーは自由な身でいられる最後の日々をイースト七三番街の自宅に隠遁し、好奇心旺盛なマスコミと世間から身を隠し、子牛革で装丁され、ページが袋とじ状態の、埃まみれの古い『デイヴィッド・コパフィールド』を書き写していた。原点に立ち返ろうとしていたのだろうか。

判決が言い渡される四月一一日の九時、ホイットニーはお仕着せを着た執事にドアまで付き添われてイースト七三番街一一五番地の自宅を出た。執事は儀礼を尽くして深くおじぎをした。通りに押し寄せた見物人はそれを面白そうに見ていた。裁判所に来たのは彼と彼の弁護士、タトルだけだった。彼の妻と兄は、彼らが法廷に姿を現わせば感傷的になった大衆と裁判官の心証を良くすると思ったので、ホイットニーについて裁判所に行きたかったが、ホイットニーがこれを断った。イースト七三番街の見物人は徐々に帰っていった。しかしその日は一日中、ホイットニー夫人に花を届ける大型高級車が一一五番地を時折訪れた。それはまるで葬式のようだった。

今回はさすがのホイットニーも緊張感を隠しきれなかった。地方検事長デューイに「かなり過酷な」判決を言い渡される間、ホイットニーの顔はやつれ、手は明らかにけいれんしていた。これに対してタトルは、ホイットニーは「しっかりと法律に向き合い、国から逃亡するという卑怯者の選択」をしなかったことを強調して、慈悲を求める長くてくどい嘆願をした。「彼は人格者で、友人たちにも向き合った。これはおそらくは最もきつい仕事だったことだろう」。しかし、裁判官のオーエン・W・ボーハンはまったく動じることなく、厳しく叱責する口調で判決文を読み上げた。「あなたの行為は意図的で、他人に対する影響と自分への結果を十分に理解し得たはずである」。彼が一度ホイットニーを「一般大衆に対する裏切り者」と呼んだとき、囚人は顔を赤らめた。判決はシンシン刑務所での懲役五年から一〇年と、ニューヨーク州で永久的に証券の取り扱いを禁止するというものだった。

刑事裁判所ビルからシンシン刑務所に移動するホイットニーを一目見ようと、さらに多くの群衆が押し寄せた。ホイットニーは一晩刑事裁判所ビルに収監されたが、自殺を未然に防ぐために看守にずっと見張られていた。彼は自殺を試みることはなかった。翌朝、二人の詐欺犯とともに手錠につながれたホイットニーを乗せた警察のバンはグランドセントラル駅に向かった。およそ五〇〇〇人の群衆が彼を見送るために駅の待合室に押し寄せていたが、バンは待合室を通らずに手荷物室のほうに走って彼らをまいた。シンシン刑務所のゲートにも群衆が押し寄せていたが、彼らをまくことはできなかった。黒のコートと山高帽に身を包んでいたホイットニーは落ち着きを取り戻していた。いつもの習慣で、いっしょに手錠につながれた詐欺犯や看守に一週間だけ一〇〇ドル貸してくれと今にも頼みそうな雰囲気だった。しかし、彼は何も言わずにゲートを通った。

四月一二日は彼の旧友でウォール街の仲間の息子で、彼が名付け親になった一〇代の子供の誕生日だった。その子が生まれてからこのかた、ホイットニーはずっと誕生日を祝ってきた。ホイットニーのプレゼントは時間どおりに届けられた。金硬貨の所有が法律で禁じられた一九三三年までは金貨を贈り、それ以降は小切手を贈ってきた。その年の誕生日もその子はいつも通り小切手を受け取った。プレゼントにはホイットニーの秘書からのメモが添えられていた。

「ホイットニーさんは不在ですので、代わりに私が小切手を贈ります。ゴッドファーザーは今後は誕生日にはもう小切手を贈れないことが残念でたまらないとおっしゃっています」

翌日、ハーバード大学経済学部はホイットニーの視察理事会からの辞任を発表した。

三

みんなから羨望され憎まれ崇拝された、あのワイルドな時代のウォール街の相場師たちは今はどこに消えたのだろうか。

大いなる変化と成長の力を持った才能豊かな人物の一人は今は別の世界にいた。駐英大使になってロンドンに移り住んだ彼は、ティッカーテープの世界よりも大きな栄光を手にしていた。

大衆の敵だったベン・スミスはウォール街で高い社会的地位を手に入れた。しかし、ほかの人々はあまり恵まれた人生を送ったとは言えない。

例えば、船上のブローカーで、有名なラジオプールを運営していたマイケル・J・ミーハンは苦難の連続だった。彼は時代の変化についていけなかった。彼の友人の一人は、彼が失墜したのは「ニューディールがウォール街との関係のなかで根本的に変化した」ことを認識することができなかったせいだとのちに語っている。彼は証券取引法が施行されたのちも株式操作を続け、SECに摘発された。一九三五年五月一五日の週、得意な古いペテンの手口でベランカ・

エアクラフトの株価を二ドル二分の一からほぼ二倍につり上げた。六月一〇日から初秋まで、彼と彼のプール仲間は春に取得した株を五ドルで何十万株と売った。SECが彼のことを調査していることを彼が知ったのは、それからおよそ一年後の一九三六年の夏のことだった。彼は突然姿をくらました。それから四カ月後の一九三六年一一月、彼が再びブルーミングデールに姿を現したのは、ニューヨーク州ウェストチェスター郡の裕福な精神障害者を収容する豪華な私立病院だった。「彼は拘束されてはいない。ほぼ一年間病気で、その間ビジネスにはかかわっていない」と、今でも盛況の彼のブローカー会社のパートナーは報告した。ブルーミングデールで彼の姿を見た人々は、彼は精神が衰弱しているようには見えなかったと言う。彼は昔のように威勢がよく、友人には寛大で、反り返って歩き、タバコをくゆらせ、生意気で元気よく大声で挨拶をしていたと言う。

一九三七年六月、彼は病院を退院した。SECはゲートで彼を待ち受けていた。その年の八月、彼はベランカの件で証券取引法に違反したとして起訴され、全国の証券取引所から除名された。彼は一般大衆に株式市場を幅広く広めることに尽力したと言う人もいるが、彼のウォール街でのキャリアはこうして終わった。

ブルーミングデールの彼は皮肉の対象だったのか哀れみの対象だったのかは分からない。ずるがしこく仮病を使って世間を欺いたのか、変わり行く世の中に置いてきぼりにされたのかは分からない。ただ一つ言えるのは、彼が死ぬときはベッドの上で死に、手付かずの財産は人手に渡るだろうということだけである。時代の流れに沿うことができなかった彼は、過去の何かを人に伝えたかったのかもしれない。

昔のウォール街のマネーマシンだったジェシー・リバモアも数奇な人生を歩んだ。大恐慌のあとも依然として金持ちで、一九三〇年の一連のベアマーケットではさらに金持ちになった彼は、一九三一年、不当に株を操作して大暴落を引き起こした。数日で大金持ちから一文無しになったことも数えきれないくらいあった。しかし、トレーディングゲームはもう過去の産物で、彼はもはや損失を取り戻すことはできなかった。彼は株式市場のテクニックを書き綴った本を出版した。それは、彼にとってはもう機能しないテクニックだった。一〇年たって六〇歳になっても、彼は「気味の悪いほどに若く見え、髪はブロンドのままで、顔にはしわ一つなかった」。一九〇七年、少年天才相場師と呼ばれピアポント・モルガンの目にとまった男は、一九三八年には依然として若さを保っていた。しかし、二年後の一九四〇年一一月のある日、彼はスクウィブビルのオフィスから近くのシェリー・ネザーランド・ホテルに向かい、バーでカクテルを二杯飲み、一階の部屋でピストル自殺を図った。

彼の死後、妻には「一万ドルに満たない」資産と、罪を深く悔い、愛情のこもったメモが残された。「もう戦いに疲れた」「もうこれ以上生きていくことはできない」「私の人生は失敗だった」。これは最後の瞬間、人間に戻ったことを示すものだった。翌日、ニューヨーク・タイムズ紙は社説に彼への追悼文を掲載した。

彼がやった良いこと、悪いこと、そして彼の人生が彼や他人にとって何を意味したのかは小説家にゆだねることにしよう……彼を動かしていたのは情熱だった……彼は投機が少年の銭投げゲームだった時代に生きた人物だ……彼は栄光の陰りも、自分が作り出した人間の惨めさの悪臭も残さずにこの世を去った……彼がかつて暗躍した「ウォール街」は昔とは変わった。彼の死はその時代の終わりを告げているかのようだ。

四

一九三八年のウォール街のフォーティンブラス（『ハムレット』に登場するノルウェー王国の王子）はウィリアム・マクチェズニー・マーティン・ジュニアだった。彼はすらりとした真っ直ぐな性格の男で、ホロコーストのあと困難な事態を収拾した。セントルイスの驚くほど若いブローカーだった彼は、リチャード・ホイットニーが理事長選に出るのを拒否された選挙で証券取引所の理事に初めて選ばれた。

ホイットニーの事件が明るみに出たことで、保守派はリーダーを失ったばかりか、彼らの無形資産であるやる気もなくした。彼らの勇敢さは冷笑の対象になった。ウォール街はＳＥＣのいいなりだった。彼らは抵抗する気力を失い、長い戦いは終わった。ホイットニーの事件が明るみに出たその週、管理委員会は急遽、会員企業に財務報告書をそれを請求する顧客に開示することを義務づけるルールを可決した。五月九日、より民主的な手順を含む新しいルールの下、初めての選挙が行われた。四〇人の理事のうち前任者は一三人で、圧倒的多数の残りの二七人はリベラルだったので、この選挙では実質的に新しい経営陣が選ばれたことになる。新たな人員を選んだ指名委員会は、コンウェイ委員会の報告書に明記された指針に従う努力をすることは彼らの義務である、と述べた。

ゲイに代わって新しく理事長になったのはマーティンだった。まだ三一歳だったが、すでに注目を集め、大物になる予感を感じさせるに十分だった。セントスイス連邦準備銀行総裁の息子で、エール大学を卒業した彼は真面目そうに見える独身で、ふくろうのような丸メガネをかけ、酒もタバコもやらず、ニューヨークのエールクラブの独身寮で真面目な生活を送っていた。彼はソーシャル・リサーチ・ニュー・スクールの管財人を任されたリベラル派のインテリで、コロンビア大学の夜間クラスで経済学と政治学を学んでいた。彼は物事を自分の頭で考えるのが好きだった。コロンビア大学の授業がない日は、タイムズスクエアのアスターで借りていたアパートに行って、思考にふけった。数時間思考にふけったあとは、すぐ近くにある四四番街のサルディーの店に行き、ホットチョコレートを注文するのが常で、そのため店主にもウエイターにもほかの客にも「ミスター・チョコレート」と呼ばれていた。そして深夜になるとセントルイスに長距離電話をかけて、父とその夜に考えたことについて議論した。

彼はディック・ホイットニーとも、チャーリー・ゲイともまったく異なる人種だった。

オフィスでは、マーティンと理事会はあわただしく動き回っていた。彼が理事長に就任してから一週間後、証券取引所はコンウェイ委員会が提案した改革案をまとめた新たな法案を可決した。それは、取引所をプライベートクラブから公的機関に一気に変える法案だった。問題は、幅広い執行権を持ち、独立した理事長を雇った新しい組織のキーマンがだれになるかだった。五月の間、さまざまな案が企業幹部、政治家、取引所の有力会員が名を連ねる理事たちによって検討された。五月中旬、彼らにはすでに若いビル・マーティンがいるということになり、彼らはマーティンを暫定理事長兼議長に据えた。翌日、彼の就任式には歴史上初めてマスコミが理事室への入室を許可された。六月三〇日、マーティンは年俸四万八〇〇〇ドルの取引所の初めての雇われ理事長に正式に任命された。彼は、彼のブローカー会社が所有する株式と取引所の会員権を売却し、理事長としての法律上の規定に従うと発表した。

同じころ、ダグラスSEC議長は、「ウォール街への弾圧は終わった。証券取引所の繁栄は国民の福祉とともにある」と言った。

こうしてウォール街とワシントンの戦争は終わった。勝ったのは、ワシントンとウォール街におけるワシントンのリベラル派だった。改革後もさまざまな問題が噴出し、証券取引所はまだ完璧とは言えなかったが、少なくとも民主社会の一員としての役割を果たすのにふさわしい構造にはなった。しかし、進歩と新たな価値観に酔いしれるなか、証券取引所は何かを失った。

保守派が強面で培ってきた温情や気高さのようなものは失われた。穏やかで気高くホイットニーに裁きを受けさせたハウランド・デービスは何年もあとに次のように述べている——「改革前の取引所は確かにプライベートクラブだったが、取引所を運営してきたウォーレン・ナッシュやアレン・リンドレー、ガイアー・ドミニクを含む大部分の人々はまともだった。彼らは信頼できる取引所にしようと努力していた。彼らは一緒に座って話をしたくなるような人物だった。改革後はどうも人間味がなくなったような気がしてならない」。

ウォール街から、そして国家から失われた最大のものは、トーマス・ラモントのなかに見て取ることができる。六七歳になった今でも彼はまだ現役だった。モルガンのブレーンとして働き、ランドバーグに「西欧諸国で最もパワフル」と言わしめた男だ。彼の力も、彼の会社の力もすでに衰退していることはランドバーグならずともだれもの知るところだったが、彼の会社は依然として際立った存在だった。「道徳的にも知性的にもモルガンはウォール街のなかでひときわ傑出している」と言ったのは、その時代の金融記者のなかではおそらく最も鋭敏だったニューヨーク・タイムズ紙のベルだった。モルガン家を尊敬していたラモントは個人的には畏怖の念を抱かせるような人物ではなかった。彼は背が低く、か細く、髪は白く、少し猫背で、チャーミングで、あかぬけし、常に礼儀正しく、だれに対しても愛想のよい老齢の紳士だった。貧しい牧師の妻で、青緑色のキャッツキル山に面したクラベラックのポーチで祈りを捧げていた「物静かで不屈の精神を持つ」女性の息子だった。大のイタリア好きだった彼は、イタリアのアンティークな細長い食卓テーブルをオフィスのデスクとして使っていた。そして、興味をそそったのは、一九三八年だというのに、オフィスの壁には旧友であるムッソリーニのサイン入り写真が飾られていたことだ。

四月も終わりに近づいたころ、ホイットニーの事件を調べ、共謀の証拠をかぎつけたSECは、証言を引き出すためにモルガンのパートナーをワシントンに呼び出した。彼らは聴聞室で順番を待つ間、一九三三年のときのように挑発的な態度を見せることはなく、ただ惨めで表情は険しかった。パートナーとあえて同じ席に座ったのは、考えられないような人物だった。それは、彼らを聴聞会に呼んだ張本人であるジョン・ウェスリー・ヘインズSEC長官だった。彼は長い間、モルガンの魂を具現化する古い紳士的な考えと、彼の知性が必要不可欠と訴えるウォール街のリベラルな改革との板ばさみにあってきた。そして今彼はついに彼が崇拝してきた男たちのために動いた。裏切り者と呼ばれることを覚悟で、自分の献身的な姿勢を彼らに見せたのである。「聴聞会で彼らと同じ席に座ったことを激しく非難された」とヘインズはのちに回顧している。「でも、私はうちのめされた彼らが哀れでならなかったのです。だから私はラモントのすぐ隣に座り、私が彼にしてあげられるすべてのことをしたのです」

モルガンの二人のパートナーであるモルガンとラモントがリチャード・ホイットニーの不正行為を一九三七年末以前にジョージ・ホイットニーから聞いていたことはすぐに明らかになった。ジョージ・ホイットニーがそれを秘密にしていたのはSECの尋問者には十分に理解できた。なぜならジョージ・ホイットニーはリチャード・ホイットニーの兄だったからだ。でも、なぜほかの人々まで秘密にする必要があったのか。優れたモラルと知性がありながら、なぜJ・P・モルガンとトーマス・ラモンドまで黙っていたのか。

モルガンは短く簡潔に、あきらめたような夢想しているような口調で証言した。聴聞会の間中ずっと、彼はまるで醜い事実から自分を守るかのように、目を閉じたまま座っていた。それはまるで裏切られ王位を捨てたリア王のようだった。彼に尋問したSECのゲールハルト・ガゼル上席弁護士は彼にあまりプレッシャーは与えたくなかった。

次はラモントだ。彼は証人席に座った。用意周到に準備したガゼルは、なぜジョージ・ホイットニーが感謝祭の前日の火曜日に彼のところに来たのか、ジョージ・ホイットニーは共済基金の資産を横領した弟の窮地をどう説明したのか、なぜ彼はジョージの弟を救済し、横領を隠匿するための一〇〇万ドルをジョージ・ホイットニーに貸すことにすぐに同意したのかを、ラモントの口から冷酷に聞き出した。そして、ガゼルは核心に触れてきた。つまり、ラモントの行為とそれを黙っていたことが道徳的に意味するものを聞きただそうとしたのである。ラモントは質問に答えるなかで、SECがのちに「公的な責任に関する無関心」と呼んだ態度を示した。そして、アメリカの公的生活のなかでおそらく最後になると思われるありとあらゆる表情を見せた。魅力と厳しさ、温かみと冷たさ――これらの二面性はまさにモルガンと保守派の特徴だった。

Q　一般市民としての責任や取引所の会員企業としての責任は考えなかったのですか？　ジョージ・ホイットニーに対する責任だけを考えていたのですか？

A　そうですね、ミスター・ガゼル……私のパートナーは彼の弟の窮状を説明してくれました。こんなことはそうそうあるわけではないと思っていたようです。こういったことは今回が最後だと思っていたようです。もちろん、私もそう思いました。彼は会社は清算することになると思うと言いました。私にはこれ以上の説明は不要でした……。

Q　ジョージ・ホイットニーがあなたに話したことを取引所関係者に話す義務があるとあなたは思わなかったのですか？

A　思いませんでした。

Q　国の機関にその事実を伝える義務があるとは思いましたか？

A　いいえ。

Q　地区検事長のオフィスはこれについて何を知っていましたか。検事官はこれについて何を知っていましたか。

A　それは質問ですか？

Q　そうです。

A　彼らは何も知らなかったと思います。私はジョージ・ホイットニーに、「もちろん、いいとも。この不履行を処理するのに手を貸そう。あなたは今回かぎりのことと思っているかもしれないが、すぐに地区検事長のオフィスに行って、あなたの弟を糾弾しなければならない」とでも言えばよかったのですか……？

Q　とにかくあなたは、一般市民としてこれらの事実を検察官に伝えたり、取引所の会員としてこれらの事実を取引所に伝える義務があるとは思わなかったわけですね？

A　もちろんです。なぜそんなことを思ったりするでしょうか。

Q　例えば、ニューヨーク市長が救済資金を不正に使い込んだとしましょう。それをあなたが知ったとします。救済基金理事会がこの事実を知っても、そのことをだれにも話さないとあなたは思いますか？

A　それは仮の話であって、私には興味はありません。どうかお取り下げを。

証言の後半でラモントは、「私はリチャード・ホイットニーを心から信じていました」と言った。ガゼルはこれにすぐに反応した。

Q　この（感謝祭前日の会合）あとでもリチャード・ホイットニーを心から信じることができたのですか？

A　このあとでも？　三月の初めに起きたことを私が聞いたとき、私は海外にいて、大きなショックを受けました。

Q　一九三七年一一月二三日に、リチャード・ホイットニーが一〇〇万ドル相当の証券を盗んだことを知ったあとでも彼を心から信じることができましたか？

A　ミスター・ガゼル、盗んだという言葉はどうかと思います。私はそんな言葉は使いたくない……。

Q　それが軽率で間違ったことだとは思っていましたよね。

A　いいえ。

Q　それは違法だということは知っていましたよね。

A　もちろん知っていました。でも、「盗んだ」という言葉はあんまりだと思います。リチャード・ホイットニーが盗人だなんて、私にとってはあり得ません。彼は窮地に陥って、証券を不正に使用しただけだと思います。だから、彼の兄が彼が支払えないものを返済しようとしていただけだと思います。私に考えられるのはこれだけです。前にも言ったように、私は彼を心から信じていたので、その話を海外で聞いたとき、本当にショックでした。この間ずっと、彼は兄をだまし、パートナーをだまし、妻やコミュニティーもだましていただなんて、そんなこと考えるだけでも気分が悪くなりました。そんなことはあり得ないことです。

Q　あなたは一九三七年一一月の事実から顔を背けようとしていますね。

A　……。

Q　それが答えですか？　ジョージ・ホイットニーがあなたに話したことを聞いたあとでも、あなたはそれを信じようとしなかったということですね。

A　いいえ、そうではありません。お言葉を返すようですが、前にも言ったように、もし私が弁護士だったら、あるいは弁護士を雇っていたら違っていたかもしれませんが、私は弁護士でもないし、弁護士に相談もしなかったから、何をすべきか分かりませんでした。心が命じるままに動いただけです。

偉大なトーマス・ラモントには、リチャード・ホイットニーが盗人であることなどあり得ないことだった。のちにホイットニーのことが明るみに出ると、彼は大きなショックを受けた。世間に与える影響が大きいだけでなく、彼のパートナーの弟が兄をだまし、パートナーをだまし、妻さえだましていたという事実にショックを受けたのである。エチオピアを略奪したあとでも、彼のオフィスの壁にはムッソリーニの写真が飾られていた。なぜなら、ムッソリーニは彼の旧友だったからだ。彼が言ったように、彼は心が命じるままに動いただけなのである。

五

シンシン刑務所では、看守の叫び声が響いた。「木曜日、金曜日、土曜日、月曜日、火曜日に来た者、そしてホイットニーさんは監房から出てください！」。「ミスター・ホイットニー」もほかの受刑者と同じ監房が与えられたが、受刑者や看守が帽子を取って彼にサインを求めることを阻止することはできなかった。ホイットニーは彼に対する彼らの敬意につけ込むことはなかった。自分の階級に似つかわしくないような気取った態度を見せる者たちはできるだけ冷酷に鼻であしらい、そうでない者には情けをかけるのが彼のやり方だった。シンシン刑務所での生活はそれほど悪くはなかった。最初に与えられた掃除の仕事を彼は素早く尊厳を持って行った。二カ月後には刑務所学校で教える仕事を与えられた。やがて刑務所学校の野球チームで一塁を守るようになり、一九三八年六月二五日に行われたシンシンの刑務所学校対シンシンの別の班との試合では、三打席のうち二回シングルヒットを打ち、守りも完璧だった。

五月になると、暗黒の木曜日に「USスティールを二〇五」で入札し、一九三〇年以来、リチャード・ホイットニー・アンド・カンパニーのオフィスロビーに掲げられていた、かつては神聖視された取引所ポストのナンバー2の会員証は、ホイットニーのオフィスの個人資産とともにオークションにかけられ、五ドルで落札された。

人生ともども崩壊した男について言い残したことはないだろうか。リチャード・ホイットニーに信じられないくらい忠実な兄のジョージは最終的にはリチャード・ホイットニーが借りた、あるいは盗んだすべてのお金を返済した。彼が返済し終えたあとほどなくして、ディスティルド・リカー・コーポレーションは破産した。シンシン刑務所では彼は依然として「模範囚」で、やがて新しくやってきた受刑者のホストを務めるようになり、彼らがやってくるとタバコを手渡したりした。そして、一九四一年八月、仮出所資格を得た最初の月に仮出所した。彼のタウンハウスと田舎の不動産は長い間、競売に出されていた。彼はアラベラがかつて彼の先祖とともに上陸した地点からそれほど離れていないケープコッドで、しばらくの間親戚と過ごした。これ以降彼がどうなったかについては、この年代記には書いていないが、それ以降、ホイットニーのそばを片時も離れなかった彼の妻のガートルード・シェルドン・ホイットニーは、静かに法を守り、豊かな人生を送った。一九六八年、ホイットニーが八〇歳になった年に開かれた夕食会で若い女性は、隣に座っていた「ひときわ輝く老人」の名前を紹介されて驚いた。彼ほどのバックグラウンドと教育と人脈があれば、彼が望めば金持ちになり、波風を立てることなく贅沢の粋を極めた人生を送ることができただろう。彼の身に起こったことは、一九三一年にジョージ・サンタヤーナがアメリカの生活について書いた一節を彷彿させるものがある――「高潔な倫理観を持つ牧師や教授をよそに……私たちは勤勉で、誠心誠意を尽くし、危険を顧みない存在であることを促される。自らに課した、自己に有益な存在であることを」。

一九三八年の夏、シンシン刑務所のホイットニーを、彼の崇拝者である年老いた心の師が訪れた。悲しみに打ちひしがれながらも、彼に対して揺らぎない忠誠心を持ったアメリカのドクター・アーノルドことエンディコット・ピーボディ牧師だ。彼はグロトン校の校長で、彼が以前崇拝していたフランクリン・ルーズベルトの大統領就任式にも出席していた。就任式では彼はルーズベルトに祈りを捧げ、助言を与えた。ルーズベルトはお礼を言って、学校時代を思い出しながら、恐ろしいほどの責任を力強く全うする所存だと述べた。今、もう一人の教え子にあまりハッピーではない再会をしたピーボディは、また祈りを捧げ、自分に何かできることはないかと尋ねた。

「あります」とホイットニーは言った。「左利き用の一塁手のミットが欲しいんです！」

謝辞

本書を書くにあたっては多くの人に助けていただいた。特に、アーノルド・バーナード、ヘンリー・ビリングス、フィリップ・クラフリン、ハウラウンド・S・デービス、ジョン・ディーボルト、ルイス・ギャランティエール、ペリー・E・ホール、ジョン・W・ヘインズ、エリオット・ジェーンウエー、エリザベス・ジェーンウエー、ヘンリー・S・モルガン、E・A・ピアス、ジェフリー・ポッター、トーマス・W・ワーゲに心より感謝する。

■著者紹介

ジョン・ブルックス（John Brooks）

『ニューヨーカー』のスタッフライターで、ビジネスやウォール街について書いた著書は高く評価されている。本書以外にバフェットがビル・ゲイツに勧めた『人と企業はどこで間違えるのか？』（ダイヤモンド社）や、『The Go-Go Years』『The Games Players』『The Fate of the Edsel』など多くの著書がある。

■監修者紹介

長尾慎太郎（ながお・しんたろう）

東京大学工学部原子力工学科卒。北陸先端科学技術大学院大学・修士（知識科学）。日米の銀行、投資顧問会社、ヘッジファンドなどを経て、現在は大手運用会社勤務。訳書に『魔術師リンダ・ラリーの短期売買入門』『新マーケットの魔術師』『マーケットの魔術師【株式編】』（いずれもパンローリング、共訳）、監修に『高勝率トレード学のススメ』『フルタイムトレーダー完全マニュアル』『システムトレード基本と原則』『ラリー・ウィリアムズの短期売買法【第２版】』『コナーズの短期売買戦略』『続マーケットの魔術師』『続高勝率トレード学のススメ』『トレーダーのメンタルエッジ』『プライスアクションとローソク足の法則』『ミネルヴィニの成長株投資法』『破天荒な経営者たち』『トレードコーチとメンタルクリニック』『高勝率システムの考え方と作り方と検証』『トレードシステムの法則』『バフェットからの手紙【第３版】』『バリュー投資アイデアマニュアル』『コナーズRSI入門』『スーパーストック発掘法』『出来高・価格分析の完全ガイド』『40兆円の男たち』『遅咲きトレーダーのスキャルピング日記』など、多数。

■訳者紹介

山下恵美子（やました・えみこ）

電気通信大学・電子工学科卒。エレクトロニクス専門商社で社内翻訳スタッフとして勤務したあと、現在はフリーランスで特許翻訳、ノンフィクションを中心に翻訳活動を展開中。主な訳書に『EXCELとVBAで学ぶ先端ファイナンスの世界』『リスクバジェッティングのためのVaR』『ロケット工学投資法』『投資家のためのマネーマネジメント』『高勝率トレード学のススメ』『勝利の売買システム』『フルタイムトレーダー完全マニュアル』『新版　魔術師たちの心理学』『資産価値測定総論１、２、3』『テイラーの場帳トレーダー入門』『ラルフ・ビンスの資金管理大全』『テクニカル分析の迷信』『タープ博士のトレード学校　ポジションサイジング入門』『アルゴリズムトレーディング入門』『クオンツトレーディング入門』『スイングトレード大学』『コナーズの短期売買実践』『ワン・グッド・トレード』『FXメタトレーダー4 MQLプログラミング』『ラリー・ウィリアムズの短期売買法【第２版】』『損切りか保有かを決める最大逆行幅入門』『株式超短期売買法』『プライスアクションとローソク足の法則』『トレードシステムはどう作ればよいのか　１２』『トレードコーチとメンタルクリニック』『トレードシステムの法則』『トレンドフォロー白書』『スーパーストック発掘法』『出来高・価格分析の完全ガイド』（以上、パンローリング）、『FORBEGINNERSシリーズ90　数学』（現代書館）、『ゲーム開発のための数学・物理学入門』（ソフトバンク・パブリッシング）がある。

2015年７月２日　初版第１刷発行

ウィザードブックシリーズ㉖

アメリカ市場創世記
――1920～1938年大恐慌時代のウォール街

著　者　　ジョン・ブルックス
監修者　　長尾慎太郎
訳　者　　山下恵美子
発行者　　後藤康徳
発行所　　パンローリング株式会社
〒160-0023　東京都新宿区西新宿7-9-18-6F
TEL 03-5386-7391　FAX 03-5386-7393
http://www.panrolling.com/
E-mail　info@panrolling.com
編　集　　エフ・ジー・アイ（Factory of Gnomic Three Monkeys Investment）合資会社
装　丁　　パンローリング装丁室
組　版　　パンローリング制作室
印刷・製本　株式会社シナノ

ISBN978-4-7759-7193-2

ウィザードブックシリーズ204

アノマリー投資

市場のサイクルは永遠なり

定価 本体2,200円+税　ISBN:9784775971710

歴史（マーケット）は何度も何度も繰り返す！知っておくのと知らないのでは大差がつく市場のサイクル

いかなるときでも、株式市場の方向性を予測するのは、不可能とは言えなくとも大変難しいものだ。しかし、市場に明確で予測できる周期的なパターンがあることもまた事実である。例えば歴史的に見ると、株を保有する最高の半年は11月から4月までであり、10月か11月に買って4月か5月に手仕舞えば、利益を増やしつつ、リスクを大幅に減らすことができる。市場について、ほかにどういう重要な教訓が歴史から得られるだろうか？　投資戦略を最適なものにするために、知っておくべき重要なサイクルやパターンは何だろうか？　本書でそれを見つけてほしい。

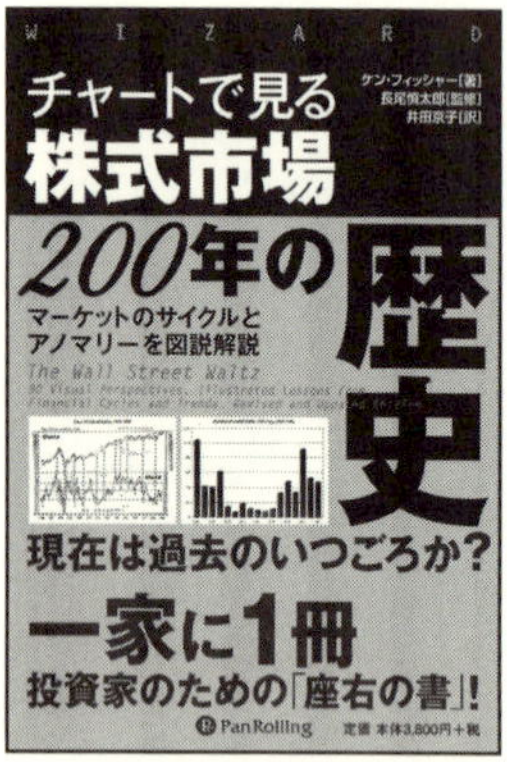

ウィザードブックシリーズ164

チャートで見る株式市場200年の歴史

マーケットのサイクルとアノマリーを図説解説

定価 本体3,800円+税　ISBN:9784775971314

一家に1冊――投資家のための「座右の書」！バブル・不況・金利・戦争・物価・原油・不動産などの推移がひと目でわかる

ウォール街は、表面的には常に変化している。しかし少し掘り下げれば、ちょっとした出来事や興味深い現象がほぼ毎日起こっては消えていくだけで、本当に重要なことは長い年月を経ても変わらないことがすぐに分かるだろう。実際、今日金融界で起こっていることは歴史のなかで何度も繰り返し起こっており、そのときを基に作成さ れた金融チャートにサイクルやトレンドとしてとらえられている。そこで、これらのチャートを正しく理解すれば、今日のマーケットが今後どのように動いていくかはっきりと分かり、最高の投資判断が下せるようになる。

ウィザードブックシリーズ 75

狂気とバブル

なぜ人は集団になると愚行に走るのか

定価 本体2,800円+税　ISBN:9784775970379

「集団妄想と群衆の狂気」の決定版！ 150年間、世界的大ベストセラー！

昔から人は荒唐無稽な話にだまされ、無分別なヒステリー症にかかってきた！

「いつの時代にも、その時代ならではの愚行が見られる。それは陰謀や策略、あるいは途方もない空想となり、利欲、刺激を求める気持ち、単に他人と同じことをしていたいという気持ちのいずれかが、さらにそれに拍車を掛ける」――著者のチャールズ・マッケイは1841年にこう述べている。当時は確かにそうだった。しかし、1980年代後半の日本の株式市場や2000年のアメリカ株式市場のITバブルを見れば、現代も間 違いなくそうだろう。

ウィザードブックシリーズ 175

投資家のヨットはどこにある？

プロにだまされないための知恵

定価 本体1,800円+税　ISBN:9784775971420

金融業界の人々を痛烈に風刺したウォール街の名作

昔々のものがたり。おのぼりさんの一行が、ニューヨークの金融街を見学させてもらっていた。

一行がウォール街にほど近いバッテリーパークへやって来ると、ガイドのひとりが停泊中のすばらしいヨットの数々を指さして言った。「ごらんください。あそこに並ぶヨットは、みな銀行家やブローカーのものですよ」気のきかない田舎者がこう聞いた。「お客のヨットはどこに？」。このジョークは、投資の世界ではリターンが不確実であるのに対して、コストが確実にあることを的確に象徴したものだ。そして、著者シュエッドが本書で明らかにした金融業界の本質は、今も昔も変わらない。

ジャック・D・シュワッガー

現在、マサチューセッツ州にあるマーケット・ウィザーズ・ファンドとＬＬＣの代表を務める。著書にはベストセラーとなった『マーケットの魔術師』『新マーケットの魔術師』『マーケットの魔術師［株式編］』（パンローリング）がある。
また、セミナーでの講演も精力的にこなしている。

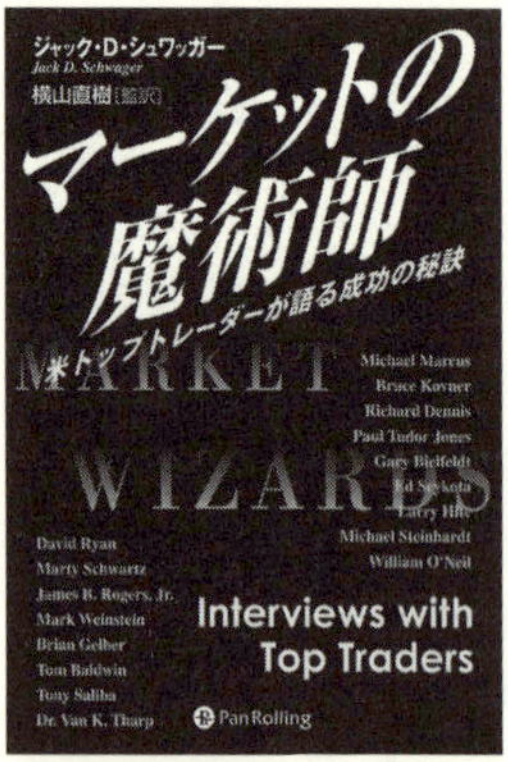

ウィザードブックシリーズ 19

マーケットの魔術師
米トップトレーダーが語る成功の秘訣

定価 本体2,800円+税　ISBN:9784939103407

トレード界の「ドリームチーム」が勢ぞろい

世界中から絶賛されたあの名著が新装版で復刻！

投資を極めたウィザードたちの珠玉のインタビュー集！

今や伝説となった、リチャード・デニス、トム・ボールドウィン、マイケル・マーカス、ブルース・コフナー、ウィリアム・オニール、ポール・チューダー・ジョーンズ、エド・スィコータ、ジム・ロジャーズ、マーティン・シュワルツなど。

ウィザードブックシリーズ 201

続マーケットの魔術師

定価 本体2,800円+税　ISBN:9784775971680

先端トレーディング技術と箴言が満載

『マーケットの魔術師』シリーズ　10年ぶりの第4弾！「驚異の一貫性を誇る」これから伝説になる人、伝説になっている人のインタビュー集。世界で最も優秀なヘッジファンドの達人たちの知恵をあなたに。

ウィザードブックシリーズ 13

新マーケットの魔術師

定価 本体2,800円+税　ISBN:9784939103346

知られざる"ソロス級トレーダー"たちが、率直に公開する成功へのノウハウとその秘訣。高実績を残した者だけが持つ圧倒的な説得力と初級者から上級者までが必要とするヒントの宝

ウィザードブックシリーズ 14

マーケットの魔術師 株式編 増補版

定価 本体2,800円+税　ISBN:9784775970232

今でも本当のウィザードはだれだったのか？

だれもが知りたかった「その後のウィザードたちのホントはどうなの？」に、すべて答えた！